ヒロシマと憲法

〔第4版〕

水島朝穂　編著

法律文化社

はしがき

一九九七年に『ヒロシマと憲法〔第3版〕』を発刊して以来、すでに五年が経過した。この間、世界と日本をめぐる状況は大きく変わった。何よりも二〇〇一年の「九・一一テロ」とよばれる出来事は、冷戦後の世界の混迷に拍車をかけている。とりわけ米国の単独行動主義は、核兵器の使用までも「可能な選択肢」の一つとするところまできた。核兵器の使用は、国家政策のあれこれの選択肢の一つとなりうるようなものでは断じてない。ヒロシマ・ナガサキの原点が、今ほど問われているときはないだろう。

施行五六年を迎える日本国憲法もまた、その存在理由を問われている。「時代が変わった以上、憲法も変わるのは当然だ」という単純な発想のもと、憲法の個々の条文の「古さ」を指摘し、現実にあわせて憲法規範を変えるべきだという類の議論も勢いを増している。だが、一つの国の仕組みとあり方を規定し、それを長期にわたって方向づける憲法というものについて、そうした軽い扱い方をしてよいものだろうか。一九九九年の国会法改正によって設置された憲法調査会は、二〇〇二年一一月に「中間報告」を発表した。この報告書は、事実の羅列と両論併記で七〇〇頁を超える紙を消費しただけで、なぜ、いまこの憲法を変える必要があるのかについて、説得的な説明をすることはできなかった。「ポスト・ヒロシマ・ナガサキの憲法」である日本国憲法。この憲法とともに歩んだ半世紀以上の歴史を総括しながら、この国の行方をしっかりと見据えた議論が必要である。その際、「変わるべきもの」「変わっていいもの」「変わってはならないもの」を区別した冷静な眼差しが求められているといえよう。

本書の執筆者はすべて、何らかの形で広島の大学と関係をもち、それぞれの立場でヒロシマに深い関心を寄せている。今回、新たな執筆者を加え、章だてや内容もかなり変更して、読者の便宜をはかることにした。

本書の構成は、一般の憲法テキストとかなり趣を異にしている。通常のテキストではせいぜい一つの章か節があてられるにすぎない平和主義（憲法九条）の問題について、かなり詳しく論じている。近年の憲法教科書のなかには、平和主義を、国会の権限と並ぶ立法権の一つの節に落として扱うものも出てきているので、そうした流れからすれば、本書の平和主義の扱い方はかなり異例であろう。

人権論の部でも、「共生」のなかの人権と、その対極にある戦争（核戦争）とを対比させながら論じている。統治機構論の部分でも、平和主義との関連やヒロシマとのかかわりをできるだけ拾うように努めた。ローカルな意味での「広島ネタ」も、叙述のなかにできるだけ取り入れたつもりである。ただ、分担執筆のため、重複や、叙述の統一などの点で必ずしも十分とはいえない面も残している。今後の課題としたい。

本書は、教養的教育（旧一般教育）の「日本国憲法」ないし「法学（日本国憲法を含む）」を受講する学生たちが使用することを念頭において書かれている。いうまでもなく憲法学は、憲法解釈学、憲法理論、憲法史、比較憲法、憲法社会学などの多様な分野を含んでいる。その中心が憲法解釈学にあることは当然であるが、教養的教育という側面を考慮して、憲法解釈学上の専門的論点などは最小限のものしか触れられていない。また、憲法の書物ならば当然に扱われるべき概念の説明や論点整理、問題点の指摘などについても、必要最小限にとどめた。具体的な問題を通じて「憲法を考える」ということに重点をおいたためである。また、一般市民の平和や憲法に対する関心にもこたえるように努めたつもりである。

憲法の勉強は、単なる教養のためだけでも、いわんや「日本国憲法」の単位のためだけにあるのでもない。憲法に関する基礎的な知識は、国民が主権者として生きていくうえでの必要な政治的教養である。また、人類初の原子爆弾が投下された広島、そこで憲法を学ぶ者は、ヒロシマが今も全人類に向かって発し続けているメッセージを伝えていく重要な課題を与えられているように思う。それは、この地で憲法を学び、学んだ者の「使命」ではないだろうか。

今回も法律文化社の小西英央氏には大変なお世話になった。記して謝意を表したい。

二〇〇三年三月一〇日　東京大空襲から五八年目の日に

編　者

〔付記〕本書の校了後にイラク戦争がはじまった。核兵器に匹敵する破壊力をもつ巨大爆弾や劣化ウラン弾なども使用され、多くの市民が死傷している。国連安保理決議もない、自衛権に基づかない武力行使は、国際法的に正当化できない侵略行為である。『ヒロシマと憲法』という本書の立場からも、この戦争は断じて容認できないことを一言表明しておきたい（二〇〇三年三月二〇日 記）。

目次

第Ⅱ部 「共生」社会を築くために

第Ⅰ部

「共生」としての平和

第1章　終わらないヒロシマ

原爆被害のあらまし

一九四五年八月六日午前八時一五分、現在の広島市中区大手町一丁目五―二四島病院の上空五八〇メートルで、アメリカ軍のB二九爆撃機から投下されたウラン二三五原子爆弾が爆発し、西日本有数の商工業都市であり軍事都市であった広島市は壊滅した。広島型原爆のエネルギーはTNT火薬一五キロトン（一万五〇〇〇トン）と推定され、爆発点は数百万度に達し、巨大な火球が形成され、爆心地の地表面の温度は三〇〇〇～四〇〇〇度に達した。数十万気圧の圧力と音速以上の衝撃波が生じ、これを追って音速以上の爆風が流れた。これにより爆心地から半径二キロメートル以内では木造家屋の一〇％が全壊、四〇％が半壊・損傷した。火球から放射された熱線により火災が発生し、二キロメートル以内の地域では全部の建物が完全に焼失・破壊され、三キロメートル以内でも九〇％以上が焼失・破壊を受けた。原爆に独特なのは放射線である。爆発後一分以内に放出された初期放射線（ガンマ線と中性子線）は、物質を透過する力が非常に強く、人体の内部に深く浸透し、細胞を損傷させた。また、誘導放射線と放射性降下物（いわゆる死の灰）からなる残留放射線も人体を損傷させた。

被爆当時、広島市内にいた人の数は約三五万人（長崎市では約二七万人）であったと推測される。その多くは一般市民であるが、軍人・軍属や朝鮮人徴用工なども含まれている。また、原爆の残留放射線の影響を受けた二次被爆者（入市、救護・看護、黒い雨地域居住者など）が大量に生み出された。

原爆により地域の医療機関は壊滅状態となった。医師、看護婦などの医療従事者、医療機器や医薬品などの極端な不足、原爆症についての医学的知識の貧困などのため、被爆直後の被爆者に対する医療は困難をきわめた。また、食料事情が極端に悪化していた。このような状況のなかで、適切な医療が施されず、栄養失調状態で死にいたった被爆者は少なくない。原爆による死者の数は一九四五年一二月はじめまでに広島で約一三万人（長崎六〜七万人）、一九五〇年までに約二〇万人（同一四万人以上）と推定されている。

原爆が人体に及ぼした傷害は、熱傷、損傷、放射能傷が密接に絡み合ったものである。被爆直後から四カ月後までの時期には、各種の急性障害（熱傷、圧迫傷・埋没傷・破片傷などの爆風による傷害、悪心嘔吐・全身倦怠・発熱・下痢・脱毛などの放射線傷害）が発生した。それ以降の後障害は、熱傷および爆風による傷害の後遺症（ケロイド、変形など）、放射線による後遺症（白内障、白血病、癌、遺伝性影響など）である。放射線による傷病は原爆被害の特質であり、被爆後半世紀を過ぎた現在においてもあとを断たずに発症している。それは、直接の被爆者だけでなく、被爆直後に被爆地域に立ち入った二次被爆者や胎内で被爆した者にも生じている。また、ＰＴＳＤ（心的外傷後ストレス症候群）などの精神神経後遺症が被爆者に生じていることが指摘されている。なお、原爆被爆による特異な障害として胎内被爆小頭症がある。

原爆は家族構成を破壊し、家庭生活を侵害した。夫・父親など中心的な働き手を失った家族、父母を失い扶養者がいなくなった子ども（いわゆる原爆孤児）などは、その日から生活が困難となった。大量の家屋が焼失または倒壊し、住居が失われた。生活と仕事の場としての地域共同体・地域社会の崩壊、ぼう大な財貨の喪失、地域の公共機関・公共施設の壊滅などにより、人々の相互扶助、共同生活が困難となった。就業の機会を失った者、結婚の機会を失った者、心身がすぐれないため職業生活に制約を受けた者も多い。このような生活上の諸困難から立ち直れたとしても、それには相当の長い年月を要することが多かったし、なかにはついに立ち直れなかった者もいた。

以上のようにみてくると、総体として原爆は、人間が人間らしく生活すること、あるいは、人間としての尊厳を否定するものであるといわなければならない。つまり、原爆は他に比較することができないほど激しく、極端に基本的人権の侵害をもたらしたということができる。

被爆者

日本語としての被爆者は、原爆による被害を受けた者を意味する言葉であるが、法律用語としての被爆者は、「原子爆弾被爆者に対する援護に関する法律」（以下では「被爆者援護法」という）一条に定められた、①原爆爆発の際、当時の広島市・長崎市の区域内などにいた者（直接被爆）、②原爆爆発の時から一四日以内に当時の広島市・長崎市の区域内（全部ではない）に入った者（入市被爆）、③原爆放射能の影響を受けるような事情のもとにあった者（救護・看護被爆、黒い雨被爆）、④原爆被爆の時①②③の胎児であった者（胎内被爆）、で被爆者健康手帳の交付を受けた者（国籍は問わない）である（二〇〇二年三月末日の数は二八万五六二〇人）。これらの被爆者は身体に原爆放射線の影響を受けたことに着目した概念であり、原爆爆発の当時、学童疎開で広島・長崎市内にいなかったが、親などが被爆死して孤児になった者（原爆孤児）などは法律にいう被爆者でない。

被爆者は身体に対する原爆被害（傷病とそれによる死亡）を受けた者である。それは被爆した時点から現在までの間に発生しただけでなく、これからも確実に発生するものである。被爆者の傷病が原爆放射線を被曝したことにより引き起こされたもの（放射線症）であるかどうかについては、今なお医学的に未解明の部分があるが、癌などの発症率が非被爆者に比して高いことは顕著である。また、前述のように、被爆者は生活を営むうえでも種々の負担と被害を受けており、これも被爆後半世紀以上を経た現在に継続している。

在外被爆者

広島・長崎の原爆被爆者は、現在、世界の二〇カ国以上の地域で生活している。その数は約五〇〇〇人といわれるが、定かでない。在外被爆者の国籍は様々であるが、日本国籍の者もいる。これらの外国に居住している被爆者を在外被爆者という。

在外被爆者のなかで数がもっとも多いのは、韓国と北朝鮮（朝鮮民主主義人民共和国）に在住する者である。これら韓国・朝鮮人被爆者の背景には、日本による一九一〇年の「韓国併合」、朝鮮の植民地支配がある。植民地化され収奪・破壊し尽くされた朝鮮から、多くの人々が働く場を求めて日本に移住した。戦争が激しくなるにつれて、「国民動員計画」による朝鮮人労働力の移入、さらには「国民徴用令」による徴用工としての強制的な日本移入などが行われた。この結果、終戦時には約二〇〇万人の朝鮮人が日本国内に居住しており、そのうち広島県内には約八万人、長崎県内には約六万人が居住していた。これらの人々の多くが広島・長崎の市内とその周辺に居住していて原爆の被害を受けたとみられるが、その正確な数は明らかでない。生き残った朝鮮人被爆者の多くは戦後祖国に帰ったが、被爆者に対する理解の乏しい祖国での生活は苦難の連続であった。在韓・在朝被爆者に対する日本政府からの援護は、長い間ほとんど差し伸べられなかった（韓国の被爆者に対しては、わずかに四〇億円の医療支援などがなされてはいる）。

原爆の被害を受けた者のなかには、アメリカ生まれの日系アメリカ人（移民の子孫で教育を受けるため渡日していた）、中国や東南アジア各地からの留学生、日本の植民地であった台湾出身の軍人・軍属、学生、市民、華僑、強制連行されてきた中国人労務者、ドイツ人などのキリスト教関係の聖職者、アメリカ人・イギリス人・オランダ人（ジャワ島出身者を含む）・オーストラリア人捕虜など多くの外国人もいた。これらの人のうちで生き残って故国に帰った者が外国人の在外被爆者である。そのほか、戦後、アメリカ、カナダ、ブラジル、アルゼンチン、ペルー、オーストラリアなどの諸外国に移住した日本人被爆者がいる。これらの被爆者の多くは現在も日本国籍を保持しているが、他の外国人在外被爆者と同様に日本政府による援護はまったくなされていない（なお、在韓被爆者事件・大阪高判（二〇〇二年一二月五日）で敗訴した厚生労働省は、今後、日本国内で被爆者手当の受給権を得た在外被爆者については、出国後も手当の支給を続けることにしたので、この限りで在外被爆者に対する日本政府による援護が行われることになった）。

国際法違反の違法な原爆による爆撃

被爆者が受けた被害は戦争のなかで生じた被害である。この被害をもたらしたアメリカによる原爆爆撃が違法であるならば、そのような違法行為を行ったものには原爆被害を償う責任があるはずである。国際法からみて広島・長崎への原爆爆撃が違法であることについては、東京地裁一九六三年一二月七日判決（下民一四巻一二号二四三五頁）が次のように説いている。

「破壊力、殺傷力において、従来の兵器よりはるかに大きいだけでなく、人体に種々の苦痛ないし悪影響をもたらす点において、原子爆弾は従来のあらゆる兵器と異なる特質を有するものであり、まさに残虐な兵器であるといわなければならない」。

「無防守都市に対しては無差別爆撃は許されず、ただ軍事目標の爆撃しか許されないのが従来一般に認められた空襲に関する国際法上の原則である」、「（広島、長崎に投下されたような）破壊力をもつ原子爆弾が一度爆発すれば、軍事目標と非軍事目標の区別はおろか、中程度の規模の都市の一つが全滅するとほぼ同様の結果となることは明らかである。従って防守都市に対してはともかく、無防守都市に対する原子爆弾の投下は、盲目爆撃（筆者注・軍事目標と非軍事目標の区別をせずに行う爆撃）と同視すべきものであって、当時の国際法に違反する戦闘行為であるといわなければならない」、「原子爆弾による爆撃が仮に軍事目標のみをその攻撃の目的としたとしても、原子爆弾の巨大な破壊力から盲目爆撃と同様な結果を生ずるものである以上、広島、長崎両市に対する原子爆弾による爆撃は、無防守都市に対する無差別爆撃として、当時の国際法からみて、違法な戦闘行為であると解するのが相当である」。「広島、長崎両市に対する原子爆弾の投下は、戦争に際して不要な苦痛を与えるもの非人道的なものは、害敵手段として禁止される、という国際法上の原則にも違反すると考えられる」、「ヘーグ陸戦規則第二三条eでは、『不必要ナ苦痛ヲ与フヘキ兵器、投射物又ハ其ノ他ノ物質ヲ使用スルコト』を禁止していることからみて、毒、毒ガス、細菌以外にも、少くともそれと同等或はそれ以上の苦痛を与える害敵手段は、国際法上その使用を禁止されているとみて差支えあるまい」、「原子爆弾のもたらす苦痛は、毒、毒ガス以上のものであるといっても過言ではなく、このような残虐な爆弾を投下した行為は、不必要な苦痛を与えてはならないという戦争法の基本原則に違反しているということができよう」。

やや長い紹介になったが、四〇年も前に、わが国の裁判所がアメリカによる広島・長崎に対する原爆爆撃を明快に違法と断定していたことは注目されてよい。

被爆者の救済・援護

東京地裁判決は、アメリカによる広島・長崎への原爆爆撃が国際法上違法な戦闘行為であり、日本国は損害を被っているから、「日本国が国際法上アメリカに対して損害賠償請求権を有することは、いうまでもない」が、個人は条約によって認められている場合のほか国際法上の権利主体となり得ないとし、そのような条約は存在しないから、被爆者（原告）はアメリカに対して損害賠償請求権を有しない、とした。他方で同判決は、「戦争災害に対しては当然に結果責任に基く国家補償の問題が生ずるであろう」と指摘し、「国家は自らの権限と責任において開始した戦争により、国民の多くの人々を死に導き、傷害を負わせ、不安な生活に追い込んだのである。しかもその被害の甚大なことは、とうてい一般災害の比ではない。被告（国）がこれに鑑み、十分な救済策を執るべきことは、多言を要しないであろう」と述べた。指摘された「結果責任に基づく国家補償」とは、原因となった（国の）行為が違法かどうかにかかわらず、それにより生じた被害が「特別の犠牲」にあたる場合、救済・補償が必要であるということであり、具体的な救済・補償の措置は立法により行われる。

広島・長崎の原爆被害は戦争災害のなかでも他に比べることができないほど激しいものである。そこで、被爆後一二年した一九五七年にようやく「原子爆弾被爆者の医療等に関する法律」（原爆医療法）が、次いでその一一年後の一九六八年に「原子爆弾被爆者に対する特別措置に関する法律」が制定され、被爆者に対する医療給付や手当支給などの援護措置が講じられた。また、これらの被爆者関係の二法を一本化し若干の条文を加えた「原子爆弾被爆者に対する援護に関する法律」（被爆者援護法）が一九九四年に制定されている。これらの法律の性格については、旧原爆医療法についての最高裁の次のような説明が参考になる。「原子爆弾の被爆による健康上の障害がかつて例をみない特異かつ深刻なものであることと並んで、かかる障害が遡れば戦争という国の行為によってもたらされたものであり、しかも、被爆者の多くが今なお生活上一般の戦争被害者よりも不安定な状態に置かれているという事実を見逃すことはできない。原爆医療法は、このような特殊な戦争被害について戦争遂行主体であった国が自らの責任によりその救済をはかるという一面を有するものであり、その点では実質的に国家補償的配慮が制度の根底にあることは、これを否定することができない」（最判一九七八年三月三〇日民集三二巻二号四三五頁）。

前記のように最高裁は、旧原爆医療法には戦争を行った国が戦争被害の救済を行うという一面があるという。つまり、同法は原爆被害という通常の戦争被害を超える「特別な犠牲」の救済法の側面を有するということである。しかし、現行の被爆者援護法は、被爆者に対する医療給付は部分的であり、また、損なわれた生活に対する援護措置である手当給付も低額なものにとどまるなど、必ずしも「特別な犠牲」にみあったものではない。なお、政府は、旧法の被爆者関係二法および現行の被爆者援護法の在外被爆者への適用を全面的に拒否してきた。

戦争被害の救済、補償

第二次世界大戦後、ヨーロッパの諸国では、一定範囲の戦争被害に対して法律を制定して救済を行うという考え方が定着している。これに対してわが国では、かつて最高裁が「戦争損害は国民のひとしく堪え忍ばなければならないやむを得ない犠牲である」（在外財産事件・最大判一九六八年一一月二七日民集二二巻一二号二八〇八頁）と述べたように、ヨーロッパ諸国のような考え方と法的仕組みは未確立である。

ところで、戦争損害は国民がひとしく堪え忍ばなければならないものなのであろうか。戦争被害がすべての国民にひとしく生じているとすれば、たしかにこれに対して国が補償する意味はない。しかし、戦争被害は、事柄の性質からいっても決してひとしく生じるものではなく、むしろ不均等に発生するものである。そのような戦争被害のうち「特別の犠牲」といえるようなものに対して、戦後立法により救済・補償を行うことにしているのがヨーロッパ諸国である。わが国も、このような法的な仕組みを取り入れるべきである。それは戦争を抑制する効果があるだろう。なぜならば、戦争被害の補償は膨大なものとなるものであり、たとえ戦争に勝利しても国家にとって莫大な負担となるからである。「戦争の放棄」原則を採用した日本国憲法のもとでは、その具体化として、本来ただちに内外の戦争被害に対して補償を行う法律が制定されるべきであった。

究極の人間破壊兵器

原爆は、瞬時に巨大な破壊と無差別大量殺戮を引き起こすと同時に、放射能の作用によって、長期にわたって徐々に人間を破壊していく。これは従来の兵器にない新しい特徴である。それはまた、気象や環境、生態系など、人間の生存・生活条件を根本から脅かす。まさに原爆は、人類が生み出した究極の人間破壊兵器である。その運用思想は、非戦闘員を無差別に殺傷する「戦略爆撃の思想」である（前田哲男『戦略爆撃の思想』（朝日新聞社、一九八八年））。広島・長崎への原爆爆撃は、日本軍による重慶（中国）爆撃に端を発し、ドイツ軍によるゲルニカ（スペイン）爆撃、イギリス軍によるドレスデン（ドイツ）空襲、アメリカ軍による東京大空襲をはじめとする日本本土空襲へと続く「戦略爆撃」の延長線上にあった。それは、規模および内容、将来への影響等の点において、「戦略爆撃」の真打ち登場であった。しかも広島では、爆発の効果を最大限に発揮させるため、空襲警報をいったん解除させて市民が防空壕の外に出るように仕向けるという実に功妙な演出さえ行われたのである（若木重敏『広島反転爆撃の証明』（文藝春秋社、一九八九年））。また、国家安全保障局（ＮＳＡ）の機密資料によれば、アメリカは、旧日本軍上層部が降伏する意向をもっているという情報を原爆投下の三カ月前にすでにつかんでいたのである（『朝日新聞』

一九九三年八月一二日)。

チャップリンの映画『殺人狂時代』(一九四八年)のなかで、女性連続殺害の罪で死刑を求刑されたデェルデュはいう。「陪審員諸君。……この世界は大量殺人を唯一の目的に破壊の武器を製造しているのではないでしょうか? この世界は無垢の婦人や子供たちを粉々に、しかも極めて科学的に吹き飛ばさなかったでしょうか? 大量殺人者としての私は、これに比すれば一個の素人にすぎません……」と。そして、断頭台に向かう時、「一人の殺人は悪漢を生み、百万の殺人は英雄を生む。量が神聖化するわけです」と独白する。東京大空襲や原爆投下の実行責任者として、これらに深く関与したカーチス・ルメイ将軍。原爆投下の際、日本側に警戒態勢をとらせないため、B29の高々度の単機使用というのは彼の発案だった。ルメイは原爆投下から一九年目の一九六四年、航空自衛隊育成の「功労」により日本国天皇から勲一等旭日大綬章を受け、一九九〇年一〇月、八三歳で長寿を全うした。

今日の核状況

核をめぐる状況は依然として憂慮すべき状況にある。一九八五年のピーク時、世界の核弾頭総数は五万四〇〇〇発(総破壊力は二万二〇〇〇メガトン)に達し、その九三%はアメリカと旧ソ連によって占められていた。九一年および九三年に、アメリカとロシアは戦略核兵器削減条約(START)を締結。西暦二〇〇三年までに戦略核を三〇〇〇~三五〇〇発に削減するというが、戦略核以外のものを含め、二一世紀になってもなお数万発の核兵器は残ることになる(九三年段階で米ロ英仏中の弾頭数は二万七〇〇〇発と推定される)。過剰殺戮(オーバー・キル)状況を生み出す「人類絶滅装置体系」は依然として健在である。

核の犠牲者は、広島・長崎の被爆者だけにとどまらずさまざまな形で世界各地に存在する。広島・長崎への原爆投下国であるアメリカにおいても、核兵器の破壊効果を測定するための人体実験モデルにされた兵士たち（〝アトミックソルジャー〟）が癌や白血病等で命を失っている。旧ソ連にも同様の兵士たちがいる。アメリカでは、新生児や囚人も人体実験の対象とされた。人体実験はイギリスでも行われていた。また、アメリカのネバタや旧ソ連のセミパラチンスクなどの核実験場周辺（風下）住民や、核実験が繰り返し行われたマーシャル、ポリネシア諸島の住民たちの間でも、広島・長崎の被爆者と同様の障害が生まれている（中国新聞取材班『世界のヒバクシャ』（講談社、一九九一年）参照）。そして、一九八六年四月二六日に起きた旧ソ連チェルノブイリ原子力発電所事故。これは、核の「平和利用」のもつ問題性をもっとも悲劇的な形で示したものといえる。また、海洋には約四〇〇隻の原子力推進艦艇が浮かび、その上に六〇〇基を超える原子炉が積載されている。これは陸上の発電用原子炉の約一・五倍の数である（梅林宏道『隠された核事故』（創史社、一九八九年））。これらの艦艇が起こす事故はそのすべてが公表されたわけではなく、現在、世界の海洋には「五〇個の核弾頭と九基の原子炉」が沈んでいると推定されている。九三年一〇月には、ロシアの原潜が核廃棄物を日本海に投棄した。「青き深海」は、米ロ仏英中に次ぐ「第六番目の核〝大国〟」とさえよばれている（アーキン＝ハンドラー「海の核事故」世界一九八九年一二月号）。

核戦争の危機は現実に存在した。冷戦時代、旧ソ連の核攻撃部隊が八回、アメリカのそれが三回、臨戦態勢に突入したことがあったという（B・ブレア「偶発核戦争の論理」）。今日、多大な人的損失と広範囲にわたる世界文明の破壊を伴う「超絶的紛争」（核戦争、生物・化学戦争）は、悲劇的な誤解、ちょっとしたミスや事故、ごく少数の核テロリストの破壊活動等によって起こる可能性があるという（G・ブートゥール＝R・キャレール（高柳先男訳）『戦争の社会学』（中央大学出版部、一九八〇年））。事実、一個一〇〇円程度の小部品の不良から、核戦争の一歩手前まで行った事故がアメリカで何度も起きている（一九七九年一一月と八〇年六月の事故はとくに有名）。すでに化学兵器は無差別テロの手段として使われている（東京地下鉄サリン事件）。大量殺戮兵器使用の敷居は、冷戦時代よりも低くなっているともいわれている。

核兵器の違法性

こうした状況のなかで、核軍縮をめぐるさまざまな努力もまた、半世紀にわたって地道に行われてきた。だが、核兵器の開発・生産・威嚇・使用などを全面的に禁止する条約はいまだに締結されていない。度重なる核実験はすでに二〇四八回を数えている。世界の世論に押されて、国連は一九九六年九月、包括的核実験禁止条約（ＣＴＢＴ）を採択した。違反監視のための探知施設を設定したり、核兵器の開発にある程度歯止めをかける役割を果たしうるなどの積極面もあるが、他方、模擬実験が禁止されていないこと、核不拡散条約（ＮＰＴ）と同様、核保有大国の独占的優位性を固定するという否定面も存する。実際、核保有国インドが署名を拒否したため、発効のめどはたっていない。国連総会第一委員会では、核兵器禁止条約の締結を求める決議も行われているが（九六年一一月）、核保有国の米ロ英仏が反対し、日本はこれに棄権した。核兵器禁止条約締結への道のりは遠い。

核兵器禁止条約が存在しないという状況のもとで、核兵器の使用・威嚇が国際法違反であるかどうかをめぐって新しい動きがあった。一九九三年五月、世界保健機関（ＷＨＯ）が、「核兵器の使用は健康や環境上の観点から国際法上違法がどうか」に関して、国際司法裁判所（ＩＣＪ）に勧告的意見を求める決議を総会で採択したのである。国際司法裁判所での審理過程で、二二カ国の代表が意見陳述を行った。そのうちの一五カ国が核使用の違法性を主張したが、日本政府代表は核保有国、とくにアメリカの立場を考慮して、「人道に反する」という抽象的主張にとどまった。しかし、九五年一〇月の日本の意見陳述では、広島・長崎の両市長が「核兵器使用は国際法違反」と明言し、法廷に感銘を与えた。

ヘーグ陸戦規則やジュネーヴ諸条約など、現行国際人道法の体系のもとでは、「不必要な苦痛」を与える兵器の使用や、一般市民をも巻き込む無差別攻撃などが禁止されている。核兵器の使用・威嚇を明確に禁ずる条約はいまだに存しないが、このような規範体系のもとで核兵器をどのように評価するかが問われたのである。一九九六年七月、国際司法裁判所が勧告的意見を出した。そこでは、①核兵器の使用・威嚇は国際人道法の原理と規定に一般的に違反すること、②国家の存亡そのものにかかわる極限的な自衛状況での核兵器の使用・威嚇が合法・違法かについては判断が下せない、とされた。核兵器の使用・威嚇が一般的にではあれ違法とされた意味は大きい。

ヒロシマからはじまった「核の時代」。偶発核戦争や核テロなどの危険をつねにはらみながら、日常生活のレヴェルにおいても、原子力の「平和利用」による放射能汚染の危険という「緩慢なる人間破壊の過程」が進行している。そこには、「過去、現在および将来の被爆者」の問題が複合的に現れている。したがって今日、平和とは、単に戦争（核戦争を含む）が起きないということだけでは足りない。それは、環境・生態系の破壊、放射能汚染（被爆）、貧困、飢餓、抑圧、各種の人権侵害等々、人間の生存と生活を脅かすあらゆる要素からの解放をも意味するのである（積極的平和）。

ヒロシマと憲法

私たちの日本国憲法は「平和憲法」（peace constitution ;Friedensverfassung）とよばれる。それは、前文および第九条において①戦争放棄、②戦力不保持、③交戦権否認、④平和的生存権の保障という四つの内容をもつ徹底した平和主義が採用されたことによる。

日本国民は、……政府の行為によつて再び戦争の惨禍が起ることのないやうにすることを決意し、……この憲法を確定する。

日本国民は、恒久の平和を念願し、人間相互の関係を支配する崇高な理想を深く自覚するのであつて、平和を愛する諸国民の公正と信義に信頼して、われらの安全と生存を保持しようと決意した。われらは、平和を維持し、専制と隷従、圧迫と偏狭を地上から永遠に除去しようと努めてゐる国際社会において、名誉ある地位を占めたいと思ふ。われらは、全世界の国民が、ひとしく恐怖と欠乏から免かれ、平和のうちに生存する権利を有することを確認する。（前文第二段）

日本国民は、正義と秩序を基調とする国際平和を誠実に希求し、国権の発動たる戦争と、武力による威嚇又は武力の行使は、国際紛争を解決する手段としては、永久にこれを放棄する。（九条一項）

前項の目的を達するため、陸海空軍その他の戦力は、これを保持しない。国の交戦権は、これを認めない。（九条二項）

日本国憲法は、国家の正式のルートに乗っかってはじめられる戦争（国権の発動としての戦争）から、出先部隊のドサクサまぎれの武力行使、そして他国に対する武力による威嚇行動（「戦艦外交」等）にいたるまで、考え得るすべての戦争や武力行使の諸形態を放棄するとともに、戦争・武力行使の手段（軍隊およびそのバリエーション）を一切もたないということを鮮明にしている。日本国憲法がここまで徹底した戦争・軍事力否定の態度をとるにいたった背景には、それが制定された「時間」の問題を無視できない。この憲法が作られた時、「核爆発の余韻はいまだ消え去らず、焼け焦げた肉体の臭気がまだ立ち込めていた。新たな時代の真の性格――核戦争という途方もない不条理と、いっさいの軍事力が核戦争の防衛としてはまったく無価値であること――がはじめてその姿をみせたのが、まさにこの時であり、この場所だった」（C・D・ラミス〔加地永都子ほか訳〕『ラディカルな日本国憲法』〔晶文社、一九八七年〕）。したがって、憲法九条は、あれこれの人間の思いつきや単なる政治的タクティックス（戦術）の産物ではなく、敗戦直後の時代精神の表現にほかならなかった。「日本国憲法の第九条は、広島・長崎以後の国際政治の新たな現実を示す最初の、そして最高の表現である」（C・D・ラミス前掲書）とされる所以である。

日本国憲法が提起した「平和のうちに生存する権利」は、今や国際的に承認されつつあるといってよい。一九七八年の国連総会決議33／73「平和的生存の社会的準備に関する宣言」（「……すべての国とすべての人間は、人種、信条、言語または性のいかんにかかわらず、平和的生存の固有の権利を有する」）もその現れである。また、憲法と非核政策を結びつける努力は、パラオの非核憲法や、ドイツ統一過程の憲法（基本法）改正案（円卓会議草案）に非核条項を設ける動きなど、次第に広がりをみせている。日本国憲法が提起した平和主義の歴史的課題は、時代遅れどころか、ますますその重要性を増しているのである。

北緯三四度三〇分の広島。人類初の被爆地。この広島の地でヒロシマを学ぶことと、日本国憲法を学ぶこととは実は密接な関連をもっている。ヒロシマが提起している問題を考えること、それはまた、日本国憲法の平和主義の今日的意味を再確認することにも通ずるだろう。

第2章 「ポスト核時代」を拓く——二一世紀のヒロシマの使命

1 核兵器を取り巻く国際状況

冷戦中の軍備増強

一九四五年七月一六日にはじめて核実験に成功して以来、その後の四年間は世界中でただ一国アメリカのみが原子爆弾を保有していた。その独占状態を崩したのがロシアすなわち当時のソビエト連邦であり、続いてイギリス（五二年）、フランス（六四年）、中国（同年）が核実験に成功して、その時点ではすでに三万五千あまりの核兵器が世界に存在していたのである。一つの爆弾のもつ威力も桁違いに大きく（一九六一年のソ連の水爆実験は広島に落とされた原爆の三三〇〇倍の威力だった）なるのに加えて、最高時には総計六万超というまったく不必要な数の核兵器の存在は、冷戦構造のなかで対立するアメリカとソ連の核開発競争の加熱化がもたらしたものであり、人類の愚かな行動の結果である。核兵器は開発だけでなく維持するためにもコストがかかるものであり、冷戦終結をまたずして両国が核兵器削減に向けて動き出したのは当然である（戦略兵器削減条約—ＳＴＡＲＴ—交渉がはじまったのは一九八二年。戦略核弾頭数の削減目標値は、ＳＴＡＲＴⅠでは六〇〇〇発、ＳＴＡＲＴⅡでは三〇〇〇〜三五〇〇発、ＳＴＡＲＴⅢでは

表2－1　1998年の核状況

核兵器国	中国，フランス，ロシア，英国，米国	1967年1月1日前に核爆発を実施し，NPTにより核兵器国と認められている。
NPT未加入核兵器国	インド，イスラエル，パキスタン	核兵器を迅速に配備する能力をもつか，すでに配備していると考えられている。
高度危険国	イラン，イラク，リビア，北朝鮮	過去数年間に核兵器能力の取得のための措置をとった。
核開発断念国	アルジェリア，アルゼンチン，ベラルーシ，ブラジル，カザフスタン，ルーマニア，南アフリカ，ウクライナ	1980年代に積極的な核開発計画をもっていたが，最近それらを断念した。
核開発自粛国	オーストラリア，ベルギー，ブルガリア，カナダ，チェコ，デンマーク，フィンランド，ドイツ，ハンガリー，イタリア，日本，メキシコ，オランダ，ノルウェー，スロバキア，韓国，スペイン，スウェーデン，スイス，台湾	核兵器開発の技術的基盤をもつが，これまでその開発を望まなかった。

出典　黒沢満『核軍縮と国際平和』（有斐閣，1999年）41頁

二〇〇〇～二五〇〇発である。黒沢満『核軍縮と国際平和』（有斐閣、一九九九年）参照）。冷戦終結により本格的に削減が実現していき、現在は最高時の三分の一以下までになっているのであるが、今の段階ではまだまだ異常なままでの不必要な核兵器の削減が行われているだけであって、戦闘手段としての核兵器をこの世からなくしていこうという動きにはなっていないともいえる。二〇〇二年には、STARTⅡが未発効、STARTⅢが未調印のまま、アメリカ・ロシアの両国は戦略攻撃戦力削減条約を調印した。しかし、同条約は、現在両国がそれぞれ約六〇〇〇発ずつ実戦配備している戦略核弾頭数を一〇年で二二〇〇発～一七〇〇発までに減らすことを目標としているが、ミサイルなどの運搬手段の削減、配備からはずされた核弾頭の解体や廃棄などに関しての義務はないので、核戦力が削減されるわけではない。すなわち、冷戦が終わっても核兵器を合法的な戦闘手段であると位置づけ、先に述べた五大国がその所有を独占しているという国際社会の状況は

何も変わっていないといえるのである。

NPT体制とは

さて、では、その核兵器に関して、国際社会がどのようなルールを作りあげているのかをみておこう。先にみたように、核兵器を違法な武器であると位置づけて所有を禁止する体制は今のところできていない。しかしながら、核兵器の所有を無制限に自由とする考え方も国際社会はとっていない。現在とられているのは「核不拡散」という考え方である。すなわち、先にみた五大国には核兵器の所有を認めるが、その他の国には認めないことによって、核兵器所有国が広がるのを防ごうという方法である。この体制を作り出したのが一九六八年の核不拡散条約（NPT、一九七〇年に発効）であり、そのもとで核兵器国は「核兵器その他の核爆発装置またはその管理をいかなるものに対しても直接又は間接に移譲しない」こと、さらに、「核兵器その他の核爆発装置の製造もしくはその他の方法による取得又は核兵器その他の核爆発装置の管理の取得につきいかなる非核兵器国に対してもなんらの援助、奨励又は勧誘を行わない」という義務を負い、対照的に非核兵器国は、「受領」しないこと、そして「製造」、「取得」、「援助をもとめ」また「受け」ないことを約束しなければならないのである。この差別的な条約に、作成当時、当然ながら非核兵器国の側から不満の声は上がっており、二五年間という条約の有効期限が定められたのであるが、その期限を迎えた九五年の再検討会議では、結局多数決で条約の無期限延長が決定されることになったのである。

PTBTからCTBTへ

ところで、核兵器の不拡散を実質的なものとするためには、核兵器の開発に欠かせない核実験を禁止することが有効である。はじめてそのような条約ができたのは一九六三年であり、それは、大気圏、宇宙空間および水中での核爆発実験を禁止する「部分的核実験禁止条約」（PTBT）であった。この条約が成立した背景には、アメリカの水爆実験で日本の漁船乗組員が被曝した一九五四年の第五福竜丸事件などにより、放射能汚染に対する懸念が国際世論として高まっていたこともあるが、条約の起草国であったアメリカ、イギリス、ソ連は、より技術的に難しい地下核実験を行うだけの技術をすでに手に入れており、その他の場所での核実験を禁止しても不都合はなくなっていたこと、むしろ、そうしたほうが他の国々の追随を許さないという意味で好都合だったという状況があったのである。その一年後に核爆発に成功したフランスと中国は、同条約には入らず大気圏内での核実験を続行していたのであるが、一九七三年オーストラリアとニュージーランドがフランスの南太平洋での大気圏内核実験の中止を国際司法裁判所（ICJ）に訴え、それに応えたフランスが核実験停止の一方的宣言をしたことによって、今では大気圏内での核実験は違法であると考えられるようになっている。

他方、地下核実験をも禁止する条約作りは一九九三年にはじまった。交渉の末、九六年に採択された「包括的核実験禁止条約」（CTBT）は、第二付属書に記載されている四四カ国すべての国が批准しなくては発効しないと定めているが、自国が発効要件に加えられたことを会議中から批判していたインドをはじめ、パキスタン、北朝鮮が二〇〇二年現在、未署名であるほか、アメリカも署名はしたものの九九年に上院で否決されて以降、批准のめどは立っていない。また、同条約は核兵器の実験的「爆発」を禁止するものであり、その他の実験を禁止するものではないという立場から、すでに批准を行ったイギリスも、アメリカと共同での未臨界核実験（核分裂の連鎖反応に達しない量のプルトニウムなどを使って行う核爆発の模擬実験。アメリカは一九九七年、イギリスは二〇〇二年にアメリカと共同ではじめて行った）を行っている。

2 ＩＣＪ核兵器勧告的意見

市民による挑戦

以上のような核兵器をめぐる国際法の現状は、核廃絶に向かう核軍縮ではなく、核兵器国による核保有の独占を認めたうえでの、その優位性を維持するための核不拡散という色彩が強いものであることがわかる。しかしながら、そのような国際政治の陰で、フランスが南太平洋での大気圏核実験の中止に追い込まれるきっかけとなったように、核実験の被害者となりうる市民が声を上げ、核兵器反対の運動を続けていた。そういった小さな市民の動きの一つから、一九九二年に非核兵器国のいくつかまでも巻き込んだ「世界法廷プロジェクト」が旗揚げされ、核兵器の違法性について国際司法裁判所（ＩＣＪ）に問うという大事業が開始されたのである。国連の主要機関の一つであるＩＣＪは、国家間の訴訟の裁判とは別に、国際機関に対して勧告的意見を出すというもう一つの任務をもっている。そこで、裏舞台・表舞台での攻防を経て、ついに世界保健機関（ＷＨＯ）、そして国連総会が、ＩＣＪに勧告的意見を求める決議を採択する事態にいたったのである。そのうちＷＨＯからの要請に対しては、核兵器問題は専門機関であるＷＨＯの「活動の範囲内」の問題ではないという理由で、ＩＣＪには管轄権なしという判断が下されたのであるが、国連からの要請には管轄権が認められ、一九九六年七月八日に勧告的意見が出されることになった。

ＩＣＪ勧告的意見

国連総会決議49／75Ｋによる ＩＣＪへの問いかけは、「いかなる事情のもとにおいても、核兵器の威嚇または使用は、国際法上ゆるされるか」という問題である。ＩＣＪの本案判決は、まず、武力の威嚇または行使を禁止している国連憲章第二条四項、第五一条の自衛権について言及するが、自衛権に関しては必要性と均衡性という条件に従わなければならないと述べる。続いて、現在の国際法のなかに、核兵器に関する特定の禁止条項はみいだすことができないこと、さらに慣習法が形成されたともいえないことを確認する。しかしながら、人道法諸文書に含まれた基本原則として、一般住民・民用物の保護を目的とする戦闘員と非戦闘員の区別という第一原則、戦闘員に不必要な苦痛を与えることの禁止という第二原則が存在し、これらは国際慣習法の犯すことのできない諸原則を構成すること、そして、人道法の確立した原則および規則が核兵器に適用されないという結論は引き出せないことを述べる。そして結論として、「核兵器の威嚇または使用は武力紛争に適用される国際法の諸原則、特に人道法の原則および規則に一般的には違反するだろう。しかしながら、国際法の現状および裁判所に利用可能な事実の諸要素を勘案して、裁判所は核兵器の威嚇または使用が、国家の存亡そのもののかかった自衛の極端な事情の下で、合法であるか違法であるかをはっきり結論しえない」と述べ、さらに、「厳格かつ効果的な国際管理の下において、すべての側面での核軍縮に導く交渉を誠実に行いかつ完結させる義務が存在する」と締めくくったのである（ＮＨＫ広島核平和プロジェクト『核兵器裁判』（ＮＨＫ出版、一九九七年）参照）。

市民の挑戦、再び

前記の勧告的意見は、核兵器の使用および威嚇を一般的に違法とする点で、核兵器に反対する人々の意見にそうものであった一方で、核兵器を所有しているのはまさに自衛のためであると主張してきた核兵器国をも満足させるものであった。すなわち、判決がその後の核兵器国の核保有の正当化事由ともなったし、逆に市民の反核運動の根拠にもなったのであるが、その市民運動の一形態として、核兵器の違法性を国内の法廷で争うという人々が出てきている。そのなかで一九九九年にイギリスの地方裁判所グリーノックで出された判決は、核搭載原子力潜水艦トライデントの施設の一部を破壊した被告たちの主張を認めるものであった。すなわち、被告たちの行動は、ＩＣＪ判決で違法と判断された核兵器を破壊することにより、より大きな犯罪を防ぐことが目的だったと認められ、彼女たちは無罪とされたのである（トライデント・プラウシャウズのサイト http://www.tridentploughshares.org/、日本の支援サイト http://www03.u-page.so-net.ne.jp/ta2/toyosima/goilsupt.html 参照。現在広島・長崎両市は、ＩＣＪの勧告的意見を援用して各国の裁判所が国内の事例に対して言い渡した判決の事例収集作業を行っている）。

3 「ポスト核時代」に向けて

非核宣言自治体

核兵器廃絶に向けて行動を起こしているのはもちろん市民だけではない。国家が核兵器を容認している場合でも、自治体が議会決議で核兵器の廃絶要求などの非核政策を宣言する場合がある。日本の場合では一九八五年に愛知県半田市が行って以来、二〇〇一年八月現在で二五九六の自治体が宣言をしており、これは全自治体の七八・八％である（日本非核宣言自治体協議会のサイト内の http://www.nufreejapan.com/pdf/data_2.pdf（二〇〇二年四月一三日））。そういった自治体がその精神を具体化するための政策として、たとえば、二〇〇〇年には鹿児島県屋久町の「放射線物質等の持ち込み及び原子力関連施設誘致問題の立地に関する条例」の可決、小樽市による核兵器搭載の有無について回答を寄せないアメリカ艦船ビンセンスの入港拒否などが行われている。また、海の向こうでも、イギリスでは現在九九の自治体が、アメリカでは二〇〇以上の自治体が非核自治体となっており、活発な運動を行っているところもある（NPO法人ピースデポ『核軍縮と非核自治体2001』（二〇〇一年））。

非核兵器国からの挑戦

また、非核兵器国もNPT体制をただ容認するだけであったのではない。核兵器をもたないことを、自分たちの安全保障へとつなげていこうという努力が試みられている。それは、消極的安全保障という考え方であり、その考えのもと、一九九五年のNPT再検討会議の開始前には、各核兵器国が、同条約の締約国である非核兵器国に対し核兵器を使用しないことを再確認するという宣言が出されている。また、地域的なレベルでは、現在、南極条約（一九五九年）、ラテンアメリカ核兵器禁止条約（一九六七年）、南太平洋非核地帯条約（一九八五年）、東南アジア非核兵器地帯条約（一九九五年）、アフリカ非核兵器地帯条約（一九九六年）の五つの条約によって、その域内での核兵器の存在可能性を否定するとともに、核兵器国にも核兵器の使用等の禁止を義務づけている。また、周りを中国とロシアという核兵器国に取り囲まれた国であるモンゴルは、九二年に一国で非核兵器地帯の宣言を行い、これは九八年に国連総会において非核兵器地位として認められることになった。

非核兵器国が、さらに積極的に核兵器国へ核廃絶を求める動きも近年活発になっている。一九九八年に発足した新アジェンダ連合（ブラジル、エジプト、アイルランド、メキシコ、ニュージーランド、南アフリカ、スウェーデン）は、二〇〇〇年のNPT再検討会議の最終文書に「核兵器国は保有核兵器の完全廃棄を達成するという明確な約束を行う」という文言を含ませることに成功し、同年の国連総会では「核兵器のない世界へ：新しいアジェンダの必要性」という決議を採択させた。それに刺激された日本も、前年まで出していた「核兵器の究極的廃絶に向けた核軍縮」という決議に変えて、「核兵器完全廃棄への道程」という一歩進んだ決議を動議し、採択させるにいたっている。

あくまでも核兵器にこだわり続ける大国とそれに反対する少なくはない人々。しかしながら後者の声を前者に対抗できるほどによりいっそう強力なものにしていくためには、道のりはまだ遠く、被爆地広島の使命は今世紀に入っても終わらない。

第3章 「もう一つのヒロシマ」

1 「もう一つのヒロシマ」(1)——軍都と毒ガス島

「軍都広島」の過去

広島は日清戦役のとき我国軍事作戦の中心である大本営がこの地に進めさせられ、日本歴史の上に、また日本民族発展史上、永劫に記念すべき事実で日本唯一の聖蹟である。従って、大東亜戦争が起るや、広島の軍国熱はひとしお昂まり、中でも女性の勤労動員体制は全国にさきがけて結成された。〝応召の心構えで増産戦へ！女も兵士の一員だ〟を合言葉に軍需工場や重点産業部門へ続々と勤労奉仕隊を送り込み、その延人員は数千万人に達している。また十八年二月には、広島市内の学校、官庁、市役所、その他の男女勤務員の自発的協力によって「白衣勇士へ純血を捧げましょう」と、これも日本では珍しい「広島市輸血奉仕団」が結成され、数千名の団員を擁している。

毎日新聞社編『銃後戦記・西部篇』（一九四四年）〔旧仮名等一部修正〕

かつて広島は「軍都」であった。陸軍第五師団と呉の海軍部隊を中核として、輸送・後方支援の総合的軍事能力を備えた西日本有数の軍事拠点であった。民衆の「軍国熱（フィーバー）」が下からそれを支えた。

一八九四年の日清戦争の間、広島城内に大本営（天皇の最高戦争指導機関）がおかれた。長野県の「松代大本営」（太平洋戦争の末期、ここで天皇が自決して戦争が終わるというシナリオが計画されていた）が実行されなかったので、「広島大本営」は東京以外に天皇が移った最初で最後のケースとなった。また、西練兵場（現広島県庁）には、広島仮議事堂が設けられた。帝国議会が地方に移った唯一のケースである。そこで第七回臨時帝国議会が開かれ、臨時軍事予算と軍事法令が可決された。広島は二二五日間、東京以外の都市では唯一、日本の「首都」となった。

広島城東側のＲＣＣ（中国放送）近くに、歩兵第一一連隊跡がある。これは被爆遺跡ではない。多くのアジア民衆の血にまみれた「広島の影」である。第五師団は、日清・日露の両戦争から、日中戦争、太平洋戦争にいたるまで、「勇猛を馳せた」部隊として知られた。その中核である歩兵第一一連隊こそ、マレー半島ネグリセンビラン州等で行われた華僑虐殺を実行した部隊であった。「近代の広島は軍都であり、太平洋戦争を象徴する、マラヤの華僑虐殺の実行部隊を生んだ地であった。そうした広島の近代の帰結が原爆だった」。したがって、「『ノーモア・ヒロシマ』とは、アジア太平洋戦争にいたる近代日本の侵略戦争とその軍隊の象徴としてのヒロシマを拒否するという意味がこめられなければならない」とされる所以である（林博史『華僑虐殺』（すずさわ書店、一九九二年））。

化学兵器製造の拠点、広島の毒ガス島（大久野島）

広島県竹原市忠海の沖合三キロの大久野島。現在国民休暇村に指定されたリゾート地となっている。一九二八年、ここに旧軍の毒ガス工場（陸軍造兵廠火工廠兵器製造所）がおかれ、猛毒の青酸ガスやイペリットガス等が大量に製造された。化学兵器が一九二五年のジュネーヴ議定書で禁止されていたため、この国際法違反の毒ガス製造は秘密裡に行われた。大久野島は瀬戸内海の地図から消された。毒ガスは、福岡県小倉の曽根製造所で砲弾に充填され、中国戦線で大々的に使用された。中国側の調査では、二〇〇〇回以上使用され、八万人以上の死傷者が出たという。

大久野島の毒ガスは過去の問題ではなく、「現在」の問題である。六七〇〇人が大久野島の毒ガス製造に従事したが、戦後、それらの人々のなかから、慢性呼吸器疾患や肺癌などの呼吸器癌が多発した。死亡者は一八〇〇人という。鎌田七男・広島大学原爆放射能医学研究所教授によれば、「イペリットによる染色体異常の発生割合は、広島の爆心地から一・一キロで被爆した人に相当する」という（辰巳知司『隠されてきた「ヒロシマ」――毒ガス島からの告発』（日本評論社、一九九三年）参照）。一九九四年一月、大久野島の毒ガス被毒者の肺癌死亡者を調べていた日米共同研究グループ（広島大医学部とアメリカ国立がんセンター）は、毒ガスにより高頻度で遺伝子異常が起こることを確認した（『中国新聞』一九九四年一月二三日）。大久野島の毒ガスは原爆と同様に、世代を超えて被害を及ぼし続けているのである。だが、毒ガス障害者に対する救済はきわめて不十分である。毒ガス障害者は、国家補償の精神にもとづく援護法の制定を求めている。

また、大久野島の毒ガスは、今も多くの中国民衆を傷つけている。終戦間際、旧日本軍は、中国吉林省敦化市郊外に大量の毒ガス弾を遺棄した。戦後、これらの砲弾の腐食がすすみ、漏れ出した毒ガスにより、住民五〇〇人以上が死傷したという。日本政府はこの事実を長期にわたって認めてこなかった。一九九四年一月、大学教授らの民間調査団が現地調査を行い、毒ガス砲弾の存在と戦後被害の事実を確認した（『中国新聞』一九九四年一月二六日）。

一九九三年一月、パリで化学兵器禁止条約が調印された。この条約は、化学兵器の開発、生産、取得、貯蔵、保有、移転、使用を禁止するとともに、現在ある化学兵器を一〇年以内に廃絶することを求めている。条約の実効性を確保するため、「抜き打ち査察」（チャレンジ査察）も可能となっている。世界は、七二年の生物兵器禁止条約に続き、化学兵器の全面禁止に向けて一歩を踏み出した。日本はこの条約により、毒ガス遺棄弾（日本政府は七〇万発、中国側は二〇〇万発という）の処理を義務づけられることになった。それは同時に、日本が果たすべき戦後責任の重要な一部をなす。化学兵器禁止条約は、九七年四月二九日に発効した。条約の実効性にはなお疑問があるが、長期的視野でみれば、人類が化学兵器全廃の方向に歩みはじめたことだけはたしかであろう。

自然の美しい大久野島。しかし、毒ガスに対する安全宣言は、戦後半世紀以上が経過した現在もなされていない。

2　「もう一つのヒロシマ」(2)――広島周辺の軍事基地群

中東に向かった岩国基地の攻撃機

地図を広げ、爆心地の広島市中区大手町一丁目を起点にコンパスで円を描く。すると、半径四〇キロ圏内に、重要な軍事施設があることがわかる。米軍岩国基地（山口県）。ペルシャ湾に派遣された掃海艇やカンボジアPKO部隊を輸送した補給艦が配備される海上自衛隊呉基地。そして在日米陸軍第八三兵器大隊（秋月弾薬廠）の三つの弾薬庫群……。在日米軍基地・施設は、二一都道県に計一二八カ所ある。そのうち、本土には八三カ所、沖縄には一県で四五カ所もある。自衛隊基地が米軍との共同使用の形態（米軍地位協定二条四項b）をとる例も増えている（一三都道県の三二カ所）。在日米軍基地の総体が、「アメリカの核戦争遂行計画の不可欠の部分」（W・アーキンほか「核戦争の最前線基地・日本」世界一九八五年二月号）となっている。この役割は、「冷戦終結」がいわれる今日、世界中で軍事基地の縮小が行われているなかで、日本の米軍基地だけは質的に強化されつつある。広島周辺の米軍基地の機能は、湾岸戦争によって改めて実証された。

JR広島駅から山陽本線に乗ると約五〇分で岩国に着く。ここには、アメリカが海外におく唯一の海兵隊航空部隊、第一海兵航空団主力（第一二海兵航空群＝MAG12）が配備されている。海兵隊は「有事」の際、世界のどこにでも短時間で投入される「殴り込み部隊」である。FA18Dホーネット全天候型戦闘攻撃機三個中隊のほか、滑走路なしでも離着陸できるVSTOL（垂直離着陸機）のAV8Bハリアー攻撃機一個中隊が実戦配備されている。主滑走路東側の一角に、ハリアー・パットという特別の施設がある。

岩国基地配備の攻撃機は、核爆弾B43（最高一四五〇キロトン、広島型の一〇〇倍）、B57（一〇～二〇キロトン、広島型一発程度）、B61（一〇〇～五〇〇キロトン、広島型の一〇～三〇倍程度）を搭載することができる。岩国には、長らく海兵航空団第一兵器部隊が駐屯。基地内に八棟の建物からなる「核兵器組立作業所」があった。一九八三年三月に、この部隊はグァム島の米海軍補給廠の「ブラボー地区」（核兵器貯蔵地域）付近に移駐したが、建物は岩国基地内にそのまま残されているという（法学セミナー増刊『市民の平和白書84』（日本評論社、一九八四年））。また、米国防総省核兵器庁・エネルギー省合同核事故調整センターが作成した文書「核事故対処リスト（89年度版）」のなかには、在日米軍基地の七カ所に核事故処理隊があることが明記されていた。岩国には、第一二航空群爆発性兵器処理隊がおり、α線探知機とトリチウム探知機を装備する。核戦争時の放射線はβ線とγ線が中心で、βγ探知機は陸上自衛隊にも六五〇個ある。だが、α線は核戦争時ではなく、核事故の際のプルトニウム239から出てくる。それ故、α線探知機があるということは、核戦争一般ではなく、何らかの核事故を想定したものといえる。トリチウム探知機は水爆がなければ不必要なものである（B61は水爆）。

一九九〇年一二月、湾岸戦争の直前、岩国の攻撃機部隊は中東湾岸地域に向かった。出発前に、緑・灰色の塗装を黄土色系統の三色迷彩（砂漠向け）に変えたという（ピースリンク『湾岸戦争がヒロシマを走った（ピースリンク叢書三号）』（一九九一年））。岩国の部隊を含め、在日米軍五万人のうち、一万四〇〇〇人が湾岸戦争に参戦した。

錦帯橋で有名な城下町岩国。飛行機墜落事故（一九七五年～九三年で八四件）や騒音、船舶航行禁止や漁船操業禁止（基地東側水域二〇・九キロ平方メートル）といった基地による直接被害だけでなく、市の重要部分を基地に取られているため、都市計画が思うように進展しないという深刻な問題も抱えている（岩国市企画部基地対策課編『基地と岩国（平成六年版）』（一九九四年）参照）。そうしたなかで、一九六八年以来、基地を現在の場所から一キロ沖合に「移設」することも計画されている。九二年八月、防衛施設庁は一〇〇〇億円以上をかけて実施の方向を打ち出した。だが、住民のなかには、夜間着艦訓練（ＮＬＰ）を含めた基地の恒久化につながるという批判も強い。

広島大学西条キャンパス近くに巨大弾薬庫

広島から国道2号線を西条方面に向かい、ＪＲ八本松駅手前を左折し、踏切を渡ると、厳めしいゲートがみえてくる。「在日米軍施設　許可なき立入は日本国法令に依り処罰される」「注意・軍用犬巡回地区」という標識。米陸軍川上弾薬庫（第八三兵器大隊秋月弾薬廠）である。

米軍が日本におく弾薬庫は沖縄の知花弾薬庫を除けば、すべて広島県内にある。安芸郡江田島町秋月の秋月弾薬庫（貯蔵能力四万九〇〇〇トン）、呉市広町黄幡の広弾薬庫（同一万九〇〇〇トン）、そして東広島市八本松町宗吉の川上弾薬庫（同五万一〇〇〇トン）である。川上は「太平洋地域で唯一最大」といわれる規模と内容をもつ。広島大学西条キャンパスの北西わずか六キロに、五万トン級の巨大弾薬庫があることは、あまり知られていない。

米軍資料によると、川上については「通常弾薬（conventional）」と明記されているが、秋月や広については「制

図3－1　川上弾薬庫（東広島市）の機能

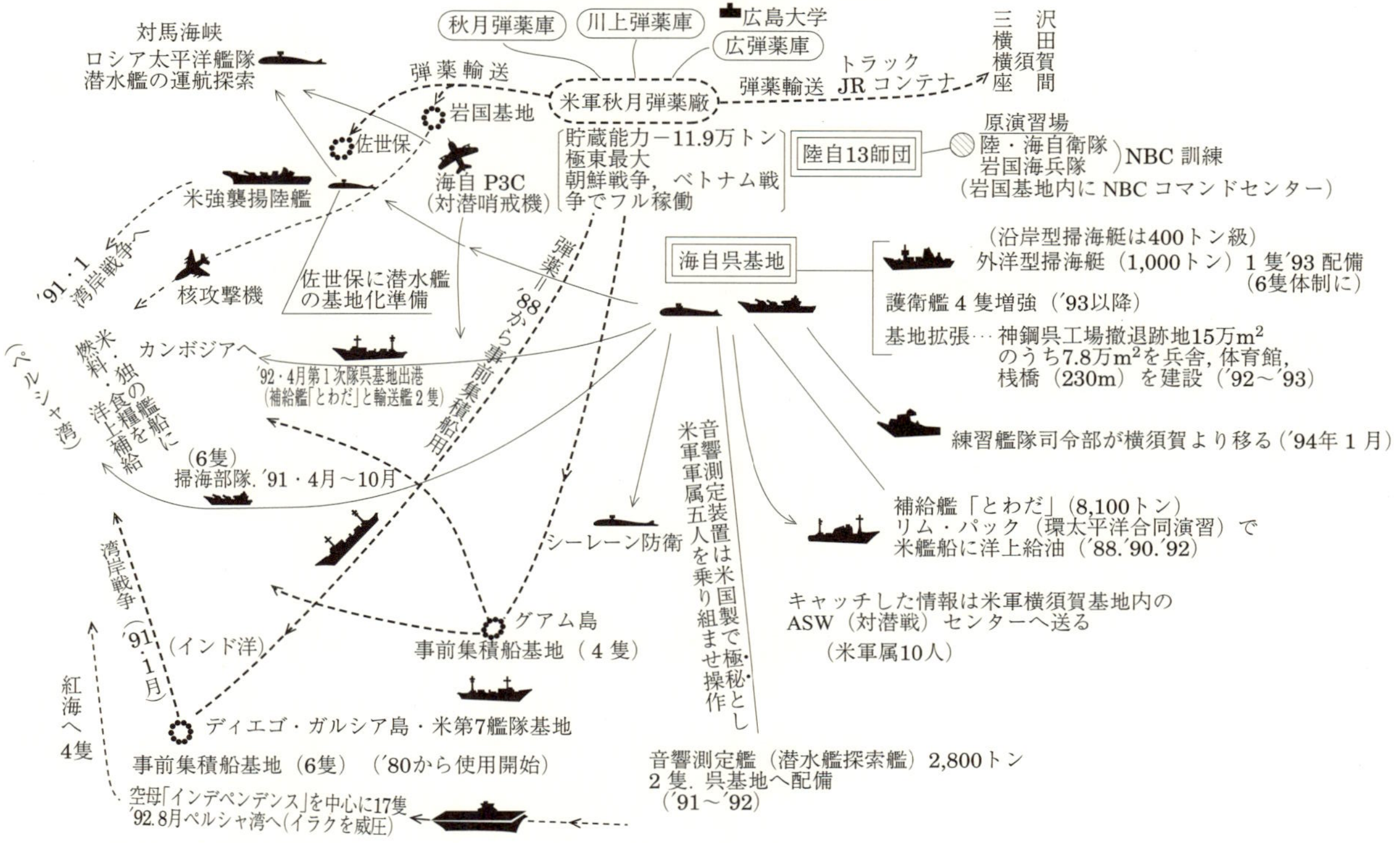

出所：広島県平和委（一部加筆修正）

限なし（unrestricted）」と表示されており、核兵器や毒ガスも貯蔵可能という（小川和久『在日米軍』（講談社、一九八七年））。川上弾薬庫内には、「正八角形(1)」の標識札が二五本立っていることが、呉市議会の調査団によって確認されている（一九九〇年二月）。米国防総省のマニュアル「爆薬・爆発物類安全規準」によれば、この標識は、最も危険度の高い「大爆発」を示す。また、川上弾薬庫には、一〇五ミリ榴弾砲弾を一日八〇〇発修理する能力をもつ弾薬補修工場もある。九二年までに四一棟の覆土式弾薬庫が改築されている。「冷戦終結」後、世界各地で基地の縮小がすすむなか、ここは質的強化の一途を辿っている。

火薬類取締法施行規則では、火薬類の施設から市街地の家屋・学校・保育所等の公共施設まで五五〇メートルの保安距離をとることが義務づけられているが、米軍施設のため、安保条約にもとづく米軍地位協定三条一項により、その適用が除外されている。実際、この地域には広島大学の教職員を含む一四〇所帯が住んでいる。

湾岸戦争時、これらの弾薬庫群はフル回転した。川上、広の弾薬庫から長崎県佐世保基地に運ばれた弾薬は、輸送船でサウジアラビアに送られた。そのなかには、イラク軍レーダーを撹乱させる「チャフ」と呼ばれる精密兵器も含まれていた。それは、「多国籍軍」（連合軍）によるイラク空爆にきわめて重要な役割を果たした。川上弾薬庫の司令官ループ中佐（当時）は、隊員向けのメッセージのなかでこう述べた。「事前配備船で運んだ秋月弾薬廠の弾薬はまっさきに砂漠地帯に陸揚げされた。発射の準備がされた」（『朝日新聞』一九九二年二月一日）と。

アジア・太平洋地域、中東などで紛争が起こるたびに、まっさきに展開するのは岩国の航空部隊である。その場合、弾薬補給のために、これら広島県内の弾薬庫はフル稼働するだろう。一九九六年にＡＣＳＡ（「日本国の自衛隊とアメリカ合衆国軍隊との間における後方支援、物品又は役務の相互の提供に関する日本国政府とアメリカ合衆国政府との間の協定」〔日米物品役務相互提供協定〕）が結ばれたが、広島の補給基地はＡＣＳＡの具体化にとって重要な役割を果たすだろう。

被爆地広島の間近にあるこれらの軍事基地群は、湾岸戦争をはじめ、各種の地域紛争への米軍の展開・介入にとって不可欠の存在である。ここに、戦争加担・協力の隠れた「もう一つのヒロシマ」がある（水島朝穂『ベルリン・ヒロシマ通り——平和憲法を考える旅』（中国新聞社、一九九四年）参照）。

第4章　憲法九条の原点と現点

1　戦争違法化と立憲平和主義

戦争をめぐる歴史的条件の変化

「平和」（peace）とは「国際関係について、二つの戦争の時期の間に介在するだまし合いの時期を指して言う」（A・ビアス（西川正身編訳）『悪魔の辞典』（岩波書店、一九六四年））。こんなシニカルな表現がぴったりくるほど、人間の歴史は大小さまざまな戦争によって彩色されている。第二次世界大戦が終わった一九四五年から一九九五年までの期間に限ってみても、一六四の武力紛争が起こっており、多数の人々が命を失っている（K. J. Hoisti, The State, War, and the State of War, 1997）。

一般に、戦争を行う側は「正義の戦争」の論理によって自己の行為を正当化し、相手の側を「不正義の戦争」と非難する。こうした正戦論は古代ローマ以降、根強く主張されてきた。F・メーリングは、「戦争を、外的及び偶然的基準によって、正義の自衛戦争と不正義の侵略戦争とに分けることは不合理であり、かつ不可能である」と早くから指摘していた（F. Mehring, Gesammelte Schriften, Bd. 8, S. 391）。一八世紀半ば以降になると正戦論はしだいに後退し、「無差別戦争観」が国際法学の主流となるにいたる。この立場によれば、戦争の正・不正は問題にされず、戦争が一定のルールに従って行われる限り、すべてその正当性を認められた。法は戦争の手続やルールを決めていたにすぎなかった。戦争そのものが違法化されるのは第一次世界大戦後のことである。

ところで、核時代の今日、「正義の核戦争」というものがありうるだろうか。戦争は「他の手段をもってする政治の継続である」（クラウゼヴィッツ（篠田英雄訳）『戦争論』（岩波文庫、一九六八年））とされてきたが、それは核時代の今日、「政治の手段」としての意味を喪失したといわねばならない。手段が目的を破壊してしまうからである。核戦争では、国際法上認められてきた捕虜、あるいは中立国の権利といったものが保障される可能性もほとんどない。「殲滅戦では、双方が同時に滅亡し、それとともにあらゆる正義も滅亡するから、永遠の平和は人類の巨大な墓場の上にのみ築かれることになろう」（カント（宇都宮芳明訳）『永遠平和のために』（岩波文庫、一九八五年）第六条項）というカントの言葉は、核時代の現代を予言しているかのようである。核時代に入り、戦争をめぐる諸条件は決定的に変化した。平和は、議会制民主主義の運営に左右されないものとなった。つまり、人民（およびその代表者＝議会）がその時々の決断によって、ある時は選択し、ある時は放棄する（＝戦争を選択する）といったことが不可能となり、「あらゆる人権の大前提として、あらゆる価値に優先して、常に必ず選択され確保されなければならないものとなった」（高柳信一「人権としての平和」法律時報四七巻一二号（一九七五年））のである。

戦争の違法化と憲法

戦争の放棄を定めたのは、実は日本国憲法がはじめてではない。一番古い例としては、フランス革命後の一七九一年憲法がある。「フランス国民は、征服を行う目的でいかなる戦争を企図することをも放棄し、かつ、その武力をいかなる人民の自由に対しても使用しない」（第六篇一項）。放棄されたのは征服戦争だけだが、同様の規定はフランス一八四八年憲法、ブラジル一八九一年憲法にもみられる。史上初の国家総力戦となった第一次世界大戦の悲惨な体験をバックに、国際連盟規約（一九一九年）が、国際紛争の平和的解決を原則化し、戦争に訴えることを一般的に禁止した。一九二八年の不戦条約（戦争放棄に関する条約）は、さらに進んで、国際紛争解決のための戦争を禁止し、かつ国家の政策の手段としての戦争の放棄を宣言するとともに、国家間に起きるすべての紛争を平和的手段（外交交渉や国際裁判等）によって解決することを求めた。こうして、国際的には、戦争は一般的に違法なものと扱われるようになった（ただし、自衛戦争は放棄されていない）。不戦条約発効後に制定されたスペイン憲法（一九三一年）やフィリピン憲法（一九三五年）等が、「国家の政策の手段としての戦争」として侵略戦争を放棄する規定をおいたのも決して偶然ではない。

第二次世界大戦の悲惨な結果を受けて、戦争違法化の流れはさらに強固なものとなる。国際連合憲章（一九四五年）は、戦争だけでなく「武力による威嚇又は武力の行使」をも原則として禁止した（二条四項）。やむをえない例外として、各加盟国には自衛権の行使が認められたが、それも、①現実の武力攻撃の発生、②安全保障理事会による必要な措置がとられるまでの間だけ、という条件付のものだった（五一条）。こうして、戦争の違法化は国際法的には定着していく。戦後制定された各国憲法も、国際紛争の平和的解決や征服戦争・侵略戦争の放棄について宣言するのが一般的傾向となった。ただ、そこで放棄されている戦争には自衛戦争を含まないのが通例であった。たとえば、旧西ドイツ基本法（一九四九年）二六条は、「侵略戦争を準備する行為」を違憲としたが、そこでは自衛のための戦争は否定されていない（五〇年代半ばの基本法改正で再軍備を行う）。

日本国憲法の立憲平和主義

そうしたなかで、日本国憲法九条は、侵略・制裁・自衛といった目的の如何を問わず、すべての戦争を放棄し、手段・方法のレヴェルでも、一切の戦力を保持せず、交戦権をも否定するという徹底した内容をもつものであった。日本国憲法が比較憲法的にみて画期的なのは、九条二項において、例外なしに一切の戦力の不保持を明確にしたところにある。戦争放棄だけならば歴史的先行例は前述したように他にもある。しかし、戦力の不保持まで一貫させたのは日本国憲法がはじめてであり、ここに日本国憲法の世界史的意義がある。

近代立憲主義の本質は、人権を保障するために憲法を通じて権力を制限するところにあるが、この制限は国内統治権力に対してのみならず、外交・戦争といった対外的な権力作用に対しても及ぶようになった。国際法は個別国家の対外的権力行使（戦争）に制限を加えたが（戦争の違法化）、日本国憲法は、戦争と軍備・戦力保持を憲法レヴェルで禁止した。つまり、立憲主義は、国防権力の制限（放棄）によって国民の平和的生存権を保障するというところまで徹底されたわけで、いわば立憲主義と平和主義のドッキングである。

日本国憲法の立憲平和主義の内容は、九条以外にもさまざまな規定（あるいは規定そのものをおいていないこと）のなかに含まれている。例示的に挙げれば、以下のとおりである。①戦争放棄・戦力不保持・交戦権否認（九条）、②平和的生存権の保障（前文）、③特別裁判所〔軍法会議〕の禁止（七六条二項）、④開戦・講和に関する規定の不存在（ここから、戦争に関連した国家機関の特別権限や例外手続等が否定される）、⑤兵役義務規定の不存在（政府解釈も、徴兵制は憲法一三条、一八条から違憲としている）、⑥軍事・国防秘密に関する例外規定の不存在、⑦国防目的のための人権制約規定や、国民に特別の防衛義務（徴兵義務以外の）を課す規定の不存在、⑧国家緊急権に関する規定の不存在、などである（山内敏弘・古川純『憲法の現況と展望』（北樹出版、新版、一九九六年））。立憲平和主義は、国民主権に対する制限規範であるから、仮に民主的手続を踏んで、国民の多数の意思が表明されても、憲法が明示的に禁止した制度（戦力等）や権限（交戦権等）を導入することは許されない。これは伝統的な国家原理の修正、あるいは転換といってよい（「平和主義的法治国家」）。日本国憲法が「真の立憲平和主義」の最初の例とされる所以である（深瀬忠一『戦争放棄と平和的生存権』（岩波書店、一九八七年））。

2　憲法九条をめぐる諸問題

戦争放棄と戦力不保持

憲法九条一項は、①国権の発動としての戦争、②武力行使、③武力による威嚇のすべてを放棄し、二項は戦力の不保持、交戦権の否認を規定している。このたった一つの条文をめぐって、多くの激しい議論が行われてきた。それは学者の解釈論上の対立にとどまらず、戦後最大の政治的論争点であり続けている。主な論点を簡単にみておこう。

まず、九条で放棄されたのは侵略戦争だけなのか（逆にいえば自衛戦争は放棄されていないのか）、それとも自衛戦争を含む一切の戦争が放棄されたのか、という論点である。次に憲法九条は自衛のための戦力の保持を認めているか否かという論点がある。ごく大雑把にいえば、(a)九条一項は自衛戦争を含む一切の戦争を放棄しており、二項の戦力不保持・交戦権否認は一項のすべての戦争を放棄したことを確認する趣旨だとする説と、(b)九条一項が不戦条約等と同様の表現を用いていることから、一項が放棄した戦争は侵略戦争・制裁戦争であり、自衛戦争は含まれないが、二項の戦力不保持・交戦権否認は無限定であるから、結局自衛戦争を含む一切の戦争が放棄されているとする説、とに分かれる。(a)を一項全面放棄説、(b)を二項全面放棄説という。両説は、一切の戦争の放棄という効果が一項の段階ですでに生ずると解するか、一項と二項がセットになってはじめて生ずると解するかという結論の出し方に違いこそあれ、九条が一切の戦争を放棄し、いかなる戦力の保持も許さないとする点で違いはない。これに対して、(c)九条一項は侵略戦争のみ放棄し、自衛戦争を放棄しておらず、したがって二項は自衛のための戦力の保持を認めているとする限定放棄説がある。(c)は一項の解釈では(b)と重なる部分があるが、二項が自衛戦力を認めているとする点で(b)と異なる。(c)は学界では少数説である。いかなる目的であれ戦力の保持は許されないとする(a)(b)説が通説となっている。近年、これら三説以外に、「戦争」は自衛のためであれすべて放棄されているが、自衛のための武力行使は放棄されていないとする説が主張されている（佐藤幸治『憲法』（青林書院、第三版、一九九五年））。司法試験受験生に影響力をもつ著者の説だが、文理解釈上もかなり無理がある。

自衛権と「自衛力」

さらに、憲法九条と自衛権との関係の問題、また自衛権と「自衛力」をめぐる問題がある。自衛権は、「国家または国民に対して急迫または現実の不正の危害がある場合に、その国家が実力をもって防衛する行為（権利）」（横田喜三郎『自衛権』（有斐閣、一九五一年））と定義される。ただ、憲法は自衛権につき何も規定していない。加えて、九条の徹底した平和主義がある。そのため、他国では自明であるはずの自衛権も、その存否から性格・内容にいたるまでさまざまな議論がある。学説は、①憲法は自衛権の存在を認め、自衛のための戦力ないし自衛のための実力を認めているとする説、②自衛権の存在は肯定するが、自衛のためには、戦力その他の実力の行使は許されず、警察力や民衆の非暴力抵抗等による非軍事的方法だけが許されるとする説、③自衛権そのものが憲法九条によって否定されていると解する説、の三説がある。

ところで、自衛権の議論で無視できないのが、個人にはいざという時に正当防衛権（刑法三六条）があるのだから、国家に自衛権があるのは当然だという素朴な見解である。この見解は、個人と国家の違いを無視した安易なアナロジー（類推）でしかない。個人の正当防衛権と異なり、国家の自衛権は、まったく自明なものとして国家に与えられるわけではない。立憲主義を前提とすれば、自衛権は、憲法という基本法によって規範化された機構を通じて示された国民の意思というものを媒介にしてのみ、正当化されうる。だから、日本の場合、憲法によって、武力（軍事力）を用いない形でのみ、自衛権行使が認められるとするのが②説であり、これが通説の位置を占めている。

この「武力によらざる自衛権」説は、近年、「戦争予防型自衛権」ないし「平和的安全保障権」などとよばれることがある（深瀬・前掲『戦争放棄と平和的生存権』参照）。他方、最近では、③の自衛権否定説も支持者を増やしている。この立場は、ごく簡単にいえば、自衛権と武力行使との歴史的・論理的不可分性（一体性）を強調し、九条で武力行使が否定された以上、自衛権も存在理由を有しないとするものである（山内敏弘『平和憲法の理論』（日本評論社、一九九二年）。九条の無軍備平和主義の徹底した内容、自衛権が果たしてきた歴史的機能、「武力によらざる自衛権」の成立可能性と有効性などに鑑み、自衛権否定説が妥当だろう。

政府解釈は憲法制定以来さまざまに変化してきたが、一九五四年以降は、①説の後段の立場、つまり自衛権が存在する以上、その実現達成手段として、「自衛の……目的のため必要相当な範囲の実力」（後に「自衛のための必要最小限度の実力」）を保持することは憲法九条に違反しないとの立場をとってきた。これが「自衛力」論である。さすがの政府も、前述の(c)説のように自衛戦力合憲論はとることはできず、「自衛力」論は窮余の一策といえる。戦力とは「近代戦争遂行可能な人的・物的組織体」とされているが、その戦力と「自衛力」はどこがどう異なるのか。

その点はきわめて曖昧である。政府解釈では、その違いはひとえに「必要最小限度」という修飾句にかかっている。「必要最小限度」のラインを越えたものは戦力となり憲法九条違反になるが、その限度内にとどまる間は合憲というわけである。

では、その「必要最小限度」のラインは何によって決まるのか。政府解釈は、国際情勢と軍事技術の水準だという。しかし、これらの条件は、いくらでも拡張可能な流動的・相対的概念である。たとえていえば、F86Fセイバーという朝鮮戦争で使ったオンボロ戦闘機しかなかった頃の自衛隊も、F15イーグルというコンピューターの塊みたいな最新鋭戦闘機を保有する今日も、それぞれの時期の世界の軍事技術レヴェルからすれば、「必要最小限度」の範囲内というわけである。さらに、政府の九条解釈の変遷をみると、「自衛のための必要最小限度」の範囲内にとどまる限りは、核兵器（岸首相答弁、一九五八年四月一八日参院内閣委）あるいは細菌（生物）兵器（福田首相答弁、一九七八年三月二日衆院外務委）の保有さえも合憲とされている（放射能や細菌に国境はなく、侵略・自衛の目的の違い、必要最小限度といった程度問題は、これらの兵器には通用しないのに）。

3　憲法九条関係の裁判

では、憲法九条について裁判所はどのような態度をとってきただろうか。安保条約（駐留米軍）および自衛隊について明確な違憲判断を下したのは、前者については砂川事件一審（東京地裁）判決（一九五九年三月三〇日）、後者については長沼事件一審（札幌地裁）判決（一九七三年九月七日）の二ケースがあるだけである。その他の判決は、論理の組み立て方に違いはあれ、憲法判断を避けている点では共通である。

砂川事件

一九五七年七月、東京調達局（現・東京防衛施設局）が、米軍立川基地拡張のために砂川町（現・立川市）の民有地の測量を開始したが、これに対し反対派の住民らが阻止行動を展開。これを規制する警官隊ともみあいになった。その際に境界木柵がこわれ、反対派住民らが立ち入り禁止になっている基地内に四・五メートルほど入った。この行為が、刑事特別法（旧安保条約に基づく行政協定に伴う刑事特別法）二条（合衆国軍隊の施設又は区域を侵す罪）違反に問われ、起訴されたものである。刑事特別法が旧安保条約にもとづくもののため、前提問題として旧安保条約の合憲性が争われた。一審の東京地裁は、①憲法九条は自衛権を否定しないが、自衛戦争も自衛のための戦力の保持も許さない、②憲法の予定するわが国の安全保障方式は、国連による軍事的安全保障措置を最低線とする、③わが国が自衛の目的で合衆国軍隊の駐留を許容していることは、指揮権の有無等にかかわらず、憲法の禁ずる戦力の保持に該当する、として被告人を無罪とした（東京地判一九五九年三月三〇日下刑集一巻三号七七六頁）。驚いた政府は、最高裁に異例の飛躍上告を行った。最高裁はわずか八カ月あまりで、一審判決を破棄差戻しする判決を言い渡した。その理由は、①憲法九条は主権国に固有の自衛権を否定しておらず、自国の平和・安全維持のために必要な自衛措置をとることができ、それには他国に安全保障を求めることも含まれる、②憲法九条二項が禁止する戦力は、わが国が主体となって指揮権・管理権を行使できるもので、わが国に駐留する外国軍はこれにあたらない、③安保条約が違憲か否かの判断は、高度の政治性を有するから司法裁判所の審査になじまず、一見きわめて明白に違憲無効と認められない限りは、司法審査権の範囲外にある安保条約にもとづく米軍駐留は、違憲無効であることが一見きわめて明白であるとは到底認められない、というものである（最大判一九五九年一二月一六日刑集一三巻一三号三二二五頁）。砂川事件は、憲法九条と安保条約・駐留米軍との関係が争われた初めてのケースで、その後の九条関係の裁判に大きな影響を与えた。最高裁判決は、自衛権の承認からダイレクトに自衛措置を導く点、統治行為論（高度の政治性を理由として、特定の国家行為を裁判所の司法審査権の圏外におく理論）の手法を用いながら、安保条約が違憲無効でないという実質判断をちゃっかりしてしまっている点など政府の政策に御墨付を与える、その意味では「高度の政治性」を有する判決だった。

恵庭事件

北海道の島松演習場近くの酪農民が、自衛隊の射撃演習等による騒音により乳牛や家族に被害が出たため、演習の中止・補償等を求めてさまざまな抗議行動を展開。その一環として、火砲の間接照準射撃に不可欠な射撃命令伝達用通信線を数カ所、ペンチで切断した。この行為が自衛隊法一二一条（防衛用器物損壊罪）違反に問われて起訴された。被告人は自衛隊（法）は憲法前文・九条に違反するから、自衛隊法一二一条は違憲無効、したがって無罪と主張。四〇〇人を超える大弁護団と、全国憲法研究会の憲法学者の理論的支援のもと、自衛隊の憲法適合性を問う一大憲法裁判に発展した。公判は四〇回にのぼり、その間、国会で「三矢作戦研究」（第二次朝鮮戦争を想定した制服組の極秘図上研究）が暴露され、当時の統幕事務局長（陸将）も証人として出廷した。

裁判所は当初憲法判断に積極的姿勢をとっていたが、出された判決は被告人を無罪としながらも、自衛隊の憲法適合性には一切立ち入らない、憲法判断を回避した「肩透かし判決」と評される代物だった（札幌地判一九六七年三月二九日下刑集九巻三号三五九頁）。その理由は、被告人の行為は自衛隊法一二一条の構成要件に該当しないというものである。つまり、被告人が切断した通信線は、「武器、弾薬、航空機」といったものと同等評価が可能な「その他防衛の用に供する物」に該当しないというのである。この結論が出た以上、憲法について何らかの判断を行う必要もなく、また行うべきでもないとして、憲法問題に触れることもしなかった。無罪判決にもかかわらず検察側が控訴せず、判決は確定した。

長沼事件

一九六九年七月、農林大臣は、北海道夕張郡長沼町の馬追山国有林（水源涵養保安林）六七ヘクタールについて、航空自衛隊第三高射群施設（地対空ミサイル・ナイキJ発射基地）を設置するため、森林法二六条二項にいう「公益上の理由」により保安林の指定を解除した。これに対し原告住民三五九名が農林大臣を相手どり、保安林指定解除処分の取消を求める行政訴訟を起こした。これが長沼事件である。六四六人の大弁護団を要する原告側の自衛隊違憲の主張も詳細を極め、また裁判所も実態審理に積極的姿勢をみせ、源田元空幕長や憲法・国際法学者等への証人尋問も行われた。一審の札幌地裁は、自衛隊の編成、規模、装備、能力からすれば三自衛隊は軍隊であり、九条二項の禁止する「戦力」に該当すること、したがって、三自衛隊の組織、編成、装備、行動等を規定する防衛庁設置法、自衛隊法その他の関連法規はいずれも九条二項に反し、九八条（憲法の最高法規性）により無効であること、を明快に判示した（札幌地判一九七三年九月七日判時七一二号二四頁）。自衛隊に対する初の違憲判断である。二審の札幌高裁は、代替施設（水害防止用のダム）の完備を理由に、原告らの「訴えの利益」は消滅したとして、訴えを退けた。その際、統治行為論を使って、憲法判断をしなかった（札幌高判一九七六年八月五日行裁例集二七巻八号一一七五頁）。最高裁は二審判決を支持して上告を棄却した。その際、憲法判断にはまったく立ち入らなかった（最判一九八二年九月九日民集三六巻九号一六七九頁）。この事件は、自衛隊を正面から憲法違反とする判決をはじめて生むとともに、裁判官に対するさまざまな圧力（平賀書簡問題等）も表面化するなど、日本の裁判史上に残る事件となった。

百里事件

防衛庁が第一次防衛計画の一環として、茨城県小川町百里原に航空自衛隊基地建設を決定。一九五六年五月、基地予定地内にある民有地の買収を開始した。基地反対派の町長Yは、予定地内のFの土地を甥のIの名義で買い取る売買契約を結び、Iは手付金と内金をFに支払い、土地を仮登記した。防衛庁側の説得でFは、残金の未払いを口実にIとの契約を解除。土地を防衛庁に売却した。そこでFと国が原告となり、Iの登記抹消と国の所有権確認の本訴を提起。Iは、国の本件土地取得は憲法九八条にいう「国務に関する行為」で、これは憲法九条に違反し、かつ民法九〇条の公序良俗違反で無効であると主張。その所有権確認と登記の抹消を求める反訴を提起した。一見すると、土地の売買をめぐる民事事件であるが、自衛隊基地のための土地であったために、俄然、憲法九条論争を含む憲法裁判に発展した。一審判決は、統治行為論を持ち出して、「一国の国防問題」は司法審査の対象にならないとしながら、他方で、憲法学界の少数説に立つ見解を唐突に展開した（水戸地判一九七七年二月一七日判時八四二号二二頁）。いわく、外部からの武力攻撃に対して、自衛のための必要な限度でこれを阻止・排除するため自衛権行使すること、またそのための有効適切な防衛措置をあらかじめ組織・整備しておくことは、憲法前文・九条に違反しない、また自衛隊は九条二項の戦力（侵略的戦争遂行能力を有する人的・物的組織体）に該当することが一見明白であると断ずることはできない、と。他方、二審判決は九条の問題に慎重な態度をとり、結局九条の適用を排除し、本件土地売買契約は「国務に関するその他の行為」（九八条）に該当しないとして、訴訟を私法レヴェルで終結させた（東京高判一九八一年七月七日判時一〇〇四号三頁）。最高裁も、九条は私法上の行為には適用されないとするなど、高裁判決同様の処理方法をとり、憲法問題に立ち入ることなく上告を棄却した（最判一九八九年六月二〇日民集四三巻六号三八五頁）。

なお、その他の九条関係裁判としては、小西反戦自衛官事件（治安訓練反対を訴えて「怠業」遂行の煽動に問われた事件）、横田基地騒音公害訴訟（飛行差止めと騒音被害の損害賠償請求）、厚木基地騒音公害訴訟、小松基地騒音訴訟、嘉手納基地騒音訴訟、那覇市軍用地違憲訴訟、軍事納税拒否訴訟、軍事支出差止訴訟、掃海艇派遣違憲訴訟、カンボジアＰＫＯ違憲訴訟、ゴラン高原ＰＫＯ違憲訴訟などがある。

4　憲法九条と自衛隊(1)——再軍備からガイドラインまで

日本の再軍備と自衛隊

日本国憲法の平和主義は、憲法施行後わずか三年あまりで危機を迎える。一九五〇年六月にはじまった朝鮮戦争。そのわずか二週間後に、七万五〇〇〇人の「警察予備隊」が、米軍供与の装備品と、にわか仕立ての隊員によって作られた。米軍教範（マニュアル）そのままに訓練したため、「頭ァー、右ッ」の号令（英語でアイズ・ライト）を「眼まなこ、右ッ」と通訳が誤訳し、〝流し目〟敬礼になったという漫画的状況さえ生まれた。警察予備隊の産みの親であるＦ・コワルスキー大佐（米軍事顧問団幕僚長）はいう。いまや「時代の大うそ」が始まろうとしている。「人類の政治史上恐らく最大の成果ともいえる一国の憲法が、日米両国によって冒瀆されようとしている」（Ｆ・コワルスキー（勝山金次郎訳）『日本再軍備——私は日本を再武装した』（サイマル出版、新版、一九八四年））と。彼は、日本再軍備の障害として、九条のほかに、憲法一八条（奴隷的拘束又は苦役からの自由）と七六条二項（特別裁判所の禁止）を挙げる。前者は徴兵制を、後者は軍法会議の設置を不可能にしたというわけである。そして、これら三つの条項が「日本の軍隊の発育をひねくれさせた」と慨嘆する。コワルスキー自身がいみじくも述べているように、警察予備隊にはじまる日本の再軍備は、その当初から、憲法違反を十分承知のうえで行われていたのである。

一九五一年、日本はサンフランシスコ講和条約によって一応「独立」を回復する。同時に発効した日米安全保障条約（旧安保条約）によって、米軍の駐留継続や基地提供を取り決めた。この旧安全保障条約一条には、国内の内乱事態に米軍が出動することが規定されていた（内乱条項）。この警察予備隊は保安隊に改組される。そして、一九五四年、「直接侵略及び間接侵略に対しわが国を防衛することを主たる任務」とする自衛隊になる。

自衛隊の行動

自衛隊の行動には、大きく次の六つがある。すなわち、①防衛出動（自衛隊法七六条）、②治安出動（首相の命令（七八条）または都道府県知事の要請（八一条）による）、③海上における警備行動（八二条）、④対領空侵犯措置（八四条）、⑤災害派遣（八三条）および地震防災派遣（八三条の二）、⑥その他（機雷等の除去（九九条）、不発弾の処理（付則一四項）など）、である。このうち①は、内閣総理大臣が、「外部からの武力攻撃（そのおそれのある場合を含む）」という事態が発生した（と判断

表4－1　地位協定のおもな附属・関係法令

- 地位協定実施に伴う刑事特別法
- 地位協定実施に伴う民事特別法
- 地位協定実施に伴う国有財産の管理に関する法律
- 地位協定実施に伴う関税法等の臨時特例に関する法律
- 地位協定実施に伴う国税犯則取締法等の臨時特例に関する法律
- 地位協定実施に伴う地方税法の臨時特例に関する法律
- 地位協定実施に伴う所得税法等の臨時特例に関する法律
- 地位協定実施に伴う郵便法の特例に関する法律
- 地位協定実施に伴うたばこ事業法等の臨時特例に関する法律
- 地位協定実施に伴う外国為替管理令等の臨時特例に関する政令
- 地位協定等の実施に伴う電気通信事業法等の特例に関する法律
- 地位協定等の実施に伴う電波法の特例に関する法律
- 地位協定等の実施に伴う道路運送等の特例に関する法律
- 地位協定等の実施に伴う水先法の特例に関する法律
- 地位協定等の実施に伴う航空法の特例に関する法律
- 合衆国軍隊等の行為等による被害者等に対する賠償金の支給等に関する総理府令

表4－2　上位20カ国・地域の国防費（1991年度）

順位	国名等	国防費（1985年価格）（百万ドル）	1人当りの国防費（1985年価格）（ドル）	国防費のGNP・GDPに対する比率（％）
1	米国	227,055	902	5.1
2	旧ソ連	91,631	318	11.1
3	サウジアラビア	35,438	3,343	33.8
4	イギリス	22,420	395	4.2
5	フランス	18,044	317	2.8
6	日本	16,464	132	1.0
7	ドイツ	16,450	214	1.9
8	中国	12,025	10	3.2
9	イタリア	9,146	159	1.7
10	インド	7,990	9	2.9
11	クウェート	7,959	3,907	33.0
12	カナダ	7,358	272	1.9
13	韓国	6,359	142	3.8
14	台湾	5,474	257	5.4
15	北朝鮮	5,328	224	26.7
16	イラン	4,270	77	7.1
17	アラブ首長国連邦	4,249	2,418	14.6
18	オーストラリア	4,210	247	2.4
19	オランダ	3,947	266	2.7
20	エジプト	3,582	63	7.5

出典　『防衛白書』（1993年版）

した）時に、国会の事前または事後の承認を得て、自衛隊を出動させるというものである。これが発動されると、自衛隊は特別態勢がとられ、国民に対してもさまざまな「防衛負担」が課せられてくる（自衛隊法一〇三条等）。その具体化が「有事法制」である（第6章参照）。②は、「間接侵略その他の緊急事態」（ゼネストや大規模なデモ等も対象となる）に、自衛隊が出動して鎮圧するというものである。

自衛隊は、高水準の「防衛費」（表4－2参照）に支えられて、世界有数の軍隊になってきた。「防衛費」は、一九九六年には四兆八四五五億円に達している。これは、アジア・アフリカの発展途上国（たとえばナイジェリアやミャンマー（旧ビルマ）等）の年間の国家予算に匹敵する額である。しかも、高額の兵器をいわばローンを組んで盛

図4－1　自衛官募集適齢人口（男子）の推移

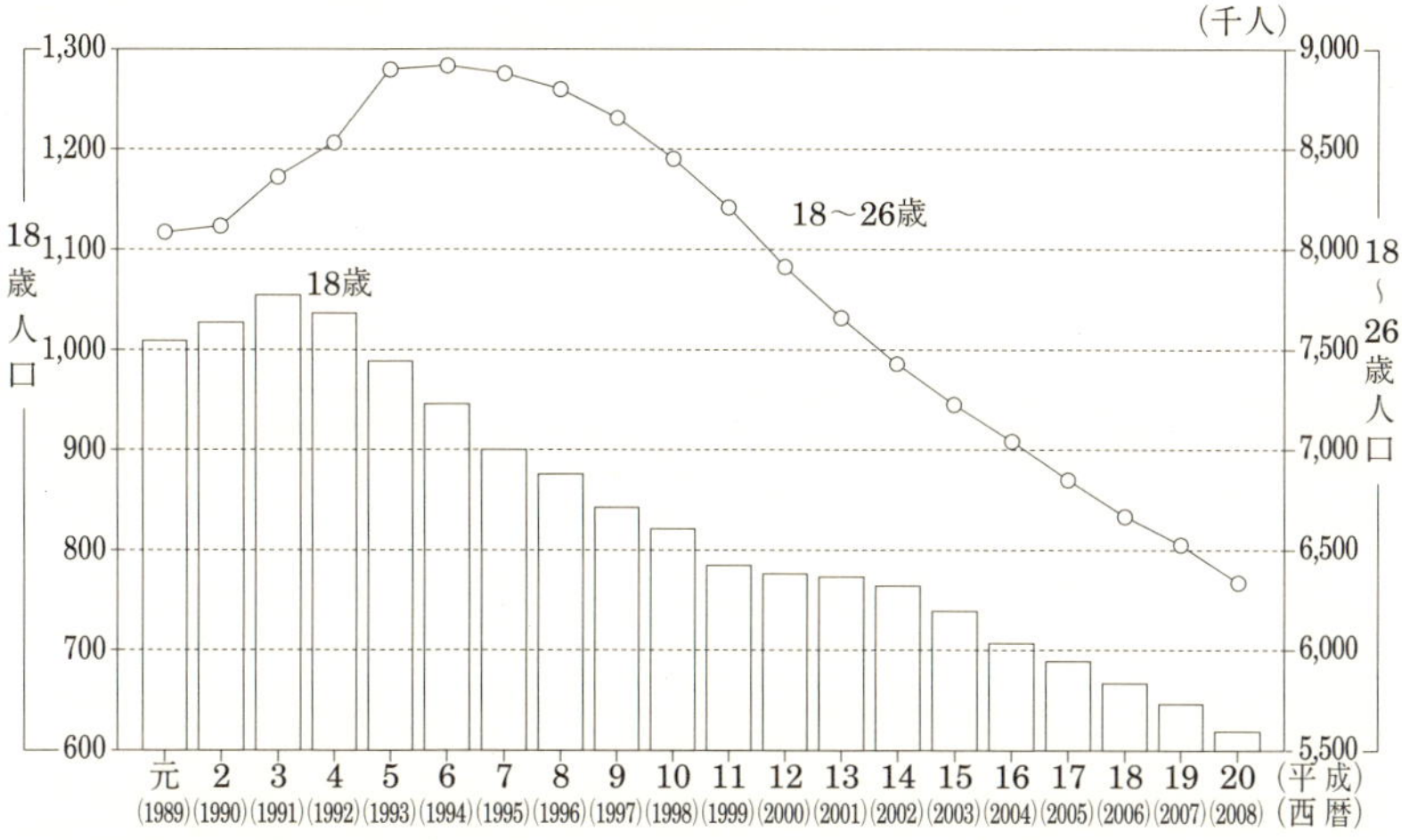

出典　『防衛白書』（1993年版）

大に買っており、九六年度から五年間の「中期防衛力整備計画」では正面装備に四兆二八〇〇億円を費やした。

こうした自衛隊について、米国防次官補を務めたR・アーミテージは次のように述べている。

> 日本自衛隊は一三個の現役師団を保有する（米軍は一七個師団）。米国の師団ははるかに兵力が大きいが、日本に対する直接侵略の脅威は差し迫ったものではなく、日本の領土はモンタナ州よりも狭いので、一三個師団という数字は強い印象を与える。日本の海上部隊は五〇隻以上の最新型駆逐艦を保有しており、これは西太平洋とインド洋の全域を担当している第七艦隊の駆逐艦隻数の二倍以上。日本の海上航空部隊は保有中または発注分を合わせると、P‐3Cオライオンという最新式の対潜哨戒機を一〇〇機所有している。これはアメリカ第七艦隊に配備されているP‐3Cの三倍以上である。航空自衛隊は、アメリカ本土防衛の空軍部隊と同数の迎撃機をすでに保有している。一九九〇年までに日本の部隊には、最新型戦闘機F―15イーグル二〇〇機が第一線機として配備されるだろう……。
>
> （國防一九八六年三月号より）

もつ。

ガイドラインと自衛隊

自衛隊にとって一つの大きな転換点は、一九七八年一一月の「日米防衛協力のための指針」（ガイドライン）の決定である（閣議了承）。これは安保条約の改定（国会の承認が必要）を経ないで、実質的な日米連合作戦協定の性格をもつものである。日米共同作戦研究、各種装備の実戦化、日米合同演習（訓練）活発化等は、すべてこれに根拠をもつ。

「核戦略の三本柱」とされているのは大陸間弾道弾（ＩＣＢＭ）、潜水艦発射弾道ミサイル（ＳＬＢＭ）、そして戦略爆撃機である。一九八〇年代以降は、海洋における核の位置づけが高まり、核戦争の主戦場は海になったともいわれた。したがって、戦略ミサイル原潜（ＳＳＢＮ）を中心にした、作戦、補給・支援、通信、海域防衛（「敵」の攻撃型潜水艦等から味方の原潜を守る）といった任務が一気に重要性を増す。八〇年代に入り、日本周辺海域数百カイリ、航路帯一〇〇〇カイリのいわゆる「シーレーン防衛」が強調され、自衛隊の「海空優先」の防衛構想（対潜作戦・洋上防空・海峡封鎖）が前面に出てくるのも、アメリカの海洋戦略と密接な関連がある。Ｐ３Ｃ対潜哨戒機を分不相応に一〇〇機も保有し、水上艦艇の大半が対潜作戦用に作られている海上自衛隊は、旧ソ連のＳＳＢＮに対処することを主な任務としてきた。その意味では、アメリカの核戦力の重要な一角を担ってきたといえる。ガイドラインにも「海上自衛隊は、日本の重要な港湾及び海峡の防備のための作戦並びに周辺海域における対潜作戦、船舶の保護のための作戦その他の作戦を主体となって（primarily）実施する」とある。

C^3Ｉ（指揮・統制・通信・情報）システムも核戦略の重要な柱である。この「核戦略のソフトウェア」面で、日本の「貢献」はきわめて大きい。たとえば、依佐美通信所（愛知県刈谷市）は、超長波により、太平洋の海底深く潜む米戦略ミサイル原潜（ＳＳＢＮ）に核攻撃命令を伝える任務をもつ。また、日本各地にある電子情報活動基地も戦略上重要な機能を果たしている。その意味で、「作らず、持たず、持ち込ませず」という非核三原則では足りない。佐藤内閣が一九六七年以降採用したこの原則も、核持ち込み疑惑によって「空洞化」が語られている。今や、日本が核武装しない、外国の核兵器（核攻撃部隊）を持ち込ませないというだけでなく、さらに「核戦略のソフトウェア」（核攻撃通信システム）もおかせないという原則も加える必要があろう。

5　憲法九条と自衛隊(2)——国際政治の道具として

湾岸戦争後の米戦略と自衛隊

一九九一年四月二六日、「軍艦マーチ」に送られて、海上自衛隊掃海部隊が、広島県呉基地からペルシャ湾岸に向け出発した。木造の沿岸用掃海艇（巡行速度一〇ノット）による一万三〇〇〇キロの大航海。その法的根拠は、自衛隊法「雑則」中の九九条（機雷等の除去）であった。日本領海内での機雷除去を想定して作られたこの条文を拡大解釈して、アメリカの「国際貢献プレッシャー」に応えたわけである。この掃海艇派遣に対して、何人かの大阪市民が、派遣差止を本案とする執行停止申立を行った。大阪地裁は九一年四月、掃海艇派遣の閣議決定およびそれにもとづく派遣指揮命令は、国民の権利義務や法的利益に直接影響を与えるものではなく、行政処分の性格を欠くとして、申立を却下した（大阪高裁も同年六月、ほぼ同様の理由で即時抗告を却下した）。

「冷戦の終結」が語られ、旧ソ連を主な「仮想敵国」とした日本の「防衛構想」と自衛隊の役割・任務も、変貌を遂げようとしている。一九九二年一月の日米共同宣言は、こうした条件の変化を受けて、日米の軍事的同盟関係を次のように確認した。

「アジア・太平洋地域に死活的な利害を有する国として、日本および米国は、両国の防衛関係がこの広大かつ多様性に富む地域の平和と安定のために引き続き重要であることを認識する。日米両国政府は東アジアの緊張、冷戦後の状況において、地域的な政治協力を構築するために、他の諸国とともに緊密に作業していく」と。「死活的な利害」そのものを「防衛」の対象としたことは、戦前の「満州は日本の生命線」を彷彿とさせる。アメリカは、「脅威が世界のどこで生じようと、それに対応できる戦力をもたなければならない」（一九九二年一月、ブッシュ前大統領アスペン演説）という認識のもと、国連をも積極的に利用するようになってきた。そして、世界各地の地域紛争、民族紛争（「エスニック紛争」）への介入姿勢を強めている。自衛隊もその方向への「深入り」を求められている。湾岸への掃海艇派遣は、自衛隊が「国際政治の道具」として使われていく「最初の一突き」となったのである。

ＰＫＯ活動への自衛隊の参加

国連の平和維持活動＝ＰＫＯ（Peace Keeping Operations）は、「紛争地域の平和の維持もしくは回復を助けるために国際連合によって組織される軍事要員をともなう活動であるが、強制力はもたない」ものとされ、それは、「超大国を巻き込む可能性のある地域紛争によって、平和が脅かされる場合に、国際平和の微妙なバランスを保つための工夫」として実施されてきた（国際連合『ブルーヘルメット』（講談社、一九八六年））。ＰＫＯについて、国連憲章に明文の規定はない。実践の積み重ねによって定着してきた一種の国連慣行である。その活動は、国連憲章第六章（非軍事的措置）と第七章（軍事的強制措置）の中間に位置する。「六章半」活動とよばれる所以である。

ＰＫＯの原則としては、非強制的性格（停戦合意・受入れ合意、内政不干渉、正当防衛に限定された武器使用）、中立的性格（紛争当事者に対する中立、利害関係国や大国の排除）、国際的性格（国連による指揮・統制と経費負担）が挙げられる。冷戦期においては、大国の参加を排除して、北欧諸国や中小国によってほそぼそと続けられてきた。だが、「冷戦の終結」後、アメリカをはじめとする大国が一斉にＰＫＯに参入してきた。国連イラク・クウェート監視団（ＵＮＩＫＯＭ）は、一方当事者の合意なしで、しかもすべての大国が参加した最初のＰＫＯとなった。ＰＫＯの変質ないし変容がはじまった。

ガリ国連事務総長は「平和への課題」（一九九二年六月）のなかで、紛争が起こる前からの「予防外交」、紛争拡大阻止のための「平和創造」、停戦成立後の「平和維持」、そして紛争再発防止のための「平和建設」の四つの形態を示した。そして、ＰＫＯよりも重装備の「平和強制（執行）部隊」（PEU : Peace Enforcement Units）を事務総長の指揮下において運用することを提唱した。ＰＥＵは、紛争両当事者の同意なしでも展開可能であり、装備も武力行使も自衛に限定されない。これは伝統的なＰＫＯとは性格を異にしている。

この方向が最も明確な形であらわれたのが、第二次国連ソマリア活動（ＵＮＯＳＯＭ）である。現地武装勢力に対する強行手段がとられたが、多くの犠牲者を出して失敗に終わった。ソマリアでは、一億六六〇〇万ドルの人道援助のために、一五億ドルの軍事費がかかったという（国連事務次長報告一九九三年七月）。泥沼の様相を呈している旧ユーゴ内戦に派遣された国連保護軍（ＵＮＰＲＯＦＯＲ）には、通常のＰＫＯ以上の武力行使権限が与えられた。

一九九二年六月、日本のＰＫＯ協力法（「国際連合平和維持活動等に対する協力に関する法律」）が成立した。世界有数の「経済大国」が、金づるとしてだけでなく（国連分担金の一二・五％を負担）、豊富な「人的資源」の提供者として、変質するＰＫＯの舞台に登場したわけである。おりしもカンボジアＰＫＯが開始された時にあたり、早速、陸上自衛隊の施設科（工兵）部隊が「道路工事」の名目で派遣された。ＰＫＯ法の施行期日を道路月間の「道の日」

図4－2　国際平和協力業務のうち自衛隊の部隊等が行う業務

国際平和協力業務

- 国連平和維持活動
  - 平和維持隊本体業務
    - ①　武力紛争の停止の遵守状況，軍隊の再配置・撤退，武装解除の監視
    - ②　緩衝地帯の駐留，巡回
    - ③　武器の搬入・搬出の検査，確認
    - ④　放棄された武器の収集，保管，処分
    - ⑤　紛争当事者が行う停戦線等境界線の設定の援助
    - ⑥　紛争当事者間の捕虜交換の援助
  - 平和維持隊後方支援業務
    - ⑦　医療（防疫上の措置を含む）
    - ⑧　輸送，通信，建設等
  - 自衛隊の部隊等の実施の対象とならない業務
    - ⑨　選挙，投票の公正な執行の監視，管理
    - ⑩　警察行政事務に関する助言，指導，監視
    - ⑪　⑩以外の行政事務に関する助言，指導
- 人道的な国際救援活動
  - ⑫　被災民の捜索・救出・帰還の援助
  - ⑬　被災民に対する食糧，衣料，医薬品等生活関連物資の配布や医療
  - ⑭　被災民を収容するための施設，設備の設置
  - ⑮　被災民の生活上必要な施設，設備の復旧，整備のための措置
  - ⑯　紛争によって被害を受けた施設や自然環境の復旧等

（注）1　上記に類する業務が政令により追加されることもあり得る。
2　平和維持隊後方支援業務として⑫～⑯の業務を，また，人道的な国際救援活動として⑦及び⑧の業務を行うこともあり得る。

出典　『防衛白書』（1993年版）

（八月一〇日）にしたのは、法制官僚の芸のうちか。九三年のアフリカ・モザンビーク派遣、九四年のルワンダ難民支援（ザイール）のための「人道的救援活動」、九五年のゴラン高原PKO派遣へと続く。

ところで、PKO協力法にはさまざまな法的、実際的問題点がある。カンボジアでのPKO活動の経験のなかで明らかとなった主な問題点は次のとおりである。まず、PKO参加の条件として示された「PKO五原則」（表4－3参照）との関係である。停戦合意原則等が崩壊した場合、日本の独自判断で部隊の撤収が

表4－3　PKO参加5原則

Ⅰ	紛争当事者の間で停戦の合意が成立していること。
Ⅱ	当該平和維持隊が活動する地域の属する国を含む紛争当事者が当該平和維持隊の活動及び当該平和維持隊へのわが国の参加に同意していること。
Ⅲ	当該平和維持隊が特定の紛争当事者に偏ることなく，中立的な立場を厳守すること。
Ⅳ	上記の原則のいずれかが満たされない状況が生じた場合には，わが国から参加した部隊は撤収することができること。
Ⅴ	武器の使用は，要員の生命等の防護のために必要な最小限のものに限られること。

出典　『防衛白書』（1993年版）

可能であるとしていたが、それは、カンボジアの事態の進行のなかで貫徹しえないことが明らかとなった。次に、事務総長（その代理者であるＰＫＯ現地指揮官）がもつ「コマンド」は、部隊を組織、配備、移動するオペレーションに関する「指図」であり、「指揮権」ではないとした政府の説明も、具体的な実施過程でさまざまな矛盾を生んだ。「武器の使用」と「武力の行使」の区別についても同様である。さらに、ＰＫＦ活動は法律上「凍結」されており、施設部隊は道路工事専門のはずだった。だが、総選挙直前の緊迫する事態のなかで、施設部隊が武装して投票所をまわる「巡回」任務や、選挙監視要員の「警護」任務を実施するにいたった。これは法律の範囲を逸脱するものであった。

ＰＫＯ任務は、自衛隊法雑則の一〇〇条の七に規定されている。こうした雑務扱いではなく、「防衛計画の大綱」を見直し、さらに自衛隊法三条も改正して（三条の二項の新設）、ＰＫＯ活動を「主要任務」ないし「準主任務」に格上げさせる動きも生まれている。今後、「ＰＫＦ凍結」の解除、「ＰＫＯ参加五原則」の緩和、「平和強制（執行）部隊」への参加の問題も浮上してくるだろう。「専守防衛」を主眼とした「自衛隊」からの離陸がはじまっている。その着地点は「普通の国」の「普通の軍隊」（「平成国軍」）への転換である。だが、組織、編成、運用、権限、規律にいたるまで、「軍」としての本質的属性をすべて具備するには、憲法九条との矛盾・抵触は避けられないだろう。

第5章　日米安全保障条約

1　平和主義の国の外国軍

広島県比婆郡高野町では、小学校で授業中、航空機の機影が校庭に映るということが起きた。それは、まさに実物大だったそうである。他にも、中国山地の各地で航空機の超低空飛行の目撃証言がされている。写真を撮影し、それが米軍攻撃機であることを確認した人もいる。島根県弥栄町では、爆音とともに村役場の窓ガラスが割れ、それに対して広島防衛施設局は、「米軍の確認が取れた」として工事代金を弁償した。中国山地では、一九九四年春頃からこの米軍のジェット機による低空飛行が頻繁に続いている。

超低空飛行に限らず広島県における米軍飛行機事故に関してみれば、その歴史は古い。一九五四年には布野村に爆撃機が墜落し一人が死亡、一九六四年には大竹市阿多田島にヘリコプターがエンジン故障のため不時着、一九六六年には宮島沖にジェット機が墜落している。一九六七年には再び大竹市がヘリコプターによる災害に見舞われ、今度は甲島に発煙筒一個を落とされて山林を焼かれている。一九八一年には作木村の山中にＡ４Ｍスカイホーク機が墜落し、一九八七年には大朝町の山中に訓練飛行中のＦ４ファントム機がミサイルを落とし、一カ月後に発見された（中国新聞社編『基地　イワクニ～日米安保のはざまで～』（中国新聞社、一九九六年））。

広島県内には米軍の弾薬庫がおかれており、その一つの川上弾薬庫が広島大学西条キャンパスのすぐ近くにあるということは第3章でみたとおりである（他に呉第六突堤灰ヶ峰通信所が米軍施設としてある）。いったい何を根拠に他国の軍隊が私たちの生活を脅かすのか。それは、言わずと知れた日米安全保障条約である。私たちに少なくない影響を与えているこの条約は、正式には、「日本国とアメリカ合衆国との間の相互協力及び安全保障条約」といい、一九六〇年に発効したものである。この条約のために、我が国が憲法九条の理念とはうらはらに防衛力を増強してきたことは、第**4**章でみたとおりである。

しかし、全一〇カ条のこの条約の条文だけ眺めていれば米軍の存在および行動が理解できるかというと、答えはノーである。同条約の第六条を受けて、「日本国とアメリカ合衆国の間の相互協力および安全保障条約六条に基づく施設および区域ならびに日本国における合衆国軍隊の地位に関する協定」（以下、地位協定）が日米間で合意された。すなわち、在日米軍の活動を理解するためにはその協定をみなければならないし、この協定を日本の国内で実効的にするために制定された多くの国内法をみなければならない。また、この条約自体、文言に解釈の余地がないものかといえばそうでもなく、時の政府により、また日米両国によりさまざまな発言がされてきた。これらが全体として日米安保体制を形成している。本章では、この日米安保条約について、まずは歴史を知り、そして問題点を知り、日本国民のなかで最もこの条約の影響を受けている沖縄にスポットをあてて安保の現状をみていくことにしたい。

2　日米安全保障条約の歴史

サンフランシスコ講和条約と旧安保条約

一九四五年九月にポツダム宣言を受け入れて、日本は無条件降伏した。そのポツダム宣言は、アメリカ、イギリス、中華民国およびソ連によって発せられたものであったが、その宣言にもとづいて日本の占領にあたったのは連合軍最高司令官マッカーサーに率いられたアメリカだけであった。敗戦後の日本を取り巻く国際環境は、一九四九年に中華人民共和国が成立し、ソ連は原爆を保有し、アメリカをして日本を反共の防衛拠点と位置づけさせることになった。そのことによって、日本の講和条約は、関係国全部と結ぶ「全面講和」とはならず、社会主義国を除いた国々とのみ結ぶという「片面講和」となった。そうして、一九五一年に締結されたのがサンフランシスコ講和条約である。それによって日本の占領は終わることになったが、沖縄は分離され、引き続きアメリカの施政権下におかれることになり（第三条）、占領軍の撤退が規定されるとともに、日本が外国軍隊を駐留するために協定を結ぶことが認められた（第六条）。

そして、サンフランシスコ講和条約が華々しく結ばれたのと同じ日に、同じくサンフランシスコでひっそりと結ばれたのが旧日米安全保障条約である。この旧安保条約によって、アメリカは日本に軍隊を配備する権利をもち、その軍隊を、極東における国際の平和と安全の維持のため、また外部の国によって引き起こされた日本国内の大規模な内乱および騒擾を鎮圧するために使用することができた（第一条）。その一方でアメリカの日本防衛義務はなく、この片務的で不平等な基地貸与条約を改定しようと日本側は申し入れをしていた。また、前文では日本が自国防衛のために責任を負うことを期待すると述べられていたが、そのとおりに日本は軍事力の増強をはかり、アメリカとしても日本と軍事同盟条約を結ぶことを戦略的に考えるようになり、一九五八年に条約改定のための交渉がはじまった。

六〇年安保条約

新条約は一九六〇年に発効した。日本では国会での強行採決によって批准がされた。この新条約で、日米両国が、

図5－1　日本負担の米軍駐留経費の推移

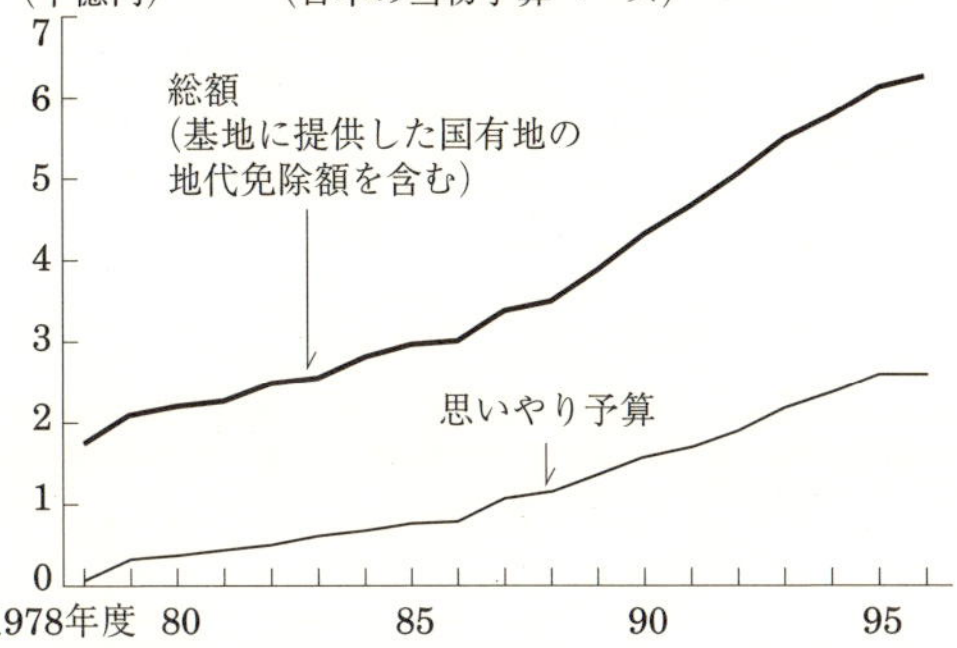

出典　『朝日新聞』1996年3月4日

表5－1　1996年度予算での在日米軍駐留経費総額

区分			全額(億円)
防衛施設庁	「思いやり」予算	提供施設整備費	973
		労務費	1448
		光熱水料	310
		訓練移転費	3
		計	※2735
	基地周辺対策費		738
	民公有地賃借料		775
	施設移転費		3
	その他		380
	小計		4631
他省庁分			212
国有地等の借上料試算			1546
合計			6389

※端数省略で合計金額はあいません。
（出所）『赤旗』1996年8月19日
出典　須田博『日米安保はどう変わるか』（新日本出版社，1996年）20頁

「日本国の施政の下にある領域における、いずれか一方に対する武力攻撃が、自国の平和及び安全を危うくするものであることを認め、自国の憲法上の規定及び手続に従つて、共通の危険に対処するように行動する」（第五条）こととなり、アメリカに日本の防衛義務が課せられることになった。また、内乱条項はなくなった。アメリカ軍は「日本の安全」のためのみでなく、「極東における国際の平和及び安全の維持」のためにも日本の基地使用をできることが定められた（第六条）。これによって、日本が自国に無関係の紛争に巻き込まれるおそれがあるために、交換公文が交わされ、事前協議の制度が設けられた。

この条約は、発効後一〇年経た後は、どちらかの国が終了の意思を他方に通告することによって、通告の一年後に終了すると定められているが（第一〇条）、発効後、終了されることも改定されることもなく現在にいたっている。しかし、このことは日米安保体制の内容が不変であったことを意味せず、次にみるように、最近にいたるまで、両政府により安保条約の役割を拡大させる動きが続いている。

日米防衛協力のための指針（ガイドライン）

日本政府は、一九七六年に防衛力整備などの基本方針である「防衛計画の大綱」を閣議決定し、小規模侵略に独力で対処する基盤的防衛力構想を柱に打ち立てた。そして、経済的に低迷していたアメリカは、経済大国となりつつあった日本に役割分担を求め、一九七八年に「日米防衛協力のための指針（ガイドライン）」が日米安全保障協議会で承認され、後に閣議決定された。「指針」は、侵略を未然に防止するための体制、日本に対する武力攻撃に際しての対処行動等、日本以外の極東における事態で日本の安全に重要な影響を与える場合の日米間の協力について述べているが、内容は条約の実質的改定であった。たとえば、第五条については、「日本に対する武力攻撃がなされるおそれのある場合」までが範囲に入ってくることとなったし、第六条については、「極東有事」の際の日米の協力をうたっている。この「指針」以降、日本の「防衛力」は一気に高まっていく。七九年には、「思いやり予算」によって米軍駐留経費の一部を負担しはじめた（九六年度の在日米軍駐留経費は六三八九億円で住専の一時処理のための費用とほぼ同じ金額、そのうち思いやり予算は二七三五億円）。八一年には鈴木善幸首相とレーガン大統領の共同宣言が出され、日米の同盟関係が明記され、そこでの首相の発言は一千海里のシーレーン防衛を生むことになった。八三年には中曽根首相によって日米の「運命共同体」発言や日本列島「不沈空母」発言がなされた。また、「指針」が日米の共同演習および共同作戦について述べたことにともなって、実際に、海上自衛隊のリムパックへの参加（リムパック96は本国人の救出や海上警備など、日本政府が「日本周辺での緊急事態」に備えて研究する内容）、日米共同統合実動演習などが行われていくようになる（第**4**章参照）。有事の際の日米共同作戦に関しても「指針」にもとづいて、①旧極東ソ連軍が北海道に進行する、②朝鮮半島の有事が日本に波及する、③中東などで起こった有事が日本に波及するという三種類の事態を想定し、七八年以降研究を進めていたことが明らかになった。このうち、①と③は作戦計画「５０５１」と「５０５３」としてシナリオが完成していた。

「安保再定義」

冷戦終結によって、世界の各国が戦力削減へと動いているなか、日米安保体制も新たな局面を迎えることになった。「防衛計画の大綱」の見直しのためにつくられた「防衛問題懇談会」が、一九九四年八月に報告書「日本の安全保障と防衛力のあり方——二一世紀に向けての展望」をだし、そのなかで、日米安保協力の前に国連などの多角的安保協力をおく考え方を示した。それが、日本が日米安保体制から離れようとしているという疑念をアメリカに

表５－２　物品役務協定の主な内容

食料	食料，食事の提供，調理器具など
水	水，給水，給水に必要な用具など
宿泊	宿泊設備や入浴設備の利用，寝具類など
輸送	空輸を含む。人または物の輸送，輸送用資材など
燃料・油脂・潤滑油	燃料，油脂および潤滑油，給油，給油に必要な用具など
被服	被服，被服の補修など
通信	通信設備の利用，通信機器など
衛生業務	診療，衛生器具など
基地支援	廃棄物の収集や処理，洗濯，給電など
保管	倉庫または冷蔵貯蔵室における一時的保管など
施設の利用	建物，訓練施設および駐機場の一時的利用など
訓練業務	指導員の派遣，教育訓練用資材，訓練用消耗品など
部品・構成品	軍用航空機，車両，船舶の部品または構成品など
修理・整備	修理や整備，修理および整備用機器など
空港・港湾業務	航空機の離着陸および艦船の出入港に対する支援，積み下ろし作業など

出典　『朝日新聞』1996年４月16日

抱かせ、また、アメリカは、二一世紀の大国となる中国を取り込むためにも日米同盟の再構築の必要を感じ、九五年二月に日米安保をアジア・太平洋の要とする「東アジア戦略報告（ナイ・レポート）」を発表した。それは、冷戦後も、アメリカがアジア太平洋地域に一〇万人の兵力を維持すること、日米安保体制が「アジアの安定を確保するための主要な要素」であることをうたっていた。そして、日本側は、同年一一月に「新・防衛計画の大綱」を発表し、それにより、日米安保体制を「我が国周辺地域における平和と安定を確保するためにも重要」と位置づけた。従来、政府は、極東とは「フィリピン以北ならびに日本およびその周辺地域で、韓国、台湾地域も含まれる」と解していたが、その条約解釈は変えずに、もっと広い地域に対する効果をもつ安保体制へと進んでいくことが示された。

「安保再定義」と自衛隊

一九九六年四月一七日、日米首脳会談にもとづく「日米安保共同宣言」が出された。そこでは、日米安保条約がアジア太平洋地域の「安定」と「繁栄」維持の基礎であるとともに、「地球的規模の問題」に対する日米協力の土台であることが確認されている。また、「米国の軍事的プレゼンス」（前方展開兵力一〇万を含む）の維持のため、日本側のいっそうの便宜供与が約束されている。「日本周辺地域事態」における軍事協力の促進と、「日米防衛協力のための指針」の「見直し」も明言されている。これによって、極東有事における日米協力についての検討が開始された。

3　日米安全保障条約の問題点

集団的自衛権

日本が国連憲章第五一条に掲げる個別的または集団的自衛の固有の権利をもつということは、サンフランシスコ講和条約、旧安保条約、そして新安保条約によって確認されている。

自衛権とは何であるか。それは、外国からの違法な侵害に対し自国を防衛するため、緊急の必要がある場合、それに反撃するために武力を行使しうる権利をいう。つまり、国連憲章では戦争が違法化されており武力行使が禁止されているが、例外として武力行使が認められる場合がある。一つは国連による集団安全保障措置としての武力行使であり、もう一つはこの自衛権にもとづく武力行使である。国連憲章第五一条には「国連加盟国に武力攻撃が発生した場合」に認められると書かれていて、憲章の目的や制定過程から考えて、「先制的自衛」は認められないと考えるのが妥当である（田畑茂二郎「国連憲章と自衛権」法律時報三一巻四号（一九五八年））。

集団的自衛権とは国連憲章によって新たに導入された概念である。大国による拒否権により国連による集団的安全保障措置が機能しない、あるいは自分たちの地域的な集団的安全保障措置が、安全保障理事会の許可を得られずにとれない、といったことを心配したラテンアメリカ諸国の発言が一原因となって、憲章に導入されることとなった。この集団的自衛権が、その後の北大西洋条約機構や旧ワルシャワ条約機構の根拠となり、国連による集団的安全保障という憲章の理念とは逆行する世界秩序の形成を担うことになったのである。その内容はというと、被攻撃国にかかわる自国自身の死活の利益を防衛するために、直接攻撃を受けていない国が反撃する権利を意味している。

日本は、憲法九条の存在により、集団的自衛の権利はもつが、行使することはできないとの立場をとってきた。しかし、六〇年安保条約それ自体が自衛権のみでは説明がつかず、日本の集団的自衛権を前提としているものだった。なぜなら、「在日アメリカ軍への攻撃がかならずしも日本への攻撃を伴うとは限らない。それこそ、日本の領海の単なる通過あるいは『侵犯』だけしか伴わないことがある」（石本泰雄「日米安保体制をめぐる国際法的諸問題」長谷川正安ほか編『安保体制と法』（三一書房、一九六二年））のであるし、極東における国際の平和および安全の維持に寄与するための米軍の駐留を容認すること自体、言い換えるなら「アメリカ軍とこのような結託関係を設定すること自体がすでに集団的自衛の法理を前提としていなければならない」（祖川武夫「新・安保条約の検討」法律時報三二巻四号（一九六〇年））からである。

その後、一九七二年の沖縄返還にともなって、さらに、七八年の「日米防衛協力のための指針」を経て、安保体制はいっそう集団的自衛権をもってしないと説明できないものとなっていった。たとえば、政府は、極東有事の際、国の生命線たる海上交通の安全の確保、あるいは国民の生存を維持するための必要不可欠な物資の確保のために自衛権を行使することを正当化しているが（八三年参議院予算委員会）、「自国への直接の武力行使とは一応区別される、このようなものの攻撃に対処するために発動される自衛権こそ、……まさに集団的自衛権にほかならない」（松井芳郎「八〇年代安保体制と日本の国際的地位」法律時報五五巻九号（一九八三年））のである。

ところで、統合幕僚会議は、朝鮮半島で武力紛争が起きた場合に参戦する米軍に対して、自衛隊がどこまで支援できるかを研究していた（一九九六年二月）。それは、戦場から離れていれば米軍の戦闘行為との一体化は防ぐことができ、集団的自衛権の不行使に抵触しないとの考えによって集団的自衛権を緩く解釈して、有事の場合の後方支援活動を、できるもの、できないもの、あるいはグレーゾーンに入るものに分類している。そして、数多くの後方支援が出来るまたはグレーゾーンに入るものと考えられた。だが、前線と後方地域、さらには戦闘行為と後方支援は、戦闘という意味で密接につながっているものなのである。

一九九六年に締結された「日米物品役務相互提供協定」（ACSA）では、食料、燃料、運送、通信、衛生業務、武器の部品を含む部品または構成品などを提供できるのであるが、それは、共同訓練、国連平和維持活動、人道的な国際救援活動という事態において行われるわけで、条文上、平時とも有事とも書かれているわけではない。当時の橋本首相もその点を確認し、朝鮮半島有事の際に日米共同訓練が実施される場合、本協定にもとづいて当該訓練に必要な物資・役務を提供することは排除されないと説明している（一九九六年六月五日参議院本会議）。「指針」の見直しに際して、橋本首相は、集団的自衛権の行使は憲法で禁じられているとの従来の見解を見直す必要はない（『朝日新聞』一九九六年四月二三日、五月一四日）と述べている。

事前協議

アメリカ軍が「日本の安全」のためのみでなく、「極東における国際の平和及び安全の維持」のためにも日本の基地使用ができることが定められ（第六条）、これによって、日本が自国に無関係の紛争に巻き込まれるおそれがあるために、交換公文が交わされたことは前述した。すなわち、「合衆国軍隊の日本国への配置における重要な変更」、

「同軍隊の装備における重要な変更」、第五条の規定にもとづくものでない「日本国から行われる戦闘作戦行動のための基地としての日本国内の施設および区域の使用」の場合は、日本国政府と事前協議をすることとされた（愛知外相一九六九年三月一四日衆議院外務委員会）。核弾頭の持ち込みなどは、「装備における重要な変更」と了解されているが、今までに事前協議が行われたことは一度もない。そして、日本政府は、アメリカからの事前協議の申し出がないことによって核の持ち込みがないことを推定している。また、一九九一年の湾岸戦争には事前協議なしに在日米軍も参加したが、政府は、日本からの出撃ではなく部隊の移動中に出撃命令を受けたと説明した。九六年九月にアメリカがイラクに対して、クルド人弾圧を理由に攻撃した際にも、横須賀、三沢、嘉手納などの日本の米軍基地が利用されたが、アメリカからの日本への事前協議の申し出はなく「事前通報」があったのみであった。そのことに関して当時の橋本首相の見解は、在日米軍の部隊も他の地域に移動することがあり、これは安全保障条約上何ら問題はなく、今回の米軍の行動が、日米安保条約による事前協議の対象でなかったと承知していると述べている（九六年一二月三日衆議院本会議）。イラクによるクルド人弾圧という、それ自体は許せないことであるが、直接日本の安全とは関係がないと思われる事態に関しても、日本の基地は使われ、事前協議はないのである。物品役務相互援助協定が国連平和維持軍までをも射程に入れたこと、再定義の動きで「極東」以上の範囲に日米安保体制が広がっていくことなどと相まって、日本が知らないうちに世界中の紛争に巻き込まれていくことになっている。

地位協定と人権

安保条約にもとづいて、在日米軍地位協定が結ばれている。地位協定は旧安保条約下で結ばれていた行政協定とは異なり、国会の批准を得て成立したものである。しかし、その地位協定によって、米軍に対して基地内での大幅な行政権が認められている結果、基地近くに住む住民に対して人権侵害が行われている。

地位協定第三条は、「合衆国は、施設及び区域内において、それらの設定、運営、警護及び管理のため必要なすべての措置を執ることができる」と規定している。「必要なすべての措置」とは何をさすのか、地位協定の合意議事録は一応の例示を挙げているが、それのみにとどまらず、非常に包括的なものであると考えられていて、「三条管理権」とよばれている。第三条には、日本法の適用について規定がないので、この包括的な「三条管理権」に対して、日本法による規制はない。そこで、数々の騒音被害と環境被害などが基地付近の住民に及ぼされているのである。本章の第**1**節で紹介した低空飛行訓練は、敵のレーダー網をかいくぐって飛行するための重要な訓練と考えられているが、基地から離れたところに住む住民にも不安感と騒音被害を与えるものである。その法的根拠は不明で、地位協定には書かれていない。日本国政府が米軍の低空飛行訓練空域設定を、地位協定上認められているものと考えているのか、事後的に追認しているのかは定かでない（本間浩『在日米軍地位協定』（日本評論社、一九九六年））。

米軍による被害とはまた別に、米軍人によって地域住民が暴行される、とくに性的な暴行が行われる事件が起きている。米軍人による地域住民への人権侵害は、地位協定によってさらに深刻となる。同協定第一七条は刑事裁判権についての規定である。それによると、合衆国の軍隊の構成員および軍属が公務外で犯した犯罪に関しては、日本に一次的裁判権がある。しかし、その第五項のCは、被疑者がアメリカの軍隊の構成員または軍属の場合で、その者の身柄がアメリカの手中にあるときは、日本に裁判権があっても、公訴が提起されるまでの間、アメリカ側が引き続き拘禁を行うと定めており、このため、日本の捜査権は制限される。一九九五年の沖縄での少女暴行事件の際にも、アメリカ側は引き渡しは拒否したし、過去には、米軍が拘禁している間に本人が本国に帰ってしまったという例もある。また、第一八条は民事責任についての規定である。その第六項によると、アメリカの軍隊の構成員および被用者（日本国民である被用者または通常日本国に居住する被用者を除く）が公務外で生じさせた損害については、加害者に対する裁判による保障の確保と米軍による慰謝料の支払いという方法がある。前者に関しては、裁判に勝訴しても、加害者個人には支払い能力がないことが多いし、後者の場合は慰謝料といっても、米軍自身には法的責任はないという立場なので、実際は見舞金であり、その額は非常に低い。

4　日米安全保障条約と沖縄

基地と沖縄

一九四五年三月二六日に慶良間諸島へ米陸軍第七七師団が上陸して「占領宣言」をして以来、五二年のサンフランシスコ講和条約の発効により日本本土では占領が終わっても、沖縄では主権が回復しなかった。同条約第三条は、「日本国は、北緯二九度以南の南西諸島（琉球諸島および大東諸島を含む。）……を合衆国を唯一の施政権者とする信託統治制度の下におくこととする国際連合に対する合衆国の提案にも同意する。……」と書かれ、これによってアメリカによる沖縄の占領は、七二年に日本に返還されるまで続くことになったのである。占領中、アメリカ軍は土地収用令を出し、「銃剣とブルドーザー」で強制的に住民を立ち退かせていき、条件のよい土地は米軍のものとなっていった。住民は収容所から解放されたあと自分の土地に戻ることもできず、また、残された土地は利用価値の少ない山間地などが多かった。米軍が力ずくで奪い取った土地は、沖縄返還後は日本国政府によって借り上げられ、引き続き米軍が使用することとなった。「核抜き本土並み」という沖縄の要求はかなえられなかった。そうして、国土面積の〇・六％にすぎないところに、全国の米軍専用施設の約七五％が集中することになった。現在も、沖縄

図5－2　沖縄米軍基地分布図

出典　久慈力『沖縄の心にふれる旅――乱開発拒否宣言』（三一書房，1996年）

本島の二〇%の土地が米軍基地なのである。

一九九五年九月、沖縄で小学生が米軍兵士に暴行されるという事件が起きた。これをきっかけに、とくに沖縄では基地縮小・撤廃の世論が高まり、その影響もあって普天間飛行場を全面返還することが日米間で合意された。しかし、基地機能を落とさないように、同飛行場がもっていたヘリポートを洋上に建設するなどの方法が考えられており、新たな問題を生むこととなった。また、事件後に米軍の基地の整理縮小を検討するためにつくられた日米の特別行動委員会は、九五年一二月に最終報告書を出し、沖縄県における米軍の施設および区域の総面積の二一%を二〇〇七年までに返還することをめざすことになった。

職務執行命令訴訟

基地の地主が日本政府との賃貸借契約を拒

否したらどうなるのか。「日本国とアメリカ合衆国との間の相互協力及び安全保障条約第六条に基づく施設及び区域並びに日本国における合衆国軍隊の地位に関する協定の実施に伴う土地等の使用等に関する特別措置法」（以下、「駐留軍用地特措法」という）は、一定の手続で強制使用を認めている。すなわち、土地所有者が那覇防衛施設局が作った土地・物件調書への立合・署名押印を拒否した場合、市町村長が代理をして、さらに市町村長が代理を拒否する場合は県知事が代理をすることになっている。一九九五年一〇月には、使用期限が迫った読谷村の楚辺通信所（通称、象のおり）の一部の土地に関して、県知事が立合・署名押印の執行を拒否し、内閣総理大臣からの勧告および命令にも従わなかったため、この問題は、内閣総理大臣が沖縄県知事を司法の場で訴えるという事態にまで発展した。その訴訟中に使用期限が切れ、その土地は国により不法占拠されることになり、地主は自分の土地に立ち入りをした。国による不法占拠は、七七年に公用地法が期限切れになった時以来、二回目であった。

一九九六年三月二五日に一審の福岡高裁那覇支部判決が出され、八月二八日には上告審である最高裁大法廷の判決が出された。判決は知事の上告棄却。一審による国側の勝訴を確定的にし、駐留軍用地特措法を合憲とするものであった（最大判一九九六年八月二八日民集五〇巻七号一九五二頁）。すなわち、同法は、平和的生存権をうたった憲法前文、九条、法の下の平等を定める一四条、そして財産権に関する二九条三項に違反するものではないと判断された。それは、同法の前提である安保条約が、砂川事件大法廷判決で「一見極めて明白に違憲とはいえない」とされていたことに根拠をおく。そうである以上、土地の強制使用は、同条約上の義務を果たすために必要で合理的な行為というのである。しかし、砂川事件は旧安保条約に対する判断であり、当時と現在とでは、第**2**節でみたように条約自身の規定も日米安保体制の内容も大きく異なるのである。したがって、現行の安保条約を、「法的判断の前提に安保条約違憲否認論を置くなら、新たにせめて『一見』するのが審理の筋」（森英樹「沖縄が衝く憲法五〇年」法

表5-3　復帰後の基地関係事故等の発生状況（1972～94年）

	航空機関連事故	砲弾事故	原油等の流出による汚濁	原野火災	演習等によるその他の関連事故	その他の事故	自衛隊関係	計
1972	1	0	1	2	2	3	0	9
73	7	0	3	1	2	6	3	22
74	5	1	6	2	0	1	1	16
75	2	1	9	1	2	1	0	16
76	1	1	13	3	2	2	0	22
77	8	1	6	1	0	5	0	21
78	7	5	6	2	1	8	0	29
79	1	5	4	0	1	1	0	12
80	7	1	3	0	1	6	1	19
81	2	1	2	17	0	2	0	24
82	7	2	5	14	1	5	0	34
83	8	0	3	23	1	4	2	41
84	3	1	4	18	1	1	1	29
85	2	1	0	16	0	6	1	26
86	7	1	3	9	2	1	0	23
87	11	2	1	3	5	2	0	24
88	3	1	4	22	8	9	0	47
89	5	0	2	1	13	11	0	32
90	2	0	1	0	9	5	1	18
91	2	1	1	0	4	14	0	22
92	2	0	1	5	6	1	0	15
93	4	0	0	7	8	5	0	24
94	5	0	1	4	8	4	2	24
合計	102	25	79	151	77	103	12	549

注：1．1972年5月15日以降の統計である。2．交通事故および刑事事件は除いてある。3．原野火災は1000平方m以上である。4．「演習等によるその他の関連事故」には，パラシュート降下訓練における施設外降下を含む。5．当該件数は県によって確認されたものである。6．なお資料は「沖縄の米軍及び自衛隊基地（統計資料集）」（沖縄県総務部知事公室基地対策室）による。
出典　沖縄県編『沖縄苦難の現代史　代理署名拒否訴訟準備書面』（岩波書店，1996年）

律時報六八巻一二号（一九九七年））であった（砂川事件については第**4**章参照）。さらに、同法が仮に合憲だとしても、その適用の仕方が問題となるのであるが、それに関しては、「その判断は、被上告人の政策的、技術的な裁量にゆだねられているものというべきである」として、内閣総理大臣の裁量だと判示した。また、非常に形式的に、駐留軍用地特措法が沖縄にだけ適用する法ではないので、憲

図5－3 復帰後の米軍・軍属の犯罪による検挙人数

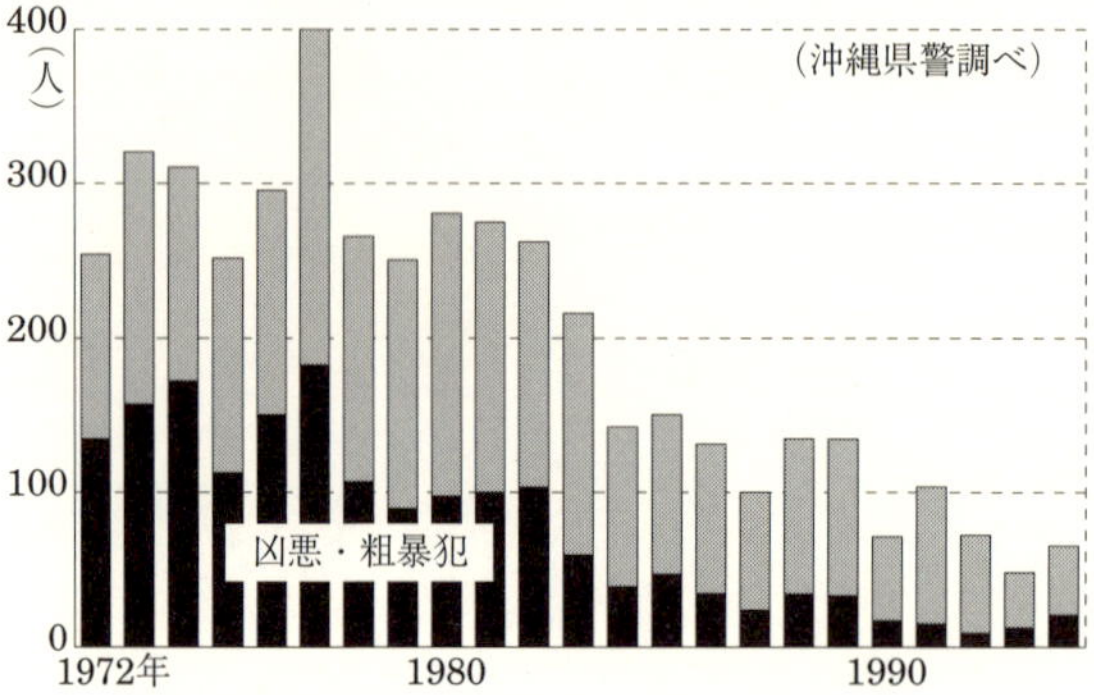

出典 『朝日新聞』1996年３月13日

表５－４ 最近の米軍人による刑法犯検挙状況

		総数	犯罪別の検挙状況					
			凶悪犯	粗暴犯	窃盗犯	知能犯	風俗犯	その他
全国の総数	1990年	153	8	27	94	3		21
	1991年	136	14	21	55	1	15	30
	1992年	124	5	10	88	2	4	15
	1993年	164	10	15	113	4	5	17
	1994年	163	13	17	109	2	1	21
1990年～1994年 総合計		740	50	90	459	12	25	104
米軍基地が存在する都県の1990～1994年の合計	青　森	31		1	29	1		
	警視庁	29	2	4	18	1	1	3
	神奈川	170	14	32	94	5	6	19
	静　岡	1			1			
	広　島	2		1				1
	山　口	111	3	16	87	1		4
	長　崎	86	3	8	48		13	14
	沖　縄	302	28	27	176	4	5	62

注：①上記資料は，古堅議員の要請で警視庁から提出された（1995年10月19日）ものを整理した。
②県別の集計は，米軍基地のある都県のデータである。全国の総計は，米軍基地のない県の米軍犯罪数も入っており，米軍基地のある都県の合計とは一致しない場合（1991年，1992年，1993年）がある。
③上記資料は米軍人の犯罪で，軍属と家族は含まれていない。

出典 共産党国会議員団編『調査報告 沖縄の米軍基地被害』（新日本出版社，1996年）

法九五条違反もないとされた。

環境・人権

基地の多さにともなって、米軍・米軍人による被害も沖縄では深刻である。キャンプ・ハンセンおよびキャンプ・シュワブという住宅地域に隣接する演習場では、実弾射撃演習をしており、民間地への被弾・流弾による被害、または不発弾が原因となって山林火災を発生させるなどの環境破壊を引き起こしている。読谷村補助飛行場と伊江島補助飛行場で実施されているパラシュート降下訓練は、民間地域に落下して、

図5-4　返還が決まった主な施設

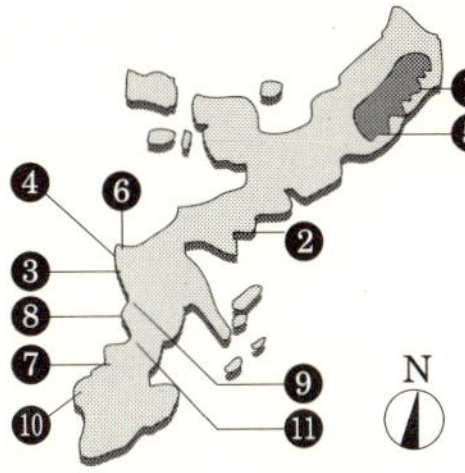

基地名	返還面積	返還内容
❶安波訓練場	約480ヘクタール	全面返還。北部訓練場のための訓練水域を確保
❷ギンバル訓練場	約60ヘクタール	キャンプ・ハンセンなどに移設
❸読谷補助飛行場	約191ヘクタール	全面返還。パラシュート降下訓練機能は伊江島補助飛行場に移転
❹楚辺通信所	約53ヘクタール	全面返還。アンテナ施設などをキャンプ・ハンセンに移設
❺北部訓練場	約4000ヘクタール	約53%を返還
❻瀬名波通信施設	約61ヘクタール	アンテナ施設などをトリイ通信施設に移設
❼牧港補給地区	約3ヘクタール	国道隣接部分を返還
❽キャンプ桑江	約90ヘクタール	大部分を返還。海軍病院などをキャンプ瑞慶覧に移設
❾キャンプ瑞慶覧	約83ヘクタール	古い住宅地区を統合し，土地の一部を返還
❿那覇港湾施設	約57ヘクタール	返還を加速するため最大限の努力を継続
⓫普天間飛行場	約480ヘクタール	海上施設案を追求し，来年12月までに実施計画を作成

出典　『朝日新聞』1996年12月3日

畑などに被害を及ぼすほか、圧殺事故まで引き起こしたこともある。嘉手納飛行場のある嘉手納町では、爆音被害は七〇デシベル以上（一メートル先の電話機の音）が年三万五千回もあり、超周波の影響や排気ガスによる油脂の汚染で洗濯物が汚れるという被害もある。返還が決まったヘリコプターの常駐する普天間飛行場に関しては、周辺には一六の小・中・高校および大学がある。爆音により授業はストップするが、その回数は年間一二〇〇回にも及ぶ。しかし、両飛行場付近の住民に最も不安を与えるのは、軍用機の墜落・落下事故である。住民は、まさに基地のなかに暮らしているのである。

米軍人などによる犯罪も頻繁に行われている。沖縄県警の統計によれば、一九七二年五月一五日から一九九五年一一月末までの米軍人等による殺人、強盗などの凶悪犯の検挙件数は五一一件六四八人に達し、そのうち婦女暴行は、一一一件一二六人である。泣き寝入りをしている被害者も多いことを考えれば、実際の数字はもっと高くなることであろう。徹底的に「歩く戦争マシーン」だと教え込まれる海兵隊員の存在、安保条約と地位協定による米軍の治外法権的制度の保障などによって、戦後五〇年間、絶えず人々は安心して暮らすことが出来ないでいる（沖縄県編『沖縄苦難の現代史』（岩波書店、一九九六年））。

県民投票とその後

以上のような沖縄の現状を住民自身に問い直そうと、一九九六年六月二一日、県民投票条例案が全国ではじめて可決された。県としては、九五年一一月に地位協定の見直し要望を政府に提出していたが、今回は、その地位協定の見直しおよび基地の整理縮小に賛成か否かを問うことになった。地位協定の見直しはさておいて、基地の整理縮小は、基地経済に依存している人々には別の意味で生活にかかってくることなので、投票について棄権の態度をとる政党や組織もあった。そのようななかで、九月八日に行われた県民投票での投票率は五九・五三％、うち、地位協定の見直しおよび基地の整理縮小に賛成が八九％で、全有権者の過半数を占めた。その後、住民投票の結果をふまえて行われた首相・知事会談では、総選挙を控えた当時の橋本首相が「沖縄政策協議会」を設置し、産業振興のための沖縄関係特別調整費を予算に組み入れることを約束した。それを受けて、知事は「苦渋の選択」をして、署名押印に続く強制使用手続である「公告・縦覧」に応じることになった。一二月には日米特別行動委員会の最終報告がまとめられ二〇〇七年までに沖縄の米軍基地の二一％にあたる五〇〇二ヘクタールが返還されることが合意されたが、施設を移設したり、他の演習場に機能が移転したりすることが同時に考えられており、新たな問題を生むと思われる。

主権を回復したはずの沖縄の占領は続いている。第**1**章でみたように、日本政府が国際司法裁判所という世界法廷へ出ていって、唯一の被爆国として核兵器が違法であるという立場をとらず、広島、長崎の両市長の意見は政府とは無関係であるとわざわざ断りを入れたのはなぜか。なぜ、自国の憲法の根幹である九条を蹂躙しなければならないのか。大国日本は国連の常任理事国になるべきだという議論もあるが、自分の意見を堂々と述べない国は常任理事国の資格があるのか。アジアの国々に対して日本の軍国主義の復活という懸念を与えないためには、日米安保が必要だというういわゆる「瓶のふた」論があるが、問題は、私たちが戦後をきちっと処理してきていないことにあるのであって、日米安保がその肩代わりをするはずもない。日米安保が日本国民に投げかける影はますます大きくなり、私たちを取り巻く矛盾はいっそう覆い隠せなくなりはしないか。

第6章　新ガイドライン法制の展開——新ガイドラインから有事法制へ

1　米軍事戦略と新ガイドライン

九〇年代の米軍事戦略

米クリントン政権は、冷戦構造の崩壊に対応する九〇年代の新しい軍事戦略として、世界でほぼ同時期に発生する「湾岸戦争」規模の二つの大規模地域紛争——具体的には、イラクと北朝鮮を「潜在的敵国」として想定——に同時に対処し、かつ両方に勝利するために十分な戦力を維持し続ける「Ｗｉｎ—Ｗｉｎ戦略」を採用した。この戦略の成否は、米国が勝利するのに必要かつ十分な兵力をいつ・どこにでも直ちに展開できるグローバルな緊急展開能力を確保できるかどうかにかかっていた。そして、ハワイ以西〜アフリカ東海岸において最大の軍艦補修能力を有する横須賀・佐世保の両軍港と最大の空軍基地・嘉手納などを擁する日本——特に在日米軍施設の七五％が集中する沖縄——は、米軍の緊急展開能力を支える兵站（軍需物資の補給・輸送・事前集積）や軍用機・軍艦等の補修・整備を行うための最も重要な戦略拠点（「かなめ石《キー・ストーン》」）としての位置を占める。

実際、米国は、一九九四年の「朝鮮半島危機」に際して、米韓共同作戦や在日米軍の作戦行動に対する兵站の提供を日本政府・防衛庁等に強硬に要求してきた。このときの米国の対日要求が、一九九七年九月二三日、日米安全保障協議委員会（日米の外交・防衛関係閣僚で構成）で合意された新たな「日米防衛協力のための指針」（新ガイドライン）を生み出すことになる。

一九九一年の「湾岸戦争」のとき、米軍は三〇万人の兵員と三〇万トンの装備を空輸で、二五〇万トンの装備を海上輸送で運んだ。大規模地域紛争が生じた際に、米軍が日本に期待する軍需物資と輸送力の提供量がいかに膨大なものになるか容易に想像できよう。しかし、陸上自衛隊には輸送用トラックはわずか九〇〇台ほどしかなく、必要な陸上輸送力の確保は、一〇〇万台ともいわれる民間の輸送業者に依存せざるを得ない。また、大量の兵員や軍需物資を「戦場」に送り出すためには、在日米軍や自衛隊の基地だけではとうてい間に合わない。在日米軍基地の機能強化——最大級の軍用輸送機も離発着できる二〇〇〇メートルの滑走路を備えた本格的な「空軍基地」の建設（辺野古地区）や、複数の大型軍艦が同時に接岸できる新軍港の建設（米軍牧港補給地区沖合）など——とともに、地方自治体の管理する民間（非軍用）空港や民間港湾施設の利用がどうしても必要となる。だからこそ、新ガイドラインでは、米軍機・軍艦の民間空港・港湾施設の利用と、軍需物資の供給と輸送の主力となる民間の陸上・海上・航空輸送業者などを含めた全面的な後方支援の担保が定められたのである（岡本篤尚「平和——沖縄が問う平和主義」仲地博・水島朝穂編『オキナワと憲法』（法律文化社、一九九八年）三七頁以下、岡本篤尚「《安全保障》国家のアポリア——《危機管理》と『周辺事態』有事法制の現段階」法律時報七二巻五号（二〇〇〇年）二八頁以下を参照）。

「対米公約」

新ガイドラインは、①米軍のグローバルな展開能力を確保するために必要な軍需物資の補給・備蓄・輸送や軍

表6－1　新ガイドライン別表・周辺事態における協力の対象となる機能及び分野並びに協力項目例

機能及び分野			協力項目例
日米両国政府が各々主体的に行う活動における協力	救援活動及び避難民への措置		○被災地への人員及び補給品の輸送 ○被災地における衛生，通信及び輸送 ○避難民の救援及び輸送のための作戦並びに避難民に対する応急物資の支給
	捜索・救難		○日本領域及び日本の周囲の海域における捜索・救難作戦並びにこれに関する情報の交換
	非戦闘員を退避させるための活動		○情報の交換並びに非戦闘員との連絡及び非戦闘員の集結・輸送 ○非戦闘員の輸送のための米航空機・船舶による自衛隊施設及び民間空港・港湾の使用 ○非戦闘員の日本入国時の通関，出入国管理及び検疫 ○日本国内における一時的な宿泊，輸送及び衛生に係る非戦闘員への援助
	国際の平和と安定の維持を目的とする経済制裁の実行性を確保するための活動		○経済制裁の実行性を確保するために国際連合安全保障理事会決議に基づいて行われる船舶の検査及びこのような検査に関連する活動 ○情報の交換
米軍の活動に対する日本の支援	施設の使用		○補給等を目的とする米航空機・船舶による自衛隊施設及び民間空港・港湾の使用 ○自衛隊施設及び民間空港・港湾における米国による人員及び物資の積卸しに必要な場所及び保管施設の確保 ○米航空機・船舶による使用のための自衛隊施設及び民間空港・港湾の運用時間の延長 ○米航空機による自衛隊の飛行場の使用 ○訓練・演習区域の提供 ○米軍施設・区域内における事務所・宿泊所等の建設
米軍の活動に対する日本の支援	後方地域支援	補　給	○自衛隊施設及び民間空港・港湾における米航空機・船舶に対する物資（武器・弾薬を除く。）及び燃料・油脂・潤滑油の提供 ○米軍施設・区域に対する物資（武器・弾薬を除く。）及び燃料・油脂・潤滑油の提供
		輸　送	○人員，物資及び燃料・油脂・潤滑油の日本国内における陸上・海上・航空輸送 ○公海上の米船舶に対する人員，物資及び燃料・油脂・潤滑油の海上輸送 ○人員，物資及び燃料・油脂・潤滑油の輸送のための車両及びクレーンの使用
		整　備	○米航空機・船舶・車両の修理・整備 ○修理部品の提供 ○整備用資器材の一時提供
		衛　生	○日本国内における傷病者の治療 ○日本国内における傷病者の輸送 ○医薬品及び衛生機具の提供
		警　備	○米軍施設・区域の警備 ○米軍施設・区域の周囲の海域の警戒監視 ○日本国内の輸送経路上の警備 ○作戦情報並びに情報の交換
		通　信	○日米両国の関係機関の間の通信のための周波数（衛星通信を含む。）の確保及び器材の提供
		その他	○米船舶の出入港に対する支援 ○自衛隊施設及び民間空港・港湾における物資の積卸し ○米軍施設・区域内における汚水処理，給水，給電等 ○米軍施設・区域従業員の一時増員
日米の作戦上の協力	警戒監視		○作戦情報の交換
	機雷除去		○日本領域及び日本の周囲の公海における機雷の除去並びに機雷に関する情報及び作戦情報の交換
	海・空域調整		○日本領域及び周囲の海域における交通量の増大に対応した海上運航調整 ○日本領域及び周囲の空域における航空交通管制及び空域調整

艦・軍用機の整備・補修施設の提供を、自衛隊のみならず地方自治体や民間輸送業者等も含む日本全体で担うことを可能とする米軍支援法制（**表6-1**）、②日本の領域（領土、領海、領空）外である「周辺地域」での有事（周辺事態）の際に、自衛隊の日本領域外での軍事行動と日米共同作戦行動（集団的自衛権の行使）を可能とする周辺有事法制などの整備を主な内容とする「戦争マニュアル」である。

新ガイドラインは、国民代表機関である国会の関与・統制を徹底的に排除して、日米双方の「制服組（軍人）」や外交・防衛官僚の主導の下に作られた日米当局者間の「合意文書」にすぎず、本来、条約や法律のような法的効力をもつものではない。しかし、新ガイドラインは、実際には、日本が新ガイドラインの実効性を担保するために必要な軍事立法の整備を米国に対して約束した「対米公約」としての機能を果たすことになる。この「対米公約」にそって、周辺事態法以下の一連の米軍支援立法が制定されて行くことになるのである。

2　新ガイドライン法制(1)――周辺事態法

周辺事態法の「致命的欠陥」

一九九九年五月、新ガイドライン法制の第一弾として、「周辺事態に際して我が国の平和及び安全を確保するための措置に関する法律」（周辺事態法）が制定された。周辺事態法は、日本の領域外の「我が国周辺の地域」で発生した「我が国の平和及び安全に重要な影響を与える事態」を「周辺事態」と定義し（一条）、周辺事態に対処するための米軍の作戦行動に対して、自衛隊が「後方地域支援」――食糧・燃料・武器弾薬等の軍需物資の補給・輸送、医療・通信施設・機器の提供、空港・港湾作業の提供等――、「後方地域捜索救助活動」――戦闘行為によって遭難

表6－2　周辺事態法における後方地域支援等の内容

別表第一（第三条関係）

種類	内容
補給	給水、給油、食事の提供並びにこれらに類する物品及び役務の提供
輸送	人員及び物品の輸送、輸送用資材の提供並びにこれらに類する物品及び役務の提供
修理及び整備	修理及び整備、修理及び整備用機器並びに部品及び構成品の提供並びにこれらに類する物品及び役務の提供
医療	傷病者に対する医療、衛生機具の提供並びにこれらに類する物品及び役務の提供
通信	通信設備の利用、通信機器の提供並びにこれらに類する物品及び役務の提供
空港及び港湾業務	航空機の離発着及び船舶の出入港に対する支援、積卸作業並びにこれらに類する物品及び役務の提供
基地業務	廃棄物の収集及び処理、給電並びにこれらに類する物品及び役務の提供

備考

一　物品の提供には、武器（弾薬を含む。）の提供を含まないものとする。

二　物品及び役務の提供には、戦闘作戦行動のために発進準備中の航空機に対する給油及び整備を含まないものとする。

三　物品及び役務の提供は、公海及びその上空で行われる輸送（傷病者の輸送中に行われる医療を含む。）を除き、我が国領域において行われるものとする。

別表第二（第三条関係）

種類	内容
補給	給水、給油、食事の提供並びにこれらに類する物品及び役務の提供
輸送	人員及び物品の輸送、輸送用資材の提供並びにこれらに類する物品及び役務の提供
修理及び整備	修理及び整備、修理及び整備用機器並びに部品及び構成品の提供並びにこれらに類する物品及び役務の提供
医療	傷病者に対する医療、衛生機具の提供並びにこれらに類する物品及び役務の提供
通信	通信設備の利用、通信機器の提供並びにこれらに類する物品及び役務の提供
宿泊	宿泊設備の利用、寝具の提供並びにこれらに類する物品及び役務の提供
消毒	消毒、消毒機具の提供並びにこれらに類する物品及び役務の提供

備考

一　物品の提供には、武器（弾薬を含む。）の提供を含まないものとする。

二　物品及び役務の提供には、戦闘作戦行動のために発進準備中の航空機に対する給油及び整備を含まないものとする。

した「戦闘参加者」(＝米兵等)の捜索・救援――などを行うものとしている(二条一項)(表6-2)。

しかし、周辺事態法は、民間空港・港湾施設の管理権をもつ地方自治体とトラック便、航空輸送、船舶輸送等の民間輸送業者の米軍への後方支援義務ついて、強制力のない「協力(の)求め」または「協力(の)依頼」しか規定することができなかった(九条)。米軍機・軍艦の民間空港・港湾施設の利用と、軍需物資の供給・輸送の主力となる民間輸送業者などを含めた全面的な米軍への後方支援を担保するための規定が周辺事態法に盛り込まれなかったことは、米国の立場からすると、新ガイドラインの実効性を著しく損なう「致命的な欠陥」といえる。

ところで、周辺事態法は、自衛隊の行う米軍への後方支援が「武力による威嚇又は武力の行使」に該当するものであってはならないとしている(二条二項)。しかし、国際人道法(一九〇七年ハーグ諸条約、一九四九年ジュネーブ諸条約・第一追加議定書ほかの国際交戦法規)によれば、戦闘部隊に対する武器・弾薬等軍需物資の補給・輸送などの兵站(後方支援)活動それ自体が戦闘行為であるとされている以上、自衛隊による米軍への後方支援は武力行使そのものであるといわざるを得ない。また、自衛隊の部隊が、米軍の交戦相手部隊に対して武器を使用しながら遭難した米軍兵士の捜索救助を行うことは、純粋な戦闘行為＝武力行使である。

自衛隊が米軍への後方支援を行うことができる地域(「後方地域」)もまた、武力行使等に該当しないよう、「現に戦闘行為が行われておらず、かつ、そこで実施される活動の期間を通じて戦闘行為が行われることがないと認められる我が国周辺の」公海上に限られている(三条一項三号)。しかし、戦闘行為が行われている地域は米軍および交戦相手部隊の移動にともなってつねに変動するので、「戦闘行為が行われておらず・行われることがない」＝「後方地域」を事前に特定することは不可能である。「後方地域」という概念自体、軍事的常識をまったく無視した「机上の空論」というほかない。

なお、周辺事態法の制定にあわせて、自衛隊と米軍との間で物品（食糧・燃料・武器弾薬等の軍需物資）や役務の相互提供を定めた「日米物品役務相互提供協定」が改定（署名一九九九年四月、国会承認同年五月）され、共同訓練、PKO、人道的な国際救援活動の場合だけでなく、周辺事態発生時にも同協定が適用されることとなった。また、翌二〇〇〇年一二月には、周辺事態時の米軍支援の一環として、自衛隊が日本の領海およびその周辺の公海上で米国の交戦相手国等の船舶を臨検（積荷・目的地の検査、航路・目的地等の変更の要請等）することを認める「周辺事態に際して実施する船舶検査活動に関する法律」（周辺事態船舶検査法）も制定された。

3　新ガイドライン法制(2)——テロ特措法・自衛隊法改正・PKO法改正

9・11テロとテロ特措法

二〇〇一年九月一一日、ニューヨークの世界貿易センタービルと国防総省に対する航空機テロが発生した。ブッシュ大統領は、9・11テロを「戦争行為」と呼び（二〇〇一年九月二〇日の演説）、一〇月八日、アフガニスタンのタリバン政権とアルカイダに対する報復戦争を開始した。日本政府は、米国の「ショー・ザ・フラッグ」（アーミテージ米国務副長官）という声高な要求に屈し、二〇〇一年一一月二日、アフガニスタンでの米軍の報復攻撃を支援するため、「平成十三年九月十一日のアメリカ合衆国において発生したテロリストによる攻撃等に対応して行われる国際連合憲章の目的達成のための諸外国の活動に対して我が国が実施する措置及び関連する国際連合決議等に基づく人道的措置に関する特別措置法」（テロ特措法）を制定した。

テロ特措法は、①「テロ攻撃によってもたらされている脅威の除去に努めることにより国際連合憲章の目的の達成に寄与するアメリカ合衆国その他の外国の軍隊その他これに類する組織……の活動」（一条一号）に対する「協力支援活動」および「捜索救助活動」（三条一項一号・二号）の後方支援と、②「国際連合の総会、安全保障理事会……が行う決議又は国際連合……が行う要請に基づ」（一条二号）く人道的措置としての「被災民救援活動」（三条一項三号）を行うものとしている。

しかし、二〇〇一年一一月九日、政府が米軍支援のために海上自衛隊の護衛艦二隻、補給艦一隻をインド洋へ派遣したとき、それはテロ特措法に基づくものではなかった。テロ特措法の定める自衛隊派遣のための「基本計画」（四条）の策定が間に合わなかったため、防衛庁設置法五条一八項の「調査・研究」に基づく情報収集・警戒監視活動として自衛艦隊を派遣したのである（基本計画策定後、テロ特措法に基づく派遣に切り替えられた）。防衛庁設置法は防衛庁という組織の設立を目的とする組織法であり、防衛庁にいかなる権限を授権するかを定めた作用法ではない。作用法上の根拠を欠く権限行使は当然に違法である。そもそも、防衛庁設置法による自衛隊の日本領域外への派遣など法的に不可能だったからこそ、周辺事態法やテロ特措法の制定が必要とされたはずであり、本末転倒というほかない。

テロ特措法の問題点

テロ特措法もまた、自衛隊の後方支援が武力行使等に該当するものであってはならないと定めている（二条二項）。この点で最も問題になったのが、イージス護衛艦の派遣である。イージス護衛艦は、およそ五〇〇キロ（東京～大阪間）の範囲をレーダーで探索することができ、二〇〇の目標を同時に追跡し一〇の目標を同時に撃墜することのできる極めて高い情報処理・防空能力をもつ。しかも、米軍との間で瞬時に情報を共有（データ・リンク）できる。

海上自衛隊のイージス艦が集めた情報に基づいて米軍が攻撃を行えば、それは憲法の禁じる米軍の「武力行使と一体化」した活動にあたる。米国がアフガニスタン攻撃を開始した一〇月八日の直後から、米国と防衛庁・自衛隊が強くその派遣を求めたにもかかわらず、政府がイージス艦を派遣しなかったのはそのためである。しかるに政府は、二〇〇二年一二月、蒸し暑いインド洋での居住性が他の護衛艦よりも良いという奇弁を弄して、ついにイージス艦のインド洋派遣を決定した。

テロ特措法では、自衛隊が後方支援を行うことのできる地域は、「我が国周辺」の公海上という制限がはずされ、また新たに外国の領域も含まれるなど（二条三項一号・二号）、全世界へと拡大された。支援対象も、米軍だけでなく、米軍以外の外国軍隊や非正規武装組織にまで拡大された（一条一号）。実際、テロ特措法に基づきインド洋に派遣された自衛艦隊は、英軍等への燃料供給も行っている。

テロ特措法は、施行から二年で効力を失うものとされているが（附則三項）、実際には、「対応措置を実施する必要があると認められるに至ったときは」別の法律で二年以内の期間延長を定めれば何度でも延長できる仕組みになっている（附則四項・五項）。また、後方支援等の実施について、周辺事態法では原則として国会の事前承認が必要とされていた（五条一項）のに対して、テロ特措法では実施後二〇日以内に国会の事後承認をとればよいものとされ（五条一項）、国民代表機関である国会による防衛活動に対する民主的統制が大幅に後退している。

突出する「治安」任務――警護出動・情報収集活動

テロ特措法の制定にあわせて、自衛隊法・「国際連合平和維持活動等に対する協力に関する法律」（ＰＫＯ法）の改正も行われた。自衛隊法の二〇〇一年改正によって、在日米軍施設や自衛隊施設がテロやゲリラ・武装工作員等によって攻撃されるおそれがあるときには、自衛隊の部隊がそれらの施設を防御するために出動することを認める警護出動規定（八一条の二 一項）や、テロリスト、武装工作員、ゲリラ戦闘員等が日本国内に侵入して「不法行為」を行うことが予測される場合に、治安出動命令下令前に武器を携行する自衛隊の部隊が情報収集のために出動することを認める情報収集規定（七九条の二）が設けられた。警護出動した自衛官は、警護している施設を守るためにその施設内に限らず広い範囲で武器の使用ができるものとされる（九一条の二 三項・四項）。情報収集出動中の部隊に、出動後に治安出動命令が下令された場合には、その部隊は、武器を使用してテロリスト等を「鎮圧し、又は防止する」権限が与えられる（九〇条一項三号）。これらの規定は、いずれも、治安出動を実質的に「前倒し」するものであり、海上警備行動時の自衛官の権限拡大（九三条三項）や自衛隊施設防御のための武器使用権限の新設（九五条の二）などとあいまって、これまで警察や海上保安庁がもっぱら担ってきた国内での治安維持について、自衛隊という武力組織が前面に出てきたことを意味する（詳しくは、岡本・前掲「《安全保障》国家のアポリア」を参照）。

防衛秘密の保護

防衛秘密を保護するための秘密保護法の制定は、これまで二度にわたって試みられてきた。一度目は、一九八五年の「国家秘密に係るスパイ行為等の防止に関する法律案」（国家秘密法案）であり、二度目は、翌八六年に自民党が公表した防衛秘密法案であった。国家秘密法案は、日本の防衛上秘匿することを要する国家秘密（防衛・外交秘密）を不当な方法で探知・収集すること（探知罪）や、探知・収集した国家秘密を外国に通報して日本の安全を著しく害する危険を生じさせること、国家秘密を他人に漏洩することなどを、死刑等の重罰を科すことによって禁止するものであった。防衛秘密法案は、国家秘密から外交上の秘密を除いて「防衛秘密」だけを保護対象としたものであった。国家秘密法案も防衛秘密法案も、「国家秘密」「防衛秘密」の過度の漠然性・不明確性ゆえに投網をうったようなあまりにも広範な規制となっており、国民の知る権利や表現の自由に対する著しい萎縮効果をもたらすものであるとして国民各層の強い反対にあい、結局成立しなかった。

ところが、政府・防衛庁は、9・11テロのどさくさに紛れて、国民的議論もまったくなしに、かつての防衛秘密法案から探知罪を除いた防衛秘密保護規定の立法化に成功した。二〇〇一年改正自衛隊法は、自衛隊の運用や防衛力整備に関する計画や研究、重要な軍事情報や情報収集能力、防衛用通信網や暗号、武器・弾薬・装備の性能・種類・数量などの広範な防衛関連情報（自衛隊法別表第四）で、「公になっていないもののうち、我が国の防衛上特に秘匿することが必要であるもの」を防衛庁長官が防衛秘密に指定するものとしている（九六条の二）。つまり、何を防衛秘密とするかは防衛庁長官の広範な裁量に委ねられているのである。

「防衛秘密を取り扱うことを業務とする者」（防衛秘密を取り扱う一般公務員や防衛産業の従業員等を含む）が業務により知得した防衛秘密を漏洩した場合は五年以下の懲役（一二二条一項）、過失により防衛秘密を漏洩した場合でも一年以下の禁錮または三万円以下の罰金が科される（一二二条三項）。これは、国家公務員・自衛隊員の守秘義務違反が一年以下の懲役（国家公務員法一〇〇条、一〇九条一二号、自衛隊法五九条、一一八条）とされているのと比べ格段に重い。また、防衛秘密の漏洩を共謀・教唆・扇動した者も三年以下の懲役（一二二条四項）とされるため、ジャーナリストや研究者が防衛問題について取材や調査研究を行った場合、それらの行為が防衛秘密の漏洩の共謀・教唆・扇動に当たるとして処罰される可能性があり、防衛問題に関する国民の知る権利や表現の自由に対する著しい萎縮効果をもたらす可能性がきわめて大きい。

ＰＫＦ本体業務の「凍結」解除

ＰＫＯ法附則二条を削除するＰＫＯ法の改正によって、停戦監視、紛争当事者の武装解除、緩衝地帯への駐留および巡回、武器の搬出入の検査、停戦ラインの設定援助などいわゆるＰＫＦ本体業務（三条三号イ〜ヘ）の「凍結」が解除された。この改正は、東ティモールでのＰＫＯやアフガニスタンでの地雷除去に自衛隊の部隊を参加させるために必要だとして行われたものである。しかし、東ティモールに派遣された自衛隊の部隊はＰＫＦ本体業務を目的とするものではなかったし、アフガニスタンでの地雷除去作業には、陸上自衛隊の幹部自ら認めるように、陸上自衛隊の装備が地雷除去作業向きでないこともあって参加していない（『朝日新聞』二〇〇一年一一月二二日）。

ＰＫＯ任務――なかでも戦後復興業務――や災害救助活動をも自衛隊の任務とする自衛隊の「多機能化」やそれらの任務を自衛隊の「本務」へ格上げする試みは、旧ソ連の圧倒的な軍事的脅威が消滅し大幅な軍縮圧力にさらされている自衛隊が、なんとかその組織維持を図るための格好の口実として最大限に利用しているにすぎない。

4　新ガイドライン法制の完成（？）――武力攻撃事態法案ほか

政府は、二〇〇二年四月一七日、「武力攻撃事態における我が国の平和と独立並びに国及び国民の安全の確保に関する法律案」（武力攻撃事態法案）、自衛隊法改正案、安全保障会議設置法改正案のいわゆる有事法制関連三法案を国会に上程した（これまでの有事法制研究については、第14章を参照）。小泉純一郎首相は、有事法制関連三法案は日本に対する武力攻撃がなされた場合に備えるものであり、さかんに「備えあれば憂いなし」とくり返している。だが、本当に有事法制関連三法案は日本に対する武力攻撃に備えたものなのであろうか？　また、本当に「備え」があれば「憂い」がなくなるのであろうか。

武力攻撃事態の曖昧さ

武力攻撃事態法案は、日本に対する外部からの武力攻撃事態を、従来の①「我が国に対する外部からの武力攻撃」(「武力攻撃」)と②「武力攻撃のおそれのある場合」(「武力攻撃のおそれ」)の二つのほかに、新たに、③「事態が緊迫し、武力攻撃が予測されるに至った事態」(「武力攻撃予測事態」)も加えている(二条一号・二号)。しかし、武力攻撃が発生する「明白な危険が切迫」している「武力攻撃のおそれ」と、武力攻撃が発生する「可能性」が高い「武力攻撃予測事態」の違いは実に曖昧かつ漠然としている。ある事態が「武力攻撃予測事態」にあたるとされる場合、「武力攻撃予測事態」と「武力攻撃のおそれ」の境界線が不明確であれば、従来であれば防衛出動(自衛隊法七六条一項)の対象とはならないような事態がいつの間にか「武力攻撃のおそれ」=防衛出動事態に該当する事態とみなされてしまう危険性がある。

武力攻撃事態と周辺事態

政府は、武力攻撃事態と周辺事態は併存しうるとしている。武力攻撃事態と周辺事態が併存するということは、周辺事態において戦闘行動を行っている米軍は、周辺事態法の定める後方支援だけでなく、武力攻撃事態法案に定める支援も受けられるということを意味する。周辺事態法では、米軍のグローバルな展開に必要不可欠な強制的協力義務を地方自治体や輸送業者などへ課すことができなかった。しかし、周辺事態が同時に武力攻撃事態でもあるということになれば、周辺事態で戦闘行動中の米軍は、地方自治体の管理する空港・港湾施設の利用や民間業者による軍需物資の供給・輸送等の全面的な協力を受けることができるのである（武力攻撃事態法案五条・六条および二一条六号イ(2)・二二条三号）。この結果、米軍は兵站や軍艦・軍用機等の整備・補修拠点の確保を何ら心配することなく、容易に世界中で武力を行使することができることになる。

さらに、周辺事態と武力攻撃事態の併存は、自衛隊の海外での武力行使や集団的自衛権の行使に道を開く。周辺事態と武力攻撃事態が併存する場合、まず周辺事態法に基づき米軍の後方支援のために自衛隊の部隊を派遣しておき、自衛隊の後方支援部隊が公海上で武力攻撃を受けたり、受けるおそれが生じた場合には、日本に対する「武力攻撃」または「武力攻撃のおそれ」が発生したものとして、その自衛隊の部隊は防衛出動（自衛隊法七六条一項）や武力の行使（自衛隊法八八条）に踏み切ることが可能になるのである。これは、日本の領域外での、個別的自衛権の行使に名を借りた実質的な集団的自衛権の行使以外のなにものでもない。

地方自治体・指定公共機関の協力義務

武力攻撃事態法案は、武力攻撃事態が発生した場合に、国ばかりでなく、地方自治体や民間企業等指定公共機関にも「必要な措置を実施する責務」（五条、六条）を課している。地方自治体や指定公共機関がその責務を果たさない場合には、武力攻撃事態対策本部長（内閣総理大臣）による「総合調整」（一四条一項）、内閣総理大臣による実施の指示（一五条一項）、内閣総理大臣による代執行（一五条二項）が行われ、地方自治体や指定公共機関は、周辺事態法の場合のように協力を拒むことはできない仕組みになっている。指定公共機関などの責務や米軍支援の具体的な内容は、武力攻撃事態法案の施行から「二年以内を目標」として整備される国民「保護」法制や米軍支援法制などの事態対処法制によって定められることになっている（二三条二項）。

なお、指定公共機関には、独立行政法人、日本銀行、日本赤十字社、日本放送協会などのほか、民放・新聞各社や、東京電力等の電力各社、東京ガス等の各ガス会社、ＪＲ各社・日本通運等の輸送会社、ＮＴＴ各社・ＫＤＤＩ等の通信会社などの公益的事業を営む民間企業が今後政令で指定される予定である（二条五号）。

国民の協力義務と人権制限

武力攻撃事態法案は、国民に対しても、国などが実施する対処措置に「必要な協力をするよう努める」ことを求めている（八条）。国民が協力を求められる具体的な内容は、「二年以内を目標」に制定される国民「保護」法制によって定められることになっているが、今のところ、被災者の救援活動やそのための平素からの訓練および訓練組織への参加などが中心となるといわれている。しかし、災害救助に防衛目的が加えられ、国民がそれへの参加を強制されるならば、そのような訓練や訓練組織は、「国民の安全」の確保に名を借りた戦争翼賛体制の構築と戦争に反対する「非国民」を選別・排除するための道具として使われることになろう。

また、武力攻撃事態に対する対処措置には、物価統制、配給制、経済活動統制のための立法措置（二二条六号ロ(2)、二二条一号ホ）や、治安維持法制の整備（二二条一号ハ）など、戦時中の国家総動員法・治安維持法に類似した措置も含まれている。したがって、国民生活や経済活動、さらには「危険分子」の予防拘束など身体の自由に対する相当ハードな規制が行われることになるとみてよい。福田内閣官房長官は、ＮＨＫ・民放各社や各新聞社に対して「報道協定への協力要請」を行うことや、個人や報道機関による戦争反対の意思表明が「公共の福祉」に反する場合は規制の対象となることを示唆している。指定公共機関や国民の強制的協力義務とあわせて考えれば、これはかつての「大本営発表」同様の報道統制や思想弾圧を行うことを示したものというべきであろう。このような報道統制や思想弾圧の下で、国民の表現の自由や知る権利、思想・信条の自由が保障されることはありえないというべきである。

自衛隊の行動の自由と人権の制限

自衛隊法は、自衛隊に防衛出動命令が下令された場合、都道府県知事や防衛庁長官等に、病院等の施設を管理し、土地・家屋・物資を使用し、物資の生産・販売や輸送を業とする民間業者に対して物資の保管を命じ、その物資を収用することや、医療、土木建築工事、輸送を業とする者に対してそれらの業務に従事することを命じる権限を与えている（一〇三条一項・二項）。自衛隊法改正案は、これらの強制使用・強制収用、業務従事命令の発付を実際に行うために必要な諸手続（改正案一〇三条五項〜一二項・一七項）、これらの権限の実効性を担保するための強制立入権限（改正案一〇三条一三項・一四項）、違反者への罰則（改正案一二四条、一二五条）を設けている。

自衛隊法改正案は、防衛出動命令を下令された自衛隊の部隊の行動の障害になる場合、障害となる家屋の「形状を変更」し、立木等の土地に定着している物を「移転」もしくは「処分」することができるとしている（改正案一〇三条三項・四項）。また、防衛出動命令が下令された自衛隊の部隊等の行動の自由を確保するために、消防法、麻薬及び向精神薬取締法、墓地・埋葬等に関する法律、医療法、建築基準法、港湾法、土地収用法、森林法、道路法、土地区画整理法、道路交通法、河川法などの国民生活に密接な係わりのある多数の法令の適用を排除するための特例措置を定めている（改正案一一五条の二　三項〜一一五条の二二）。

しかし、いっさいの軍事組織の設立と軍備の保持を明示的に禁止している憲法九条の下では、軍事的な防衛目的が「公共性」を有することは原理的にありえない。従って、自衛隊への協力や自衛隊の行動の自由の確保などの

《軍事的公共性》を理由として、国民の財産権（憲法二九条）、生命・幸福追求権（憲法一三条）、強制労働からの自由（憲法一八条）はじめさまざまな基本的人権を制限することは許されないというべきである。ことに、自衛隊に対する協力を刑罰をもって国民に強制することは、国民の基本的人権の重大な侵害であり、平和と人権を不可分一体のものとして保障する日本国憲法の下ではとうてい容認されるものではない（詳しくは岡本篤尚「《軍事的公共性》と基本的人権の制約」山内敏弘編『有事法制を検証する』（法律文化社、二〇〇二年）一一七頁以下を参照）。

なお、今回の自衛隊法改正案では、防衛出動の事実上の「前倒し」といえる、防衛出動命令下令前の自衛隊の部隊による「展開予定地域」での防御施設構築措置に関する規定（改正案七七条の二、九二条の三、一〇三条の二）も設けられている。

有事法制関連三法案は、上程された二〇〇二年の第一五四通常国会でも、二〇〇二年一〇月招集の第一五五臨時国会でも成立せず、二〇〇三年一月二一日に招集された第一五六通常国会で再度審議される予定である。また、政府は、米国のイラク攻撃を支援するため、テロ特措法のような特別立法を準備中であるともいわれている。

おわりに

周辺事態法、テロ特措法、武力攻撃事態法案と続く一連の米軍支援法制の整備は、それらが米軍のグローバルな武力行使に対する日本の全面的な支援体制を完成させることによって、米軍が世界中で武力を行使することへの「敷居」を格段に低くする客観的な機能を果たすものとなる。ことに、9・11テロ以後、米ブッシュ政権が、将来米国にとって脅威となる可能性のある国や組織に対しては核兵器の使用も含めた先制攻撃を行う権利（「予防的自衛権」）があるとする新戦略（二〇〇二年度版『国家安全保障戦略』ほか）を採用しているなかで、米国が世界中のどこに対しても武力攻撃をしやすい体制を日本が全面的に支えることは、世界の平和と安全にとってかえって重大な脅威をもたらすものとなる。

それはまた、日本や米国などの先進諸国の「豊かで快適な生活」を維持するために、一日当たり一ドル以下の生活を強いられ飢餓に直面している世界で最も貧しい一二億人の人々から、石油・天然ガスなどのエネルギー資源をはじめとする貴重な資源を武力によって「強奪」している現代世界のありようを積極的に肯定するものとなる。そして、「強奪」への反作用としてこれらの貧しい人々の間にテロへの支持を広範に生み出し、かえって先進諸国の「市民の安全」を損なうものとならざるを得ない（岡本篤尚「果てしなき『テロの脅威』と《安全の専制》――《9・11》以後の世界」全国憲法研究会編『法律時報増刊　憲法と有事法制』（二〇〇二年）二五八頁以下を参照）。

注記　本章は、本書第Ⅰ部の各章および第Ⅱ部第**14**章の内容に関連する事項について、本書旧版（第3版）発行以後の動向を補ったものであり、それらの事項について本格的に検討したものではない。新ガイドライン、周辺事態法、テロ特措法、有事法制関連三法案等については、詳しくは、森英樹・渡辺治・水島朝穂編『グローバル安保体制が動きだす』（日本評論社、一九九八年）、山内敏弘編『日米新ガイドラインと周辺事態法』（法律文化社、一九九九年）、山内敏弘編『有事法制を検証する』（法律文化社、二〇〇二年）、全国憲法研究会編『法律時報増刊　憲法と有事法制』（二〇〇二年）ほかを参照されたい。

第Ⅱ部

「共生」社会を築くために

第7章　外国人の人権

1　外国人とは

ダイちゃん事件

一九九六年一一月一八日に広島地裁での和解協議によって、当時五歳であった男の子ダイちゃんに日本国籍が認められることになった。彼のお父さんは日本人、普通なら出生の時に手にするはずの国籍を五年も経ってようやく認められることになったいきさつは次のようである。すなわち、国籍に関して憲法一〇条は、「日本国民たる要件は法律でこれを定める」と述べているのであるが、その法律とは国籍法のことである。同法の第二条は、出生による国籍取得の条件として、①出生の時に父または母が日本国民である時、②出生前に死亡した父が死亡のときに日本国民であった時、③日本で生まれた場合において、父母がともに知れない時、または国籍を有しない時、という三つの場合を規定している。ところでダイちゃんは、母親がフィリピン国籍、そして父親とよぶべき人が日本国籍であったのであるが、出生時に両親は法律上婚姻関係にはなかった。民法では、そういった場合には認知によって父子関係が生じるのであるが（七七九条）、国籍法が要求するように出生の時にすでに父であるためには、胎児認知

（七八三条第一項）をしておく必要がある。しかしながら、必要な書類が揃わず、事前の認知が間にあわないまま、ダイちゃんは生まれることになったのである。

父と母が婚姻関係にあったか否かということは、生まれてくる子どもに何等責めのないことであり、そのために国籍が取得できない可能性があるというのは、憲法一四条違反の差別と考えられるのであるが、ダイちゃんには日本国籍が認められず、その結果、外国人であるダイちゃん母子には広島入国管理局から国外退去の命令が出されていたのである。そこで、ダイちゃん親子は、「日本国籍確認」の裁判を広島地裁に起こし、前述のように、和解勧告を受けた行政側が日本国籍を認める結果となったのである（「ダイちゃん事件資料集」http://www.asahi-net.or.jp/~ky2o-sksk/daichan/（2000.8.27））。

国家と個人をつなぐ国籍

上記事件で問題となった「国籍」とは、人を特定の国家に結びつける法律的紐帯のこと、すなわち、人を特定の国家の構成員とするもののことである。どのような人に国家は国籍を与えるのかという問題は、国家の国内管轄事項であり、各国家がそれぞれに規則を定めればよいと考えられている。出生による国籍取得に関して現在各国で採用されている考え方は、血統主義、生地主義、そして両者の折衷主義があり、各国がそれぞれにその権限のもとで国内法を定めている結果、重国籍や無国籍という事態も生じるが、世界人権宣言で「国籍を持つ権利」がうたわれているように、無国籍の発生は防止するべきであるとの見解が国際社会で受け入れられている。わが国の国籍法は先にみたように、出生においては血統主義をとっており、その他、出生後の事由によって国籍を取得する場合として、準正、帰化、再取得が規定されている。

以下、日本における外国人とは、この日本国籍をもっていない人を示していうわけである。したがって、日本で生まれ育って、成人するまで日本を出たことがなく、日本を母国と感じる人であっても、日本国籍を保持していないならば外国人ということになる。日本国憲法の人権保障が日本国民に対して与えられるのは当然として、それでは、外国人にはまったく与えられないのであろうか。すべての人が出生の時からもっているのが人権であるという自然権の考え方からすれば、外国人であるからといって人権が否定されるわけではないと思われる。さて、外国人に関して日本国憲法の人権保障がどのように解されているのかを、外国人が日本に入国・再入国する権利と、現に日本国内に在留する外国人に対する権利保障の二つの局面に分けて考えていく。

2　外国人の入国・再入国

日本の出入国管理制度

そもそも、外国人が日本に入国する権利はあるのであろうか。マクリーン事件最高裁判決（最判一九七八年一〇月四日判時九〇三号三頁）でいわれているように、「国際慣習法上、国家は外国人を受け入れる義務を負うものではなく、特別の条約がない限り、外国人を自国内に受け入れるかどうか、また、これを受け入れる場合いかなる条件を付するかを当該国家が自由に決定することができるものとされている」のであり、外国人が他国に入国する権利というのは一般的に保障されていないと考えられている。これは、現代の国際社会が主権国家というものでできていることからの帰結であり、各国は、どのような場合に外国人を受け入れるかをそれぞれに決めている。出入国管理制度は各国によって異なるが、①国防や治安に重点をおき、警察・公安当局が所管している古典的出入国管理制度、

図7－1 平成13年末現在における在留資格別の割合
（外国人登録者数177万8,462人）

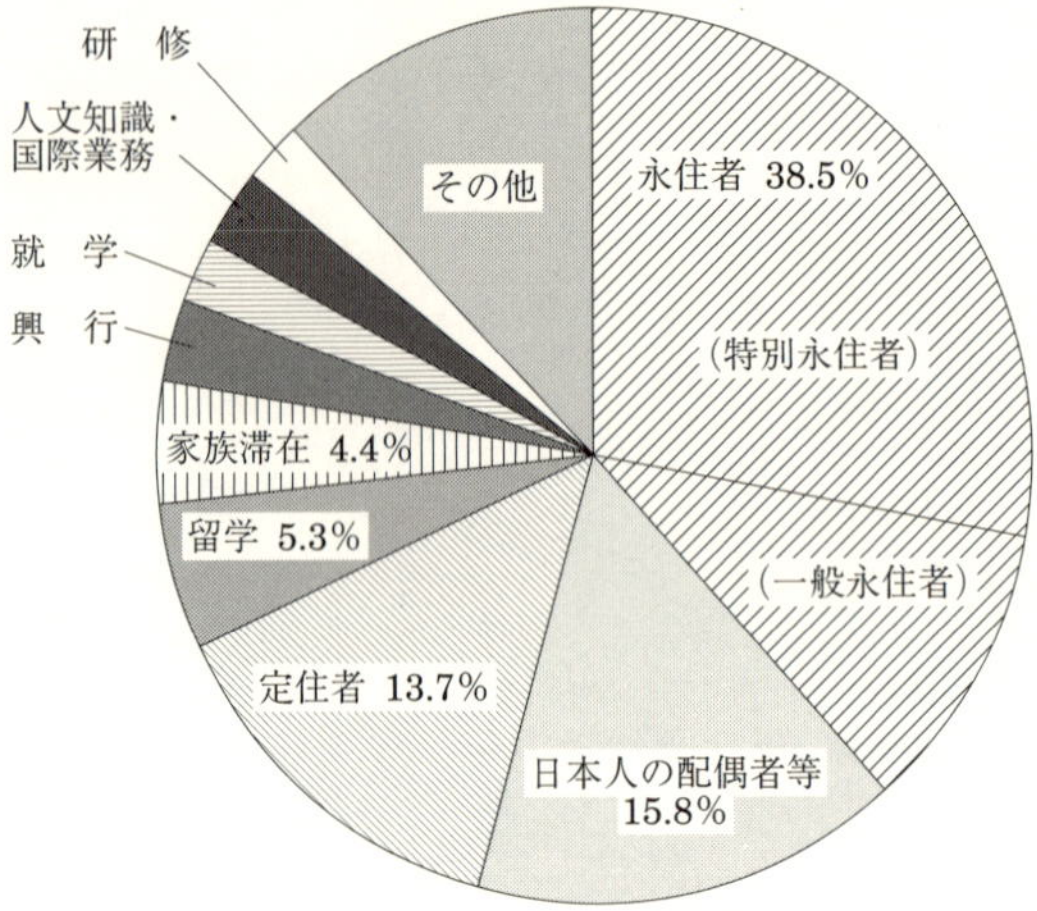

出典 法務省ホームページ http://www.moj.go.jp/

②入国・在留には厳密な手続や制度を定めない比較的緩やかなヨーロッパ大陸型の出入国管理制度、③在留活動の範囲を法律でもって特定する「在留資格」制度をとり、詳細な具体的手続規定を定めるアメリカ型出入国管理制度、に大きく分かれ、日本の制度はこれらのうち③の種類に属するものである（山田鐐一・黒木忠正『わかりやすい入管法』（有斐閣、一九九七年）一三頁）。すなわち、日本に入国するには、入国審査官の許可が必要なのであるが、「出入国管理及び難民認定法」の別表一・二には、合わせて二七の「在留資格」があげられており、外国人はそのうちのなんらかの資格をもって入国・滞在することが認められる。それぞれの在留資格には許容される活動が示されており、外国人は外交・教授・企業内転勤などの特定の活動と通常の社会活動を行うために、特定の期間日本に入国することができるのである。ただし、別表二は身分または地位にもとづく在留資格であり、そこにあげられている永住者・日本人の配偶者等・永住者の配偶者等、定住者という資格を付与された場合は、活動に制限はない。なお、永住者に関しては、一九九一年施行の平和条約国籍離脱者等入管特例法によって認められる「特別永住者」もあり、これも在留資格の一つである。

このような在留資格は、出国と同時に消滅するものであり、再び入国する際には再度在留資格を得なければならない。しかし、それは実務上大変面倒なことであるため、出国前にあらかじめ法務大臣から再入国許可を得ておけば、再入国の際に出国前と同じ資格で入国することができる。また、在留許可を与えられている期間中であっても、退去強制事由にあたるような好ましくない行為を行った人や違法状態にある人は、強制的な退去をさせられることもある。前述のダイちゃんは、国籍が認められなかったら、在留資格をもたない不法在留者ということになり、退去強制の対象となってしまうのである。

前述マクリーン事件は、日本に英語教師としてやってきて一年の在留を認められたマクリーンが、在留期間をもう一年更新してほしいと申請したところ、在留期間中に行った無届転職およびデモ参加などの政治活動を理由に法務大臣が許可をしなかったので、憲法二二条第一項を根拠に引き続き在留する権利を争った事例である。最高裁は、前記の国際慣習法の見解を述べた後、わが国の憲法上も、外国人は「わが国へ入国する自由を保障されているものではないことはもちろん」、「在留の権利ないし引き続き在留することを要求する権利を保障されているものでもない」と述べ、マクリーンに対する処分は法務大臣に与えられている広い裁量権の範囲内であると判断した。このように、外国人の入国および滞在に関しては、日本が許可した範囲においてのみ許されるのである。

「自国」とは？

ところで、先に確認したように、外国人とは「日本国籍を有しない者」のことである。しかし、外国人でも、日本とのつながりが希薄な人もいれば、定住者や永住者のように強い人もいる。そのような人であっても入管法上は、前述のようにあらかじめ再入国許可を得ておかないと、滞在資格は失われてしまうが、次の事例はいずれも日本を生活の本拠としている外国人が、当時外国人の義務であった指紋押捺を拒否したために、再入国許可がもらえなかったというものである。まず、森川キャサリーン事件（最判一九九二年一一月一六日集民一六六号五七五頁）の原告は、当時すでに日本に九年住んでおり、夫と子どもとともに暮らしていた。もう一つの崔善愛事件（最判一九九八年四月一〇日民集五二巻三号六七七頁）の原告は、韓国籍であるが日本で生まれ育ち、協定永住者（前記「平和条約国籍離脱者等入管特例法」によって廃止された「日本国に居住する大韓民国国民の法的地位および待遇に関する日本国と大韓民国との間の協定の実施に伴う出入国管理特別法」によって認められていた在留資格）の地位をもっていた。どちらの場合も、原告は憲法二二条第一項のほかに、日本が一九七九年に当事国となった国際人権規約B規約の第一二条第四項を、法務大臣による再入国不許可処分の違法性を訴える根拠として主張していた。すなわち、同条項は、「何人も、自国に戻る権利を恣意的に奪われない」と規定しているのであるが、その「自国」は国籍国だけでなく「定住国」も含むと解するべきであるので、控訴人が日本に再入国する権利は保障されているというのである。しかしながら、裁判所は、どちらの判決においても「自国」は国籍国のみを意味し、定住国は含まないという見解を示した。このような日本政府および最高裁の考え方に対しては、条約機関から批判が出されている。すなわち、崔善愛事件最高裁判決の出された年には、自由権規約委員会が日本政府の第四回定期報告書に対する最終見解を出しているが、そこでは、自国という言葉は国籍国とは同義ではなく、日本で生まれた韓国・朝鮮出身の人々のような永住者への再入国許可取得の必要性を廃止するべきであると要請されていた。外国人というひとくくりの言葉でまとめるのではなく、日本での暮らしがどの程度その人の要素となっているのかという点で再入国に関しては区別を設ける必要があるだろう。

3　外国人の権利

出入国管理制度と人権

さて、それでは、すでに日本国内に在留している外国人は日本国憲法上の人権を享有するのかどうかという問題について考えておこう。前出のマクリーン事件判決は、この点について次のような見解を示していた。すなわち、「憲法第三章の規定による基本的人権の保障は、権利の性質上日本国民のみをその対象としていると解されるものを除き、わが国に在留する外国人に対しても等しく及ぶものと解すべき」だということである。しかしながら、「外国人の在留の許否は国の裁量にゆだねられ、わが国に在留する外国人は、憲法上わが国に在留する権利ないし引き続き在留することを要求することができる権利を保障されているものではなく……外国人に対する憲法の基本的人権の保障は、右のような在留制度のわく内で与えられているに過ぎないものと解するのが相当であって、在留の許否を決する国の裁量を拘束するまでの保障、すなわち、在留期間中の憲法の基本的人権の保障を受ける行為を在留期間の更新の際に消極的な事情としてしんしゃくされないことまでの保障が与えられていると解することはできない」のだと述べる。これからわかることは、まず、性質上日本国民のみをその対象としていると解されるものを除き、外国人にも日本国憲法上の人権保障が及ぶが、その人権の享有においても在留制度のわく内という限界があるということである。

次に、日本国民のみをその対象としていると解される人権は外国人には保障は及ばないと述べられているが、その代表的なものは参政権と社会権と考えられている。

参政権

一九二五年に普通選挙法が成立した時、当時帝国臣民とみなされた植民地下の人々も二五歳以上の男性には選挙権が認められ、三二年には朝鮮出身の国会議員が誕生した。しかし、四五年の「改正衆議院選挙法」は、旧植民地出身者の選挙権、被選挙権を当分の間停止すると規定し、その後、五二年にサンフランシスコ条約の発効により彼らは日本国籍を失い、その結果、今にいたるまで参政権が否定されることになった。その根拠は、憲法前文および一条に述べられている「国民主権」であり、その国民とは日本国籍をもつ者を意味しているという解釈によるものである。しかしながら、地方参政権については、永住者などの外国人にも認めることができるという考え方も有力に出されている。一九九五年の最高裁判決はこの考え方をとっていた。すなわち、憲法九三条第二項の「住民」は、同一五条第一項の「国民」と合わせ読むべきであるので、日本国籍をもつ住民であり、定住外国人に参政権を保障していない。しかしながら、憲法の第八章に規定されている地方自治の重要性を鑑みれば、立法府が永住者等に地方選挙権を与えることは憲法上禁止されてはいない、と判断を下した（最判一九九五年七月二八日判時一五二三号四九頁）。その後、国会ではこの問題について各党から複数の法案が提出されているが、定住外国人の地方参政権が実現するにはいたっていない。

次に、公務員として働くことはどうであろうか。一九四七年に国家公務員法が、五〇年に地方公務員法が公布されているが、そのどちらにも国籍条項はなかった。しかし、五三年に内閣法制局が、「公務員に関する当然の法理として、公権力の行使、又は国家意思形成への参画にたずさわる公務員となるには日本国籍が必要」という見解を出した。また、七三年には自治省（当時）が、「地方公共団体の意思形成」にかかわる地方公務員に関しては、「当然の法理」に抵触する職員に受験資格を認めることは適当でないと述べた。しかし、それにもかかわらず、当時から外国人を採用に踏み切る地方公共団体が出てきていた。そして、政令指定都市のなかでは九六年に川崎市が採用に踏み切って以来、現在九市が、また一一の都道府県が外国人に門戸を開いている。広島市も二〇〇一年度の採用からはじめている。また、八四年には郵政省（当時）が郵便外務職に関して、八六年には自治省が看護三職に関して外国人の採用に踏み切っている。さて、これらの地方公共団体は、外国人に対して無制限に職を解放しているのではなく、一定の条件をもうけているのであるが、それは、まず、永住者や特別永住者に限っていること、そして、「公務員の基本原則」にもとづいていることである。公務員の基本原則とは、要するに、「当然の法理」ということであり、そのような職種を例示して除外しているのが多くのやり方である。

こうしたなかで、地方行政の指針とするための住民投票に永住外国人も参加させようという試みを行う地方自治体が登場してきた。二〇〇二年一月には、滋賀県米原町議会が、「米原町の合併についての意思を問う住民投票条例」を可決し、二月にはそれにもとづく住民投票が行われたのであるが、そこでは、「二十歳以上の永住外国人で引き続き三ヶ月以上米原町に住所を有する者」（同条例五条）にあたる町内の三一人の住民のうち一三人が投票を行った。もともと条例にもとづく住民投票は法的な拘束力をもつものではなく、住民投票資格は参政権とは異なるのであるが、地方行政にその意思を反映させることを目的として行われるものである。その意味では、前述の最高裁判決の趣旨と同様な効果を期待できるし、また、何より、地方自治法がいうところの「市町村の区域内に住所を有する者」としての「住民」が、「その属する普通地方公共団体の役務の提供を等しく受ける権利を有し、その負担を分担する義務を負う」（一〇条）という規定にそうものであるといえる（このような意味での外国人の地方行政参加の制度としては川崎市の外国人市民代表者会議（一九九六年から）や東京都の外国人都民会議（一九九七年から）などもある）。

社会保障に対する権利

社会権は、自由権とは異なり国家があってはじめて実現される権利であるので、その国家の構成員にのみ保障するという考え方が成り立ちうる。そのうち社会保障の面では、日本政府はその構成員の範囲を、以前は「国籍」によって決定される「日本国民」に限定していた制度が多かったのであるが、日本が一九七九年に国際人権規約A規約に、一九八一年に難民条約に入った時に、外国人にも社会保障制度を開放する必要性が生じ、国民年金法から国籍要件がなくなり、外国人にも住宅や児童福祉などの社会福祉が施されるようになった。しかし、いまだ「国民」にのみ限定される社会保障の分野もある。生活に困窮するものに対して生活扶助や医療扶助などの保護を与えている生活保護法は、その保護対象を「国民」に限定しているが、厚生省（当時）社会局通達（五〇年および五四年）により外国人への準用が認められていた。しかし、日本へ入国する外国人が増加してきた九〇年に、厚生省の口頭指示により準用の対象が定住者および永住者のみとされた。二〇〇一年の最高裁判決では、不法在留者が医療扶助を受ける権利を争った事例に関して、同法がもとづく憲法二五条が具体的な措置を広い立法裁量にゆだねる性質のものであるため、同法の規定は違憲ではないと判断を下している（最判二〇〇一年九月二五日判時一七六八号四七頁）。また、一九九一年の最高裁判決は、障害福祉年金に関して、「その限られた財源の下で福祉的給付を行うに当たり、自国民を在留外国人より優先的に扱うことも、許されるべき」と述べている（最判一九九一年三月二日判時一三六三号六八頁）。どちらも無拠出制の社会保障であった。

さらに、戦傷病者戦没者遺族等援護法や恩給法なども外国人を排除しているが、これらによる給付は軍務に対する対価という性質であることを考えれば、いっそう問題である。

第8章　女性と人権

1　近代憲法と女性差別——近代家族像の登場

『エミール』

一九九〇年代、「女性の権利は人権である」というスローガンが国連を舞台に提起された。九三年には、ウィーン宣言は「女性・少女の人権」を規定した。なぜ、いま、「女性の人権」なのか。人権論において女性は、どのように扱われてきたのだろうか。

女性の権利は、近代憲法の登場以来、重要な憲法問題でありつづけている。政治思想としては、ルソーの『エミール』（一七六二年、邦訳は、今野一雄訳（岩波文庫、一九六四年））が明快である。ルソーは、いう。女と男は、人間としては平等である。しかし性、とくに性交においては、積極的で力強い男と「そんなに頑強に抵抗しなければそれでいい」（同訳書七頁）女は異なる。自然が与えた女と男の違い＝性的特質は、男性に市民としての積極的な役割を、女性に市民男性を支える役割を要請している。性的特質にもとづく性別役割、すなわち「男らしさ・女らしさ」は、近代教育の重要な課題である、と。性の区別を性的特質と性別役割によって論じる手法は、当時の近代政治理論に共通する。それは、近代社会が新たに生み出した「家族」の擁護を意味していた。

近代家族像の登場

近代憲法が、身分からの解放を「自由で平等な個人」に託すことができたのは、「職住分離」という新しい労働形態、すなわち労働の場と分離した「家族」をもつ有産市民階層の存在にある。資本家と官僚に代表される市民階層は、政治権力の担い手として、新たな家族像＝「近代家族」を誇示し、他の階層の結婚像を批判した。批判の対象となったのは、一つには、身分制支配層の政略結婚である。近代家族像は、愛と貞節にもとづく結婚であることが強調された。いま一つは、農民・労働者階層の結婚である。彼らは男女の区別なく、激しい労働生活を余儀なくされている。これに対し、労働から解放され家庭にいる妻の姿は、それを保障する夫である男性市民階層の「男らしさ」を示す、新たな家族理想であった。ここに、制限選挙制にもとづく市民主権国家が成立する。政治の担い手は、身分によらず愛によって結婚する者であり、かつその結婚において妻子を養う能力・資産をもつ市民＝家長でなければならない。「家長個人主義」といわれる近代憲法の個人主義は、性別役割家族を担うことによって自らの能力を示すことのできる「強い個人」であり、近代憲法の要請する政治秩序は、近代家族像＝性別役割家族を理想モデルとする性秩序を土台としていた（家長個人主義については、村上淳一『近代法の形成』（東京大学出版会、一九七九年）、中山道子『近代個人主義と憲法学——公私二元論の限界』（東京大学出版会、二〇〇〇年））。

女性の人権宣言

自由で平等な個人を掲げると同時に、男性家長に対する女・子どもの従属を要求する近代憲法秩序に対し、女性は権利のための闘いを開始する。フランス人権宣言「人間および市民のための権利宣言」（一七八九年）に対し、これが「男権宣言」にすぎないことを喝破したのはオランプ・ドュ・グージュである（O・ブラン〔辻村みよ子訳〕『女の人権宣言――フランス革命とオランプ・ドュ・グージュの生涯』〔岩波書店、一九九五年〕）。彼女は「女性および女性市民のための権利宣言」を起草した。またメアリ・ウルストンクラフトは『女性の権利の擁護』（一七九二年、邦訳は白井堯子訳〔未來社、一九八〇年〕）を書き、ルソー批判を行った。彼女らを先駆として、女性運動は、一九世紀後半から二〇世紀前半にかけて国際的にも大きなうねりとなって展開した。これは、一九七〇年代に登場する「新しい」女性運動によって、第一期女性運動と命名された。第一次大戦前後（日本とフランスは第二次大戦後）には、女性参政権の保障は一つの政治潮流となる。「自由と平等」を掲げる近代憲法によって確立した女性集団を明示的に差別する法制度は、ようやく廃止されていく。しかし同時に、男らしさ・女らしさを基準とする近代家族像は、むしろ強化されていくことになる。

2　現代憲法と女性抑圧――近代家族像の普遍化

生存権と家族政策

第一次世界大戦後、人権は新たな段階に入る。これを示す憲法は、一つは、労働者と農民を主権者とするソヴィエト連邦憲法であり、いま一つは、これに対抗して登場したワイマール憲法である。両者ともに労働者の生活状態は、個人の能力の問題ではなく、重要な憲法問題であるとの認識にたった。これは、労働運動や女性運動が、住宅・教育・公衆衛生など、労働者家族の抱える問題を社会的に取り組むべき課題として提示してきたことの成果であり、かつ男性制限選挙から男性普通選挙、そして女性参政権へという選挙制度改革が進展した理由でもあった。

とくにワイマール憲法は、生存権・労働権を明示した。この生活保障への憲法的関心は、具体的には、男性労働者を家長とする家族に対する経済保障として構想される。というのもワイマール憲法において結婚は、「家庭生活および民族の維持・増殖の基礎として、憲法の特別の保護を受ける」(一一九条)ものとされ、家族政策、すなわち特定の家族形態の維持を目的とする政策が憲法上、要請されたからである。そして両性の平等は、「公民的権利および義務」(一〇九条)に限定された。性別役割にもとづく家族・近代家族像は、いまや有産市民階層に特有なものではなく、すべての階層、とりわけ労働者階層に共有されるものとなった。

ナポレオン法典

近代憲法下、近代家族像の法的確保は、家族法が担った。ナポレオン法典(一八〇四年)以来、家族法は家族の長たる夫権を確保し、夫に対する妻の従属を明記した。家族法は男性制限選挙制度とともに、近代家族像を確保し、女らしさ・男らしさを法的に正当化した。しかし男性普通選挙と女性参政権の保障は、家族法の土台を揺るがした。実際、第一期女性運動は参政権保障にとどまらず、家族法における妻の従属規定の撤廃を要求した。この性的秩序の再編という課題を担ったのが、労働政策・家族政策である。近代憲法から現代憲法へという転換は、近代家族像の法的確保を、家族法に加えて、労働法や社会保障法によることを意味した。ただし近代家族像の法的再編が本格化するのは、第二次大戦後、「黄金の家族の時代」といわれる一九五〇年代である。

現代憲法において女性は、選挙や教育へのアクセスという点で、男性と平等な権利を獲得した。しかし同時に、家族関係における性的特質・性別役割は拡大・強化されていくことになる。有産市民階級の妻は、現実には厳しいとはいえ、モデルとしては実家の資産に支えられ、かつ家事奉公人の存在によって家事労働からも解放されていた。しかし労働者家族の妻は、財産も家事奉公人もなく、家事・育児に追われ、しかも労働権は男性と異なり制限される。女性は、全面的に夫に依存する「扶養される妻」モデルへと統合され、女性の権利・両性の平等は、近代家族像の枠内で保障されることになった。

3　近代家族像への疑問——性別役割論の打破

『女らしさの神話』

近代家族像を問題にしたのは、一九六〇年代末から七〇年代にかけて登場した新しい女性運動、すなわち第二期女性運動である。すでに六〇年代、ベティ・フリーダン『女らしさの神話』（一九六三年、邦訳は三浦冨美子訳『新しい女性の創造』（大和書房、一九八六年））によって、女性を主婦役割へと「強制」する社会構造が問題となっていた。主婦となった女性たちは、自問自答した。「私は、誰？」「私は、なぜ主婦なのか？」、と。この「名前のない問題」とよばれた女性の悩みは、近代家族の主婦像に対する、当事者である主婦からの異議申し立てであった。

一九六八年「青年反乱」は、民主主義社会における権威主義、すなわち教授・官僚・政治家などに対する青年らの異議申し立てであり、激しい実力行動が行われた。この権威に反抗する男子学生のなかに、女子学生は、教授らと同様の権威主義・男権主義をみいだした。女子学生は、学内外の女性によびかける。「女たちの思いを言葉にしよう」と。主婦役割・女らしさは、夫から妻に対して、男子学生から女子学生に対して、要求されている。「女は、なぜ主婦なのか？」。女子学生のよびかけから、女性学 Women's Studies が生まれた（若尾典子『わがままの哲学』

（学陽書房、一九九二年）四一頁）。

女性差別撤廃条約

性別役割論は、女性を差別・抑圧しており、性別役割論を打破する法的措置が必要である。この「発見」は、女性差別撤廃条約（一九七九年採択、一九八五年日本批准）に結実する。家族関係における性別役割を打破し、女性にのみ家庭責任を負わせている法制度を廃止し、男性も女性とともに家庭責任をもち、女性も男性とともに労働することを保障する法制度をつくりだす必要がある。「社会及び家庭における男子の伝統的役割を女子の役割とともに変更する」（女性差別撤廃条約前文）ことが、明文化された。

日本においても、男女雇用機会均等法（一九八五年制定、一九九七年改正）、育児・介護休業法（一九九一年育児休業法施行、一九九五年育児・介護休業法へ改正）、男女共同参画社会基本法（一九九九年）など、性別役割分担の打破のためにさまざまな法律が制定されている。

4　性暴力との闘い――性的特質論の打破

「女性の権利は人権！」

一九九〇年、Human Rights Watch は、女性運動と人権運動の連携のもと、世界の女性の権利状況を調査しはじめた。レイプ、人身売買、貧困など女性の直面する問題が浮上し、「女性の権利は人権である」というスローガンが打ち出された。女性の人権とは、女性の身体の安全保障をめぐる問題であり、第二期女性運動によって提起されてきた。七〇年代初頭、中絶合法化は、広範な女性たちの要求として女性運動を一挙に高揚させた。望まない妊娠をした女性にとって安全な中絶という選択の保障は、生命にかかわる問題だった。また七〇年代半ばには、「殴打される女性の運動」が登場した。最初のシェルター（暴力を受けた女性の避難所）がイギリスで設置され、ドメステック・バイオレンスへの取り組みの第一歩となった（戒能民江編『ドメスティック・バイオレンス防止法』（尚学社、二〇〇一年）は、欧米諸国の動きをふまえて日本の流れを明らかにしている）。

ただし、女性差別撤廃条約は明確な対応規定をもたなかった。女性差別撤廃条約は、両性の平等を、性別役割論の打破という視点の導入によって、従来の形式的平等論から実質的なものへと転換させることを課題とした。「女子に対して男子との平等を基礎として人権……を享有することを保障すること」（第三条）である。

しかし女性の問題は、男性との比較において論じられるにとどまらない。中絶は、男性が経験することのない問題である。また売春をすることや、親密な関係で暴力を受けるのは多くの場合、女性である。「男子との平等を基礎とする」だけでなく、女性に固有の問題への取り組みが必要である。女性の身体の安全を脅かすもの、それが「性暴力」である。

性暴力の廃絶を

性暴力は、「男らしさ」として容認・奨励・放任されている。ここに、性的特質論とそれにもとづく「性の二重基準」の問題が浮上する。性的特質論は、積極的な男性と消極的な女性に二分する。ここから性行動について、男性は自由だが、女性は貞淑でなければならない、という性の二重基準が社会通念として固定化される。男性の積極性を認めることは、貞淑な女性と性的に奔放な女性の両方を必要不可欠とすることを意味する。したがって男性の放縦な性行動を容認することは、女性を貞淑な妻とふしだらな娼婦に分断し、女性自身の「自己定義力」を奪うものである。事実、望まない妊娠に直面する女性は、不道徳な女性だとみなされる。レイプの被害者は、落ち度がなかったかを追求される。売春女性は、「転落」というレッテルを貼られる。そして妻は、夫のレイプに耐えるべき存在とされている。近代家族像は、女性に性別役割を強制し、男性の性暴力を容認し、女性の身体の安全を放置している。

一九九三年のウィーン宣言は、「女性と少女の人権は不可譲、不可欠で不可分の普遍的人権である。……性別に基づく暴力並びにあらゆる形態のセクシャルハラスメント及び搾取は、人間個人の尊厳及び価値と矛盾するものであり、除去されなければならない」（世界人権会議ＮＧＯ連絡会編『ＮＧＯが創る世界の人権』（明石書店、一九九六年））と宣言した。これを受けて同年一二月、国連総会は「女性に対する暴力の廃絶に関する宣言」を採択した。

日本でも男女雇用機会均等法（一九九九年施行）は、職場の性的な言動に起因する問題について事業主に配慮義務を課した。同年「文部省におけるセクシュアル・ハラスメントの防止等に関する規定」が出ている。さらに二〇〇一年一〇月一三日から「配偶者からの暴力の防止及び被害者の保護に関する法律」が施行されている。女性のセクシャリテイと身体の安全保障を確立するため、性暴力の廃絶が憲法上の課題として浮上している。

5　日本国憲法における女性の権利

一四条と二四条

日本国憲法は、女性の権利を、二重の意味で憲法上の重要な課題とみなしている。一つは、一四条で法の下の平等として性差別を明示的に禁止している。これは女性参政権など、男性との比較における平等保障を憲法上の要請としている。さらに、いま一つ、女性の権利保障として、特定の家族像からの解放を要請する二四条がある。

日本国憲法は、大日本帝国憲法の「臣民」を「個人」へと転換させた。この転換は「すべて国民は、個人として尊重される」（一三条）と宣言されている。そして個人の尊重の具体化として、二四条は「個人の尊厳と両性の本質的平等に立脚」した家族関係の樹立を要請する。なぜなら「臣民」は、天皇の与えた「憲法ニ対シ永遠ニ従順ノ義務ヲ負フヘシ」（大日本帝国憲法告文）とされ、具体的には教育勅語にもとづく皇民化教育と明治民法の規定する「家」制度によって育成されたからである。

したがって二四条は「家」制度廃止の規定である。と同時に二四条は「家」制度廃止にとどまらず、特定の家族像からの解放を要請している。というのも二四条は、ワイマール憲法と異なり、家族保護条項ではないからである。家族関係が個人の尊厳と両性の平等を保障するものとなっているか、つねにチェックすることを要請している。これは「ジェンダーに敏感な視点」を憲法上の要請とする根拠規定である（若尾典子「女性の人権――ジェンダーに敏感な視点からの判例分析」公法研究六一号（一九九九年））。

とくに夫への妻の服従を要請する近代家族像は、二四条の「夫婦が同等の権利を有する」要請に違反する。事実、日本国憲法制定を受けて改正された日本の家族法（民法の親族・相続篇）は、近代家族像を否定した。たとえば結婚姓は、「夫の姓」ではなく、「夫又は妻」の姓の選択（民法七五〇条）を保障しており、結婚姓における夫権の象徴的機能が、ひとまずは否定されたといえる。二四条は、八〇年代に他の国々で進展する家族法改革を先取りしていた。その意味で、日本国憲法の画期的特質は、九条とともに二四条にある。近代家族像をも否定する二四条は、近代家族像を基礎づける「男らしさ」すなわち性暴力を否定しており、軍事力を否定する九条と連動している。

戦後日本における近代家族像の形成

ただし、憲法学において二四条は「近代家族像を公序とする」と理解されている。それは、戦後日本の家族関係形成の実態とかかわる。家族関係の形成は、法制度の変化とすぐには対応しない。現実の人々の意識や行動において、「家」制度は大きな影響をもちつづけた。そのため近代的市民階層として憲法・民法の研究者や裁判官は、「家」制度批判の基軸に近代家族像をおいた。また近代家族像は、日本企業の労務管理としても重視された。さらに労働運動においても近代家族像は、男性労働者の賃上げ要求にとって適合的なものとみなされた。近代家族像は戦後日本において、一方で「家」制度批判として、他方で新たな労働者家族像として、高度経済成長を支える家族モデルとなった。

近代家族像の強制に対する女性の闘いは、戦後日本の各地で展開された。その一つとして、広島の女性による二つの裁判を検討したい。一つは、賃金の男女格差の是正を求めた裁判（差額賃金支払請求事件、広島地裁一九九六年八月七日判決）である。いま一つは、児童扶養手当の支給を認知によって打ち切った行政処分の取消しを求めた裁判（児童扶養手当受給資格喪失処分取消請求事件（広島事件）、広島地裁一九九九年三月三一日判決。広島高裁二〇〇〇年一一月一六日判決。最高裁二〇〇二年一月三一日判決）である。

6 男女同一労働同一賃金

後輩の男性社員が、私より高給取り！

Kさんは転職して一九八一年九月、自動車部品の組み立て工場に入社した。作業内容は男女ともまったく同一である。しかし賃金は、男女に格差があった。もちろん賃金の詳細は当初、不明だった。入社して四、五年後、自分より若い男性新入社員の賃金が自分より高いことを知る。男女賃金格差があるのではないか。Kさんは、八六年から九〇年まで唯一の女性の労働組合執行委員として、実態の解明に取り組んだ。そして八八年春、組合ははじめて会社に男女賃金格差の是正を申し入れる。この年、男性の平均賃金一六万二八一三円（平均年齢二九・五歳、平均勤務年数五・七年）に対し、女性の平均賃金一二万六九三八円（平均年齢三六・五歳、平均勤務年数五・六年）である。女性は平均年齢が高く平均勤務年数も変わらないのに、賃金は低い。しかし会社は是正することを拒否しつづけた。労働組合も消極的で、社内での解決は絶望的だった。九〇年、Kさんは裁判所に訴える。

「とくに中途採用者の初任給に重大な男女格差があります。……男性の場合主に年齢を考慮して初任給に幅を持たせているのに、女性は皆一律で一九歳女性の初任給が適用されます。そのため勤続八年四〇歳の私の基本給が、勤続一年二八歳の男性や勤続二年三〇歳の男性の基本給よりも低いのです。……私の場合、入社からの男性との基本給の差額が約三九四万円、これに一時金と時間外・休日勤務手当の差額をあわせると全部で五六八万円にもなります。計算してみてその金額の大きさに驚きました。初任給格差から生じた男性との差額ですから女性であるがゆえに損をしている金額です。五八六万円は私の年収の二年分以上にあたりますから、九年間働いて七年分の賃金しかもらっていないことになります」。

立証責任は会社側に

一九九六年Kさんは勝訴判決を得る。会社側は控訴したが、九八年、Kさんの全面的勝利で和解した。Kさんの裁判は、第一に、男女賃金格差の合理性の立証は、原則として事業主にある、という判決を引き出した。賃金の実態、とりわけ中小企業の中途採用者となると、労働者側にはほとんどわからない。Kさんは提訴後もコツコツ調査を続け、職場の人たちに個々に給料明細を出してもらい、ようやくその実態を把握するようになった。

地裁判決はいう。「一般に、男女間に賃金格差がある場合、労働者側でそれが女子であることを理由としてなされたことを立証するのは実際上容易でないから、公平の観点から、男女賃金格差がある場合には、使用者側でそれが合理的理由に基づくものであることを立証できない限り、……格差は女子であることを理由としてなされた不合理な差別であると推認するのが相当である」、と。

近代家族像とは?

第二に、会社側の賃金格差に対する態度である。会社側は裁判になると突然、「素人工」と「経験工」の区分による賃金格差であり、性別によるものではないと主張した。裁判所は、会社の主張を矛盾も多く採用できないと退けている。実際に会社側は、労使交渉の場で男女賃金格差をはっきりと認めていた。「女性の賃金が低いのは家計の補助であるという従来の考え方のなごりである。しかし、世間一般の現在の水準がそうである。……それに残業時間制限など女性の保護規定がある現在の労働基準法がある限り是正しない」、と。性別役割分担論は、現実に女性の賃金を切り下げる役割を果たしている。

第三に、労働組合の執行委員も性別役割論には、それほど抵抗感がなかった。男女賃金格差の是正は、執行委員唯一の女性であるKさんだけでなく、提訴直前の夏には、職場の女性組合員一七名全員の署名によっても要求されていた。しかしKさん以外の男性執行委員は消極的だった。Kさんは、提訴が悪いという理由で労働組合の執行委員を解任されている。近代家族の長として男性は、会社側も労働組合側も近代家族像に共鳴しやすく、女性の権利確保の阻害要因となっている。

第四に、Kさんが提訴・勝訴できた背景には、職場の仲間の力がある。多くの女性が男性と同じように働いていること、男女賃金格差を不当だと考える職場の女性や男性が彼女の裁判を支援したことである。自動車部品の組み立てという仕事には、工場労働や家内労働という形で、女性も男性も従事している。しかし現実の女性たちの労働は、近代家族像によってみえにくくなっている。Kさんは女性労働の実態を、職場の仲間とともに裁判で明らかにし、近代家族像の幻想を打ち破り、女性の権利侵害にストップをかけた。

7　児童扶養手当についての裁判

手当が支給されない！

広島県M町に住むAさんは、一九九四年に出産して子どもとともに暮らすシングル・マザーである。多くのシングル・マザーと同様に生活は厳しい。それでも「父と生計を同じくしていない児童」への所得保障として児童扶養手当（以下、手当とする）が支給されており、生活の命綱となっていた。ところが九五年、広島県から手当の打ち切りが通告された。理由は同年、子どもの父親から認知を受けたためである。

手当法には、手当の支給は「父と生計を同じくしていない児童が育成される家庭の生活の安定と自律の促進に寄与するため……児童の福祉の増進を図ることを目的と」（一条）すると規定されている。

この場合の「父」には、母の妊娠時において、①法律婚をしていた場合だけでなく、②「母と事実上婚姻関係と同様の事情にあった者」の場合を含むとされ、法律婚・事実婚は問われない。しかしAさんは、妊娠時に結婚生活をしておらず、①②いずれにも該当しなかった。非婚の母である。もちろん、父と生計を同じくしていないため、児童が経済的に厳しい状況におかれていることは、法律婚・事実婚だった母子家庭と変わらない。したがって手当法に「準ずる状態にある児童」として、手当法施行令一条の二第三号が支給を認めている。

「母が婚姻（婚姻の届出はしていないが事実上婚姻関係と同様の事情にある場合を含む。）によらないで懐胎した児童（父から認知された児童を除く。）」

問題は、前記第三号本文の最後に加えられた（ ）の部分（以下、かっこ書という）である。かっこ書は、一九九八年の改正によって削除された。しかしAさんは改正前のため手当を、第三号本文にしたがい支給され、かっこ書によって打ち切られた。

非婚の母の訴え

Aさんは広島県に対し、かっこ書を「婚姻外の児童」に対する差別として提訴した。その理由は二点である。一つは、法律婚・事実婚を解消した児童と区別して、婚姻外の児童だけが認知によって手当を打ち切られる。これは、子どもを出生において差別しており、違憲である。いま一つは、認知請求権の侵害である。離婚した母子家庭の場合、父から養育費が支払われても、手当は支給される。ところが婚姻外の児童は、認知されたというだけで、養育費の問題と無関係に手当が打ち切られる。子どもの権利である認知を受けることが、抑制される。

この裁判は、地裁で敗訴、高裁では違憲判決によって勝訴、と裁判所の判断が分かれた。また同様の提訴が奈良の女性によってもなされ、この場合は地裁で勝訴、高裁で敗訴と、やはり分かれた。両者ともに最高裁に上告され、二〇〇二年一月、最高裁判決はかっこ書を違法と判断した。

最高裁判決は、児童扶養手当法の趣旨を、世帯の生計維持者としての父による現実の扶養が期待できない児童を支給対象とするものとした。したがって第三号本文は、法の委任の趣旨に合致する。しかし、かっこ書は、認知が法律上の父を明らかにするにすぎず、それにより支給対象となる児童の状態に変化がないにもかかわらず、支給を打ち切るものであり、法の委任の範囲を逸脱した違法な規定である、と。

かっこ書は、当事者にしかわからないような、ごく目立たない規定である。しかも当事者は、非婚の母であり、その事情を声にすることは困難である。それでも最高裁判決は、かっこ書の違法性は明白で憲法判断するまでもない、とした。なによりすでに一九九八年には、改正・削除されている。これほど明白に違法な規定が、なぜ制定され、当事者がギリギリの思いで提訴するまで、なぜ放置され、しかも裁判所の判断が正反対の結論になるほど、なぜゆれたのか。

「未婚の母」像

政府は、非婚の母について「未婚の母」という用語で、すでに一九八五年の児童扶養手当法改正の準備段階で問題にしていた。『未婚の母』とは、結婚をしないで子どもを作った女性のことですが、このような女性には、実際には、夫なり、子の父親に当たる人がおられる場合が多いので、……受給をご遠慮いただくこととしたのです。……いわゆるおめかけさんまで税金による手当が受けられることについて、これまでいろいろ批判もありました」(厚生省「児童扶養手当法の改正について」一九八四年)、と。未婚の母を「おめかけさん」と同視する政府の方針は、国会で否定された。それでも「未婚の母」を受給対象から除外することにこだわった政府は、かっこ書という形で、認知による手当打ち切りを制度化した。

政府の「未婚の母」像には、違憲判断を示した広島高裁判決も言及している。裁判において広島県側は、かっこ書を正当とする見解の一つとして、認知によって児童の生活環境が好転すると主張した。これに対し広島高裁判決は、いう。「旧民法の時代には父が認知すると『庶子』となり、父の認知の無い『私生児』とは社会的評価にも民法上の権利義務にも大きな違いがあったから文字どおり『事情の好転』とみてよい状況にあったともいえるが、現行法では認知は単に法律上の父子関係の成立要件に過ぎず、父としての責任を果たすことを認める行為とは必ずしも結びつかない」と。

特定の家族像と「父」の存在

政府のいう「未婚の母」像は、明治民法の「家」制度に依拠していた。明治民法は、妾の法的地位を表面的には否定した。しかし妻以外の女性の子は、父の認知によって「庶子」となり、家督相続人における一定の地位が認められており、実質的には妾の存在を想定していた。「家」制度は、子どもを「嫡出子・庶子・私生児」の三類型に区別・差別したが、それは子の母である女性を「妻・妾・ゆきずりの女」として差別するものだった。この「家」観念が、かっこ書を登場させた。

しかも非婚の母への差別感は、戦後の近代家族像の形成過程において増幅された。非婚の母とは、法的であれ事実上であれ、結婚関係すなわち男性との共同生活をしない女性である。そのような女性の存在は、結婚・家族における男性支配を揺さぶる。というのも共同生活という事実によって、男性は、女性の妊娠をコントロールし、結婚届に、「父」と「推定」させることができるからである。逆にいえば、近代法における「父」の不安定さが、非婚の母への差別をつくりだしている。「家」制度であれ、近代家族であれ、特定の家族像の強制は、女性の身体を支配する手段である。Aさんの提訴は、家族像の強制の問題を浮きぼりにしたといえよう。

〈参考文献〉

辻村みよ子『女性と人権』（日本評論社、一九九七年）：女性と人権に関する理論的論文集で、全体の問題状況を提示している。金城清子『ジェンダーの法律学』（有斐閣、二〇〇二年）：ジェンダーをめぐる法律学の新しい情報をわかりやすく説いている。角田由紀子『性差別と暴力』（有斐閣、二〇〇一年）：性差別・性暴力について、具体的な裁判をふまえて検討している。若尾典子『闇の中の女性の身体』（学陽書房、一九九七年）：女性の権利を家族像との関係から、日本の憲法史にそって検討している。ジュリスト『特集・ジェンダーと法』一二三七号（二〇〇三年）：ジェンダー法学の理論状況や政策課題についての最新の論文集である。

第9章　子どもと人権

1　子どもと人権

とうかさん、えびす講、フラワーフェスティバル……市民が集まる広島の祭りに、ここ数年間現れて物議をかもしている若者たちである暴走族、彼らを取り締まるために二〇〇二年四月一日に広島市の暴走族追放条例が施行された。罰則付きのこの条例は、そのなかに懲役も含むという点で全国でもはじめてのものであった。市民の生活への脅威、背後にからむ面倒見の支配など、この条例で解決されることが望まれる問題は大きいのであるが、同時に、禁止行為により表現の自由が必要以上に制約されていないか、子どもの保護という観点が抜け落ちていないか等、同条例が子どもに対してどのような影響があるのかも十分に考慮されなくてはならないだろう。

子どもと大人は能力も知能も異なる（子どもとは何歳以下のことをさすのか。子どもの権利条約の子どもは一八歳未満、児童福祉法の児童も一八歳未満、少年法の少年は二〇歳未満である）。しかし、そのことからただちに子どもが憲法で保障される人権の享有主体であると認められないという結論は導かれない。一九七〇年代以降、子どもの人権を争う裁判がみられるようになったが、これらの判決においても、子どもの人権享有主体性自体は否定されていない。しかし同時に、だからといって大人とまったく同じように子どもを考えればよいというものでもないだろう。子どもにはとくに配慮が必要とされる人権がある。子どもであっても人権を否定されないという面と、子どもならではとくに保障されなければならない人権があるという面、この両面について考えていこう。まずは、この問題の指針となる子どもの権利条約を概観して、次に日本における状況を考えていきたい。

子どもの権利条約

一九八九年に採択され翌年発効した子どもの権利条約は、二〇〇二年六月現在一九一カ国が批准しており、国際人権条約のなかでも最多の批准国数を誇るものである。この前身は、二四年と五九年にだされた子どもの権利宣言であるが、それらでうたわれているのは、子どもには適切な保護が与えられなければならないということであった。たとえば、五九年の宣言では、「子どもは身体的および精神的に未成熟であるため、その出生の前後において、適当な法的な保護を含む特別な保護および世話を必要とする」（前文）のであって、社会保障の利益や教育を受ける権利をもつことなどが述べられている。それに対して、子どもの権利条約は、そういった保護の側面だけでなく、意見を表明する権利（第一二条）、表現および情報の自由（第一三条）、思想・良心・宗教の自由（第一四条）、結社および集会の自由（第一五条）といった市民的自由の保障も盛り込まれ、子どもが個人としても尊重されることが明確にされた。この変化は、起草過程に途中から加わったアメリカの影響であり、その背景は、六〇年代の後半、アメリカの国内で家庭の崩壊という現象がみられるようになって、保護主義だけでは子どもを守ることはできないという考え方が生まれてきたことによるといわれている（森田明「児童の権利条約の歴史的背景―〈保護から自立へ〉の意味―」石川稔・森田明編『児童の権利条約―その内容・課題と対応―』〔一粒社、一九九五年〕四―一九頁参照）。

さて、しかしながら、子どもの権利条約も、子どもは保護が必要な存在であるということを忘れ去ったわけではない。子どもに必要なさまざまな保護を定めた規定も、宣言よりいっそう強化されて盛り込まれている。麻薬・向精神薬からの保護（第三三条）、性的搾取からの保護（第三四条）、誘拐・取引の禁止（第三五条）、武力紛争からの保護（第三八条）等である。また、最近は、選択議定書として、「子どもの売買、子ども売買春および子どもポルノグラフィーに関する子どもの権利条約の選択議定書」（二〇〇二年一月発効）および「武力紛争への子どもの関与に関する子どもの権利条約の選択議定書」（二〇〇一年二月発効）が採択されている。

市民的自由——学校における子どもの人権

では、日本国内では、この二つの側面はどのように考えられているであろうか。

まず、子どもも一人の個人として、とくに市民的自由が保障されなくてはならないという面であるが、これに関しては、先に述べた子どもの人権に関して争われた裁判例をみてみよう。裁判闘争のさきがけとなった「麹町中学校内申書事件」では、地裁判決（東京地判一九七九年三月二八日判時九二一号一八頁）が、「公立中学校においても、生徒の思想、信条の自由は最大限に保障されるべきであって、生徒の思想、信条のいかんによって生徒を分類評定することは違法なものというべきである」と述べ、原告の請求を基本的に認めたのであるが、最高裁判決（最判一九八八年七月一五日判時一二八七号六五頁）では、内申書の記載は「上告人の思想、信条そのものを記載したものでない」こと、また、「生徒会規則において生徒の校内における文書の配布を学校当局の許可にかからしめ、その許可のない文書の配布を禁止することは、……憲法二一条に違反するものではない」というように、生徒の人権に対しての配慮が欠ける見解が述べられている。また、校則に関して争われたいくつかの裁判のなかで、修徳高校パーマ事件では、地裁判決（東京地判一九九一年六月二一日裁判集民事一七九号六二九頁）が、憲法の私人間効力に関して間接適用の立場をとり「私立学校は、現行法制上、公教育の一翼を担う重要な役割を果たし、その公的役割にかんがみて国または地方公共団体から財政的な補助を受けているのであるから、一般条項である民法一条、同法九〇条に照らして同校の校則の効力を判断するさいに、憲法の趣旨は私人間においても保護されるべき法益を示すものとして尊重されなければならない」と述べ、具体的な条項として一三条について、「個人が頭髪について髪形を自由に決定しうる権利は、……憲法一三条により保障されていると解される」と述べていたのに対し、最高裁判決（最判一九九六年七月一八日判タ九三六号二〇一頁）は、このように、憲法の趣旨を踏まえたうえでの民法の解釈を行うことなく、校則を「社会通念上不合理なものとはいえ」ないとして、校則が合法であることを結論づけてしまっている。このように、残念ながら、裁判例をみてみても、子どもの市民的自由が、とくに学校生活において十分に保護されているとはいいがたい現状である（永井憲一『教育法学』（エイデル研究所、一九九三年）一五一頁参照）。

子どもの保護

次に、子どもに対しての特別の保護の側面をみていきたいが、これに関してはいくつかの法制度があるので、それらをみていこう。まず、日本国憲法の成立から間もなくの一九四七年一二月に制定された「児童福祉法」がある。同法には、憲法二五条の生存権を子どもに保障するために、国民、国および地方公共団体の負う責任が規定されている。すべての児童を対象として作られた総合的基本法であるが、特定の保護を必要とするそれぞれの状況に対応する規定が盛り込まれている。たとえば、心身障害児に対する援助・保護の措置（二一条の一〇）、保育に欠ける児童に対しての保育所入所（二四条）、保護者のない児童または保護者に監護させることが不適当であると認める児童に対する措置（二五条等）、保護者により虐待を受けている児童に対する措置（二八条）などである。しかしながら、これらが、子どもの側からの「保護を受ける権利」として書かれていないことは、子どもの権利条約と異なるところである（桑原洋子・田村和之編『実務注釈　児童福祉法』（信山社、一九九八年）三四—三五頁参照）。これらのなかの、虐待からの保護という面においては、二〇〇〇年に「児童虐待の防止等に関する法律」（児童虐待防止法）が制定されて、虐待の定義や虐待の禁止、国および地方公共団体の責務、虐待児童発見の際の通告義務等について規定されることになったが、罰則規定は設けられていない。また、子どもを性的搾取および性的虐待から保護するために、一九九九年には、「児童買春、児童ポルノに係る行為等の処罰及び児童の保護等に関する法律」が制定され、これらの行為が処罰されることが定められている。

少年法の考え方

他方で、罪を犯した子どもの処遇の仕方というものも、また、子どもの保護を考える際に重要な点である。成人の場合であったら、刑法という法律が、何が罪にあたるのか、そして、その罪にはどのような刑罰が与えられるのかを規定しており、それを具体的な事件において認定し適用していくのが刑事裁判の過程である。それに対して、刑法の特別法である少年法は、「非行のある少年に対して性格の矯正および環境の調整に関する保護処分を行う」ことが目的とされており、犯した罪に対して刑罰を決定していくことが目的なのではない（非行少年とは次の三種類が規定されている。①罪を犯した少年、②一四歳に満たないで刑罰法令に触れる行為をした少年、③次にあげる事由があって、その性格または環境に照らして、将来、罪を犯し、または刑罰法規に触れる行為をする虞のある少年。イ　保護者の正当な監督に服しない性癖のあること、ロ　正当の理由がなく家庭に寄り附かないこと、ハ　犯罪性のある人若しくは不道徳な人と交際し、又はいかがわしい場所に出入りすること、二　自己又は他人の徳性を害する行為をする性癖のあること（三条））。ここでは、子どもが罪を犯すということは、子どもに対する何らかの保護が欠けているからだと考え、その子どもに必要な保護を与えることによって、可逆性に富む子どもの育成をしていくことの実現がめざされているのである。したがって、保護事件を付すところである家庭裁判所の審判というのは、普通裁判所とは異なり、非行少年と裁判官が向き合ってあらゆる情報を元にその子どもに必要な措置を決定していく過程なのである。措置には、保護観察、少年院送致、教護院等送致などがあるが、罪の重大性と措置の厳しさが比例するとも限らず、あくまでもその子どもが必要としている保護は何かという観点で決定されていくのである。しかし、そのような目的にそってきちんと少年法が運用されてきたのかという点に関しては、疑問がある。二〇〇〇年には少年法「改正」が行われて、検察官への逆送（二〇条）、家庭裁判所における検察官の関与（二二条の二）などの点における厳罰化、すなわち一定の部分における成人の刑事手続の採用が行われた。しかし、厳罰化によって、少年の健全な育成が保障されるわけではなく、少年法が機能していないというのなら、やはり、必要な保護が本当にされているのかという点をこそ問いただすべきである。たとえば、少年院では、初等少年院には一四歳以上おおむね一六歳未満、中等少年院にはおおむね一六歳以上二〇歳未満、特別少年院には一六歳以上二三歳未満の少年が収容できるという規定（少年院法二条）があり、裁判所による送致の決定を受けたら、右の範囲においてそれぞれの少年に必要なだけの期間、行政が矯正教育を受けさせることができるのであるが、現実には判で押したように一年一カ月で出てくるといわれている（新保信長・伊藤芳朗『少年法（やわらかめ）』（アスペクト、二〇〇一年）二一一頁）。収容されている子ども一人ひとりに対して必要な保護がされているのか疑わしい。

2　教育権

ところで、憲法二六条が定める教育権も、子どもにとってはとくに保障されなくてはならない権利である。さらに、それは一人ひとりの子どものための教育でなくてはならない。そのような観点から、同条に関してもここで考えておこう。

戦後の教育改革

日本の教育行政のはじまりは、明治四年（一八七一年）に文部省が設置され、翌年学制が公布された時であるが、当初は、教育は個人主義的・功利主義的な観点からとらえられており、「国家の為にす」るものではなかった。一八七九年に出された教育令は地方分権と人民自治を基調としていて、自由教育令とよばれていた。しかし、一八八〇年には教育令が改正され、文部省を中心とする中央集権的な体制が整えられ、「普通教育ハ其国運ニ関スル最大ナルカ故ニ」「普通教育ノ干渉ヲ以テ政府ノ務メト」（教育令改正ヲ上奏スルノ議）する、という国家主義的な教育という考え方に変わっていった。一八九〇年には天皇により教育勅語が発布され、その後も教育に関しては勅令主義がとられていた。戦争の影が濃くなるとともに文部省は思想統制の役割を担うようになり、一九二九年には学生生徒の思想の調査指導のために学生部がおかれ、それは三四年には思想局、四一年には国体の本義にもとづく教学の刷新振興に関する事務を掌る教学局へと拡充された。一九四二年には戦争に対する体制を整えるための文部省全面改革が行われ、四四年には学徒動員本部も設けられるようになった。明治憲法の下では、このような体制の下で、天皇、すなわち国家が定めた内容の教育を受けるという臣民の義務があったのである。

他方、日本国憲法で規定されたのは、国民の教育を受ける権利（二六条一項）であり、国民のなかでもとくに子どもの教育を受ける権利を保障するために、保護者に対してその保護する子どもに普通教育を受けさせる義務（同条二項）を規定することになった。教育に関する基本理念は、一九四七年に公布された教育基本法によって示され、その第一〇条は、教育行政が行われるにあたっては、教育が不当な支配に服することのないようにしなければならず、その自覚のもとに、教育の目的を遂行するのに必要な諸条件の整備確立を目標として行われなければならないことが述べられている。文部省は廃止論も出たが、結局残され四九年の文部省設置法で非権力的な行政事務を行う機関として新たに出直すことになった。また、地方自治が取り入れられた憲法の下で、教育行政も中央集権的なものから地方分権的なものへと変えるために、四八年に誕生した地方教育委員会の委員は住民の直接選挙によって選ばれるものとされた（戦前戦後の教育行政に関して、平原春好『教育行政学』（東京大学出版会、二〇〇〇年）参照）。

しかしながら、そのような戦後の改革の動きは、まもなく頓挫することになる。一九五二年の設置法改正により文部省は権限を拡大し、また、五六年の地方教育行政法（地方教育行政の組織及び運営に関する法律）で、教育委員会は公選制から首長の任命制のものとなり、また、予算編成権も廃止されることになった。さらに教育委員会の事務局の長でもある教育長の任命に関しては、都道府県教育長の場合は文部省の、市町村教育長の場合は都道府県教育委員会の承認がそれぞれ必要とされるようになった（一九九五年の地方分権推進法でこの制度は廃止された）。このように再び中央集権的な体制へと向かっていった変化は、組織的な面だけではなかった。当初は教師の指導書・手引書であるという位置づけで作られていた学習指導要領は、五八年以降文部省告示として出され、法的拘束力をともなうものであると説明されるようになり（永井憲一・前掲『教育法学』一一五頁参照）、また、一九六一年から六四年までは全国一斉学力テストが導入された。

教育内容決定権

　このような状況のなかで、行政機関の教育内容への介入の当否およびその限界をめぐる問題が教育界および法学界で争われたが、司法の場においては、教科書検定が憲法二六条および教育基本法一〇条に違反しないかということが争われた家永教科書裁判の二つの地裁判決で、両極端な考え方が示された。すなわち杉本判決（第二次訴訟、東京地判一九七〇年七月一七日判時六〇四号）が、「子どもの教育を受ける権利に対応して子どもを教育する責務をになうのは親を中心として国民全体であ」り、国家はこの国民の教育責務の遂行を助成するために責任を負い、「その責任を果たすために国家に与えられる権能は、教育内容に対する介入を必然的に要請するものではなく、教育を育成するための諸条件を整備することであると考えられ、国家が教育内容に介入することは基本的には許されないというべきである」と述べたのに対して、高津判決（第一次訴訟、東京地判一九七四年七月一六日判時七五一号）は、「議会制度の下では国民の総意は国家を通じて法律に反映されるから、国は法律に準拠して公教育を運営する責任と権能を有するというべきであり、その反面、国のみが国民全体に対し直接責任を負いうる立場にある」のであり、教育基本法第一〇条は「教育者や教育行政関係者の心構えを述べたにとどまり、これから直ちに法的効果が生ずるというものではない」と述べた。

　この「国家の教育権」、すなわち、国家は公教育における内容および方法についても広くこれを定めることができるという考え方も、「国民の教育の自由」という、国が原則として教育内容に対して介入権能をもたないという考え方も、いずれも極端かつ一方的であるとして拒絶したのが、前述の全国一斉学力テストに関して争われた旭川学力テスト事件最高裁判決（最判一九七六年五月二一日判時八一四号三三頁）である。同判決は、どちらの考え方も極端であるとして否定し、教師には「教授の具体的内容および方法につきある程度自由な裁量が認められなければならないという意味においては一定の範囲における教授の自由が保障される」こと、そして親には「子どもの教育に対する一定程度の支配権、すなわち子女の教育の自由を有する」こと、そして国は、それら以外の領域において「国政の一部として広く適切な教育政策を樹立、実現すべく、また、しうるものとして、憲法上はあるいは子ども自身の利益の擁護のため、あるいは子どもの成長に対する社会公共の利益と関心にこたえるため、必要かつ相当と認められる範囲において教育内容についてもこれを決定する権能を有する」と述べた。

チャータースクールの可能性

前記最高裁判決は、親の教育の自由があらわれる局面として、家庭教育や学校選択の自由ということに言及していたが、国民の教育の自由をより積極的に実現するために参考になるものとして、アメリカのチャータースクールという制度がある。アメリカの場合、州ごとに詳細は異なるのであるが、それはおおむね次のような特徴を備えている。まず、誰でも創設することができ、ほとんどの州および地方の諸規則の適用を免除されているが、教育委員会によって認可されて公費で運営される公立学校である。教育目標や教育課程、教員採用等を自由に決定できるのであるが、公立学校として生徒の入学は公平に選抜しなくてはならず、健康、安全、市民権などの法令には従わなければならない。そして、教育の成果をあげられなければ閉校等の措置を受ける。日本では久しく不登校の生徒の存在が問題になっており、そういった子どものニーズにしたがって各地でフリースクールができている。しかし、文部科学省が認可をする学校を作ることは、学校教育法、学校教育法施行規則、小学校設置基準省令等で定められた基準をすべて満たさなければならず、大変困難なことであり、また、私立学校を運営していくことも容易ではない。しかしながら、多様な教育・学校に対するニーズは表にあらわれている不登校児童の数が示すよりももっと格段に大きいであろう。親を中心とした国民の側が学校を作るというのは究極的な国民の教育の自由の体現であろう。ただし、そのためには、国民がもっとこういった活動に参加できる状況が不可欠である。たとえば、アメリカのあるチャータースクールでは、保護者に対して月一回のレクチャー、月八時間、年間五〇時間の学校サポート活動（授業のアシスタントやコンピューター入力作業など）が義務づけられているという（天野一哉『子供が「個立」できる学校日米チャータースクールの挑戦・最新事情』（角川書店、二〇〇一年））。親の意識と社会のあり方の変化なしには実現できないものである。日本の各政党や文部省も現在研究を進めているようであるが、そういった視点も含めた制度の保障（たとえば、学校サポート活動への参加を理由とした休業を促進させるなど）なしにはうまくはいかないであろう。

第10章 「日の丸」「君が代」問題とヒロシマ

1 「日の丸」「君が代」問題とヒロシマ——広島県立世羅高校長事件

一九九九年二月二八日、広島県立世羅高校の校長が自殺した。同校の卒業式の前日であった。同校で何があったのであろうか。

世羅高校だけでなく、広島県内の公立高校では、三月一日の卒業式が近づくにつれて、校長と教職員（組合）とが厳しく対立していた。というのは、二月二三日に広島県教育委員会教育長が各高校長に対して「卒業式、入学式において学習指導要領にもとづき、国歌を斉唱し、国旗を掲揚することを指示します」との職務命令を出し、さらに「国旗・国歌実施状況報告書」の提出を義務づけ、国旗の掲揚場所・方法、掲揚しなかった場合の理由、国歌の演奏方法・斉唱の状況、式当日の生徒の状況、妨害行為の詳細などを報告するよう求めた。この教育長の命令・指示にもとづき国旗掲揚と国歌斉唱を行おうとする校長とこれに反対する教職員（組合）が激しく反目する学校が多数みられた。世羅高校も同様であり、二月二五日の職員会議では「今回は『君が代』斉唱を見送る」と決定したが、二七日夜に校長と教頭は教職員組合役員と会談し、再検討を話し合ったが、結論は変わらなかった。こうして、緊張が頂点に達しようとしていたなかで校長は自殺した。

広島県内の学校では、それまで必ずしも卒業式で国旗（日の丸）掲揚、国歌（君が代）斉唱を行う習慣はなかった。日の丸、君が代は先の戦争につながるイメージがあり、県民感情にしっくりしないという事情を背景にした教職員組合などによる強い反対があったためである。ところが、文部省（当時）は、一九八九年に小・中・高等学校学習指導要領を改正し、「特別活動」の部分に「入学式や卒業式などにおいては……国旗を掲揚するとともに、国歌を斉唱するよう指導するものとする」という叙述を入れた。この改正以前の学習指導要領は、「国民の祝日などにおいて儀式などを行う場合には……国旗を掲揚し、国歌を齊唱させることが望ましい」という叙述であったから、改正学習指導要領は、国旗（日の丸）掲揚、国歌（君が代）斉唱について学校に対する義務づけを格段に強化したことになる。この改正部分は一九九〇年度から実施された。したがって、この問題は、すでに九一年三月の卒業式にあたり表面化していたが、その時は広島県教委と県高教組との間の話合いが十分進展していなかったため、国旗（日の丸）掲揚・国歌（君が代）斉唱を行わなかった学校も多く、県内の学校は必ずしも統一的な行動をとったわけでなかった。その翌年の三月一日の卒業式の様子を伝える一九九二年三月二日付けの『中国新聞』には、「日の丸の掲揚は九九％、君が代斉唱二七・五％」と題する次のような記事が載っている。「一日あった県内の公立高校の卒業式で、日の丸掲揚率が九九％になった。昨年末、県立高校について県高校長協会と県高教組が合意した『三脚方式による掲揚』を背景に、式での混乱はなかった。君が代を斉唱した学校は昨年並みだった」。国旗（日の丸）掲揚は定着したが、国歌（君が代）斉唱は四分の三近くの学校が未実施ということである。前述の広島県教育長の職務命令は、国歌（君が代）斉唱の「完全実施」をめざしたものであった。

2　日の丸・君が代と国旗・国歌

学校に対する日の丸・君が代の義務づけ問題の根底には、はたしてそれが国旗・国歌かという問題があった。国旗とは「国のしるしとする旗」「国家を象徴する旗」、国歌とは「国家的祭典や国際的行事で、国民および国家を代表するものとして歌われる歌」（『広辞苑』）である。このような国旗、国歌を憲法や法律で定めている国は多いが、日本には、憲法はもちろん法律にも国旗、国歌に関する定めはなかった（戦前においても明示的な法規定はなかった）。

日の丸、君が代が日本国の国旗、国歌であるかどうかに関しては、いろいろの見解があった。これを否定する見解は、日の丸には侵略戦争のイメージが付きまとい、平和主義に徹する日本国憲法のもとでの国旗にふさわしいとはいえない、君が代は、その歌詞から明らかなように、天皇制を賛美する歌であり、国民主権原理を採用する日本国憲法のもとでの国歌にふさわしくない、というものである。日の丸、君が代に対してこのような考え方ないし感情を持っている国民は少なくなかった。

政府は日の丸、君が代が国旗、国歌であるのは慣習法になっているという見解をとっていた。慣習法とは社会に形成されている事実としての慣習を基礎として成立する法であり、法例二条はその存在を承認する。慣習法が成立するには、慣習について法規範意識・法的確信が存在することなどが必要であるとされるが、日の丸、君が代が日本国憲法と両立するのかどうか問題があるうえ、それが国旗、国歌であるという法規範意識が広範な国民のなかにあるともいえなかった。したがって、日の丸、君が代を慣習法上国旗、国歌であるとする見解には、法学の見地から強い疑問が出されていた。

3 国旗・国歌法の制定

世羅高校長事件の直後の一九九九年三月二日、日の丸・君が代の法的根拠がないことが教育現場で混乱が起きている原因であるとみて、小渕恵三首相は国旗・国歌の法制化の検討を指示した。そして、同年六月一一日、「国旗及び国歌に関する法律案」が国会に上程された。この法案は、第一条で「国旗は、日章旗とする」、第二条で「国歌は、君が代とする」と規定するほか、別記第一で「日章旗の制式」、別記第二で「君が代の歌詞及び楽曲」を定めるだけの短いものであった。

同法案の国会審議において、政府は、君が代の「君」は天皇、「代」は国をさす、法制化しても国民に国旗の掲揚等を義務づけはしない、学校におけるこれまでの国旗・国歌の指導に関する取扱いを変えるものではない、などと説明した。審議の過程でもっとも関心をよんだことは、法制化により教育現場や社会において強制、義務化されるのではないか、という問題であった。このような疑問を残したまま、国旗・国歌法は八月九日に成立し、一三日より施行された。

4 国旗・国歌法と思想・良心の自由

憲法一九条は「思想及び良心の自由は、これを侵してはならない」と規定し、思想・良心の自由を保障する。この条文は、思想、信条、世界観、価値観など人間の内面的な精神活動の自由(内心の自由)を保障しようとするものである。言い換えれば、国家は人間の精神内面の営みに立ち入ってはならず、思想や信条、価値観などに中立でなければならないことを意味する。

国旗・国歌の法制化により、国民に保障されている内心の自由が侵害される危険はないかという危惧が指摘されている。前述のように、日の丸・君が代についてはさまざまな考え方があり、これを国旗・国歌として尊重すること、敬意を表すこと、斉唱を強制することなどは、個人の価値観に介入し、内心の自由を侵害するものである。

アメリカでの国旗敬礼強制と国旗損傷処罰に関する裁判事件が、日本での問題を考えるうえで参考になるだろう。前者の事例としてバーネット事件（一九四三年）が有名である。宗教上の理由から国旗への敬礼と忠誠宣誓を拒否した生徒が公立学校から退学させられた事件であるが、連邦最高裁はこれを内心の自由の保障に違反するとした。また、連邦最高裁は星条旗の焼却行為は連邦憲法により保護される言論の自由の範囲内にあるとした（一九八九年）。以上のように、アメリカでは国旗への敬礼強制や国旗損傷の処罰は、憲法の思想・信教の自由、言論の自由の保障に違反し、許されないとの考え方が定着している（以上につき、堀尾輝久・右崎正博・山田敬男『日の丸・君が代」と「内心の自由」』（新日本出版社、二〇〇〇年）参照）。

国旗・国歌法の制定後、国旗・国歌はどう扱われているだろうか。報道されたところからいくつかの問題事象を紹介しよう。君が代斉唱について「教師と児童・生徒には歌わない自由はない」と高松市議会において同市教育長が答弁した（一九九九年九月一六日）。広警察署（広島県呉市）警備課警察官が公立小中学校の運動会における国旗掲揚・国歌斉唱の状況を調査した（九九年九月下旬）。東広島市立高屋中学校卒業式の国歌斉唱の際に着席した卒業生を同校は呼び出し、調査した（二〇〇〇年三月）。広島県安浦町長は町立安浦中学校の卒業生と在校生の全員へ「みなさんは国旗掲揚と国歌斉唱を護る義務がある」旨の手紙および同町立小中学校の全教職員へ「日の丸を掲げて君が代を斉唱する義務がある、法律を守れないならば辞めるべきである」旨の手紙を送付した（二〇〇〇年三・四月）。卒業式、入学式で国歌斉唱をしなかった府中市（広島県）の全市立小中学校長に対して広島県教委は懲戒処分を行った（同年七月）。卒業式の国歌斉唱の際に起立しなかった教職員に対して広島県教委は訓告処分を行った（二〇〇一年三月。同様の行為について、翌年より正規の懲戒処分である戒告が行われている）。

二〇〇三年三月一日、広島県内の公立高校の卒業式が行われた。「県教委が強く指導を進めている日の丸の正面掲揚と君が代斉唱」については完全実施となったという（『朝日新聞』二〇〇三年三月二日付広島版）。「トラブル」は伝えられていない。

5　国旗・国歌と学習指導要領

広島県教委の指導第二課長は「国旗と国歌の指導は学習指導要領に従っている。国民として国旗と国歌を尊重する心を育成するのが、公教育の役割。内心の自由を侵すことにはならないと考えている」と話している（前掲『朝日新聞』）。ここで述べられている学習指導要領とはなんであろうか。学習指導要領は、学校教育法施行規則にもとづき文部科学大臣が定める「教育課程の基準」であり、小学校、中学校、高等学校、盲学校・聾学校・養護学校および幼稚園（幼稚部、ただし「教育要領」と名づけられている）の各学校別に制定されている。それは、教育課程編成の方針、各教科や特別活動等の目標・内容および指導計画の作成の基準などにより構成されている。学習指導要領は、学校の教育課程編成の基準とされ、あるいは、文部科学大臣の教科書検定の基準とされている。

文部科学省によれば、学習指導要領は行政立法の一種であり、法的拘束力があるとされる。このように考えれば、国旗掲揚、国歌斉唱が学習指導要領により義務づけられている場合、学校や教師はこれに従わざるをえず、そうしなければ学習指導要領違反の違法行為をしたことになってしまう。なお、この立場にたっても、学校の児童生徒には学習指導要領に従う義務はないから、国旗・国歌にどのような態度をとるかはその自由にゆだねられている。

法学説の多くは、学習指導要領の法的拘束力の承認には否定的である。教育内容をどのようにするかは国民と教師の決定（教育の自由）にゆだねられるべきであり、国家（文部科学大臣）は教育内容を決定できない、というのがその理由である。この立場にたてば、学習指導要領に法的拘束力は認められず、教育行政による教育内容に対する指導助言の基準の性格を有するものであるということになる。このように考えれば、たとえ学習指導要領に国旗掲揚、国歌の斉唱指導が定められていても、それは学校や教師に対する法的な義務づけでないことになる。

いかに学習指導要領に定められているといっても、教師や児童生徒の思想・良心（内心）の自由を侵害するような国旗・国歌の強制は許されない。卒業式などでの起立や歌唱の強制は、思想・良心に反する行為の強制にあたる。国歌斉唱の際の不起立・不歌唱を調べあげ、これを罰することも同様である。一般論として公務員・教職員は法令に従う義務を負っているが、公務員・教職員も思想・良心の自由を享有するのであり、これに反するような法令服従まで求められているわけではない。

第11章 報道の自由と人権

1 表現の自由の意義

表現の自由の価値

表現の自由が有するさまざまな価値のなかで、最も重要なものは民主政治への貢献であろう。民主主義社会では、国民が政治に参加するにあたり、表現の自由が不可欠の権利となるからである（民主政過程論または自己統治論）。そのため、表現の自由は、経済的自由権に比べ「優越的地位」にあり、厳格な司法審査が要求される。

憲法二一条一項は、「言論、出版その他一切の表現の自由」を保障する。思想・見解の表明にとどまらず、芸術的表現や事実の報道もそこに含まれる。ただし、表現活動は内心の自由と異なり、他の法益と衝突する場合があり、一定の制約を受ける。たとえば、最高裁は、チャタレー夫人の恋人事件において、わいせつ出版物の規制（刑法一七五条）が表現の自由に違反しないとする（最大判一九五七年三月一三日刑集一一巻三号九九七頁）。

報道の自由と「知る権利」

報道の自由は、明文で規定されていない。学説・判例は、報道機関の報道の自由を憲法二一条から導いている。報道の自由とは、報道機関が事実の報道を行うにあたり、公権力から制限を受けないことをいう。その根拠は、国民の「知る権利」に求められる。博多駅事件最高裁決定（最大決一九六九年一一月二六日刑集二三巻一一号一四九〇頁）は、報道の自由と「知る権利」の関係を次のように明らかにした。

「報道機関の報道は、民主主義社会において、国民が国政に関与するにつき、重要な判断の資料を提供し、国民の『知る権利』に奉仕するものである。したがって、思想の表明の自由とならんで、事実の報道の自由は、表現の自由を規定した憲法二一条の保障のもとにあることはいうまでもない」。また、報道が正しい内容をもつためには、取材の自由も十分尊重されるべきである、とされた。

沖縄密約電文事件（最高裁一九七八年五月三一日決定）では、国家機密と取材の自由が問題となり、取材活動が正当な範囲を超えると判断された。

2節以降では、現代のメディアが抱える問題と、その規制へ向けた最近の動きを探ってみたいと考える。

検閲の禁止と通信の秘密

憲法二一条二項前段は、検閲の禁止を定める。最高裁は、税関検閲事件（最大判一九八四年一二月一二日民集三八巻一二号一三〇九頁）において、関税定率法の「風俗を害すべき書籍、図画」の輸入禁止規定を合憲とした。そこで、はじめて「検閲」の概念が明らかとなった。まず、検閲は絶対的に禁止され、例外を認める余地はない。次に、主体につき、広く公権力ではなく行政権が行うものに限定した。これは、名誉・プライバシーを保護するために、司法権（裁判所）による事前差止めを命ずる余地を例外的に認める必要があったからである（北方ジャーナル事件、最大判一九八六年六月一一日民集四〇巻四号八七二頁）。

教科書検定訴訟において、最高裁は、文部大臣による教科書検定が検閲にあたらないと判断している（最高裁一九九三年三月一六日判決）。

憲法二一条二項後段は、通信の秘密を定める。一九九九年、組織犯罪への対応を名目に、通信傍受法が制定された。運用次第では、国民のプライバシーのみならず、メディアの取材活動への制約となることもありうるので、十分注意を要するであろう。

2　メディアの犯罪報道と報道被害

松本サリン事件

一九九四年六月二七日深夜発生した松本サリン事件は、七人の生命を奪い、六百人もの重軽傷者を出した。この事件の被害者でありながら、事件当初にはマスコミにより犯人のように報道され、警察から一年もの間被疑者として扱われた河野義行さんは、『「疑惑」は晴れようとも』（文芸春秋、一九九五年）を著し、自らの体験を詳細に綴っている。疑惑が晴れて後、彼が野中国家公安委員長（当時）と面会した時の様子は、テレビで広く国民に報道された。同著は、その面会時における彼の胸中を次のように描いている。

河野さんの鞄の中には二三日分の睡眠薬が入っていた。彼は、野中氏の前にぶちまけるために、松本から睡眠薬を持参したのだ。

「これがなんだかわかりますか。昨年、逮捕された場合に備えて、自白強要されても体が持つように毎日少しずつ貯めていたものです。こんなことを考えなければならないほど私は追いつめられたんです。わかって頂けますか」。

結局、彼は、思いのたけをぶつけることなく、この言葉を呑み込んだという。

報道被害への反省

その後、オウム真理教による犯行であることが明らかとなり、マスコミ各社は河野さんに謝罪した。河野さんが陥った事態は、冤罪への恐怖と報道被害による人権侵害の問題を浮き彫りにした。朝日新聞は、「河野義行さんにおわびする」社説を掲載し（一九九五年六月一四日）、事件当時を振り返りつつ、犯罪報道に対するメディアの姿勢を検証している。

事件当初、メディアが先入観を抱き、事実の裏づけをおろそかにして報道したことが、誤報のはじまりであった。河野さんの薬品の知識や所持といった不幸な偶然、報道が時間との戦いであるといった諸事情を割り引いても、事実の確認を怠った初期報道のあり方は、メディアの側に猛省を迫るものといえる。

さらに、捜査当局が彼を犯人扱いし、メディアがそれに追随したことも、深刻な報道被害を生む要因であった。河野さんが著作で指摘するように、捜査情報は夜回り取材によって、警察幹部や捜査員からもたらされることが多い。メディアの多くが、その際、裏情報として流される話を、独自の取材にもとづかずそのまま鵜呑みにして報道した。

熊井啓監督は、映画『日本の黒い夏——松本サリン事件』（二〇〇一年）のなかで、メディアの初期報道あり方や、安易な取材姿勢を問うている。

3　過剰取材と人権侵害

河野さんのケースは、典型的な誤報による報道被害であるが、過剰な取材にともなう被害の問題も広く一般に認識されてきた。世間を騒がせる重大事件が発生するたびに、多くのメディアが、連日のように事件現場に押し寄せ、容疑者や事件の背景をさぐり、被害者やその家族の様子を取材する。

一九九九年一二月、京都市内の小学校で児童が殺害された。この事件をめぐる取材被害を検証した貴重な記録がある（人権と報道の関西の会編『マスコミがやってきた！　取材・報道被害から地域を守る』（現代人文社、二〇〇一年）参照）。事件が校庭で白昼に発生し、神戸連続児童殺傷事件（一九九七年六月）を想起させたことから、マスコミの取材は激しさをきわめた。

京都児童殺害事件

その模様は、次のようである。事件直後から、何機もの取材ヘリが爆音をあげて上空を舞い、百台をこえる取材車両が小学校周辺を占拠し、取材記者の数は三百人を上回った、夕方から夜にかけてのニュースの時間帯には、各社の記者がライトに照らされて、現地レポートを行った、お通夜や葬儀にも、百人以上の記者やカメラが取材に押しかけた、等々。取材活動は、容疑者が自殺するまでのおよそ三カ月継続した（前掲『マスコミがやってきた！』一八—四四頁参照）。

過剰取材の問題点

過剰取材（メディア・スクラム）による被害として、いくつかの点を指摘できよう。交通妨害やエンジンのかけっぱなしなど、取材車両による地域の被害である。ヘリコプターによる上空からの取材は、事故の危険性をともない、住民の不安をあおる。京都の事件では、小中学生も取材対象となり、犯人探しが行われた。これは、子どもの心や地域に深刻な影響を与えずにはおかない。和歌山の毒入りカレー事件でも、連日の犯人探しの取材により、地域住民に与えた影響は大きかった。

写真や映像は、事件報道においては命である。特だね・特おちという業界用語や、視聴率争いにみられるように、報道機関の競争は激しい。メディアが時として、過剰報道や過剰取材に陥る背景に、このような競争の激しさがある。

だが、犯罪被害者の悲しみを強調する報道は、被害者の心情や人権への気配りを欠く。事件現場での子どもへのインタビューも、行き過ぎた取材や報道といえる。報道機関は、これらの点に配慮した取材に努めるべきであろう。

4　政治とメディア

政治とメディアの対立

表現の自由の重要な機能に、民主政治への貢献があることは既に述べた。メディアによる政治権力に対する批判の自由も、かかる脈絡で理解しなければならない。だが、近年、政治による「メディア規制」の動きが強まっており、わたしたちはその推移を注意深く見守る必要がある。

政治とメディアが対立した事件として、一九九三年七月の選挙報道をめぐるテレビ朝日報道局長の発言（「反自民の連立政権を成立させる報道をしよう」と社内で話し合った、と民法労連の番組調査会において発言）に端を発した、証人喚問騒動はまだ記憶に新しい。この時、政治のメディアへの介入が強く懸念された。

一九九八年夏の参議院選挙は、自由民主党の敗北で終わった。この頃から再び、政治のメディア批判が目立ちはじめる。翌九九年三月に、メディアの報道に目を光らせると同時に、「メディア規制」の途を探るべく、自民党内に「報道や人権等のあり方に関する検討会」が設置された。政治家の苛立ち、不満がメディアの報道に向けられているさなか、「所沢ダイオキシン報道」事件が発生した。

所沢ダイオキシン報道

一九九九年二月一日、テレビ朝日の「ニュースステーション」が埼玉県所沢市のダイオキシン汚染を特集し、「ホウレンソウなり、葉っぱもの」の野菜から高濃度のダイオキシンが検出されたと報道。これを契機に所沢産の野菜が大暴落した。安全性をアピールするため、小渕総理（当時）がホウレンソウを食べ、高濃度の汚染は茶の葉であったと訂正するなど、国や行政当局は対応に追われた。

この事件において、政府・自民党から番組批判が相次ぎ、テレビ朝日社長らが衆議院逓信委員会に参考人として招致され、郵政省（当時）も、野菜農家への被害と不正確な報道を理由に、テレビ朝日に行政指導を行った。さらに、被害農家がテレビ朝日側を訴え、争いは司法の場に持ち込まれた。二〇〇一年五月、さいたま地裁は、放送が農家の社会的評価を低下させたが、放送の主要部分は真実であったとして、原告の請求を退けた。

テレビ朝日の報道趣旨は、所沢市の産業廃棄物焼却による環境汚染問題を取り上げることにあった。ところが、結果的に、野菜農家全体への風評被害を招き、政治による「メディア規制」に口実を与え、メディアにとり課題を残した。

5　メディアの報道規制の諸相

「人権委員会」とメディア規制

法務省の人権擁護推進審議会は、二〇〇一年五月、法務大臣に「人権委員会」の設置を答申した。「人権委員会」は、四つの人権侵害（差別、虐待、公権力による人権侵害、メディアによる人権侵害）に対し、積極的な救済を行う。そこで注目されるのは、メディアに関し、マスメディアによる報道被害や過剰取材にともなう人権侵害の問題がもっぱら取り上げられている点である。

答申は、犯罪被疑者等の報道によってプライバシーが侵害され、また過剰な取材等が行われた場合には、自主規制の取り組みに配慮しつつも、積極的救済を図る、という。その方法として、調停・仲裁・勧告・公表・訴訟援助等の救済の他に、実効的な調査権限として、質問調査権、文書提出命令権、立ち入り調査権などの整備の必要性を説く。だが、メディアに対する強制的な調査権限の行使は、報道の自由にかかわるだけに、より慎重な対応が求められる（この答申は二〇〇二年に、人権擁護法案として国会に上程された）。

個人情報保護法案とメディア規制

政治によるメディアへの介入の問題については、「個人情報の保護に関する法律」（以下、「個人情報保護法」）案に言及しておかねばならない。二〇〇一年の通常国会に「個人情報保護法」案が提出された。この法律は、改正住民基本台帳法（一九九九年）を契機としたプライバシー保護およびＩＴ社会への対応を目的とし、個人情報の適正な取扱いに関する基本原則（①利用目的による制限、②適正な取得、③正確性の確保、④安全性の確保、⑤透明性の確保）をうたうと同時に、民間の「個人情報取扱事業者」に対し、さまざまな義務を課するものである。

本来、「個人情報保護法」案は、データ流出の防止を目的としたものであるが、メディアへの適用の可否をめぐって議論となった。たとえば、利用目的による制限では、本人の同意や本人への利用目的の通知を義務づけられ、透明性の確保では、本人による適切な関与（公表・開示）を認めている。これらの義務がメディアに適用されると、政治家や高級官僚などの取材対象者から、取材の内容を明らかにするよう要求され、メディアの活動は大きな制約を受ける。

個人情報保護法案は、第一五四回通常国会（二〇〇二年）において重用法案の一つとなったが、メディアや野党を中心とした批判を受け、継続審議扱いとなった。秋の臨時国会においても審議は進まず、結局廃案とされた。与党側は、第一五六通常国会（二〇〇三年）に、基本原則を削除し、出版社やジャーナリストに「個人情報取扱事業者」に課せられた義務（罰則付き）を適用しないとする修正案の提出を予定している。

最後に、近年、名誉毀損やプライバシー侵害の訴訟で、賠償金額が高騰していることも、メディアの報道姿勢に影響を及ぼすであろう（『朝日新聞』二〇〇一年九月八日参照）。

第12章　冤罪と刑事手続の権利

1　広島の地と冤罪

広島は、冤罪と縁（ゆかり）の深い地である。八海事件および仁保事件は、戦後の冤罪史上、あまりにも有名である。

八海事件

映画「真昼の暗黒」（今井正監督）で大きな社会的関心を集めた八海事件は、七度の裁判、三度目の最高裁判決により、一七年九カ月ぶりに無罪判決で決着をみた（最高裁一九六八年一〇月二五日判決）。最高裁の判決直後、広島拘置所（広島市吉島町）において、阿藤周平さんは、死刑から無罪となった喜びと同時に、冤罪への怒りをこう語った。「拷問、偽証、デッチあげ、不当な裁判、警察が私たちに加えた不当な権力行使。私はこれを徹底的に追求してゆきたい。……これまでの苦しかった経験を生かして私と同じように無実の罪でとらわれている人のために、これからの私の生活をささげたい」（『中国新聞』一九六八年一〇月二五日夕刊）。

一九五一年（昭和二六年）、山口県熊毛郡麻郷村八海で、老夫婦殺害事件が発生。吉岡被告の単独犯行か、阿藤さんら五人の共同犯行かをめぐり、裁判所の判断が有罪と無罪の間で揺れ続けた。裁判所の判断が二転三転したのは、吉岡被告やアリバイ証人らの自白や証言があまりに目まぐるしく変わったことによる。結局、最高裁は、四人の被告人らと犯行を結びつける物証がないとして、「疑わしきは被告人の利益に」の原則を適用した。

仁保事件

一九七二年一二月一四日、広島高裁は、差戻審判決において、仁保事件の岡部保被告に無罪の判決を言い渡した。判決後、二百人を超える支援の人たちが、広島高裁前で見守るなか、岡部保さんと通保さん親子は、涙にくれながら、手を取りあって無罪判決を喜んだ。息子の通保さんは、殺人犯の息子という汚名を着せられて、岡部さんにおとらず苦難の人生を歩んできた。涙で声にならなかった彼の姿は、胸をうつ。

一九五四（昭和二九）年一〇月、山口県大内町仁保（現山口市）で、一家六人を殺害する強盗殺人事件が発生した。一年後、大阪でバタヤ（廃品回収業）をしていた岡部保さんが別件で逮捕され、五カ月半の勾留（四カ月警察の留置場）の後、仁保事件の被告として起訴された。山口地裁、広島高裁は、ともに死刑判決を言い渡した。

最高裁への上告後、冤罪事件として世間の関心を集め、多くの「守る会」が結成されるなど、支援の輪が広がった。法学者も、別件逮捕、弁護人選任権および拷問などの憲法問題にかかわる事件として、注目した。最高裁が自白を裏付ける補強証拠に関して、六つの疑問点を指摘したのを受けて、広島高裁は、強盗殺人と被告人を結びつける決め手となる、高度に確実性のある証拠がみあたらない、と判断した。憲法問題に関し、同判決は、別件の取調べを令状主義に違反するとしたが、弁護人選任権や拷問については違法性を認めなかった（その他の広島の冤罪事件として、山本老事件（一九五三年の尊属殺事件で無期懲役。本人死亡のため再審請求手続終了）、大手町事件（一九八六年の強盗殺人事件で、広島地裁、高裁にて無期懲役。最高裁に上告中）、広島港フェリー甲板長事件（一九九四年の強盗殺人事件で、広島地裁で無罪。二〇〇一年、高裁控訴棄却により無罪確定）等がある）。

2　冤罪とはなにか

人が犯罪を行った場合、捜査機関による捜査を経て起訴され、裁判によって罪に問われる。国家には刑罰権があるからだ。このため、国家はあらかじめ、いかなる行為が犯罪に該当し、その犯罪に対していかなる刑罰が科されるのかを、国民に明示しておかねばならない（「罪刑法定主義の原則」）。いわば、国民の自由を裏面から保障したのが、この原則である。

適正な捜査や公正な裁判が行われる限り、わたしたちの自由は安泰といえよう。しかし、捜査機関や裁判所が誤って無実の国民から自由を奪い、その生命までも剝奪することになれば、著しく正義に反する。いわゆる、冤罪の問題である。冤罪とは、無実の者が犯罪者として罰せられることをいう。冤罪は人間の尊厳を否定する、国家権力による最も重大な人権侵害である。

日本国憲法は、逮捕・勾留の手続、弁護人依頼権、黙秘権などの重要な権利を定めている。だが、それにもかかわらず、過去において多くの冤罪事件が発生した。本章では、過去の具体的事例の検討をとおして、なぜ冤罪が起こるのかを考察してみたい。冤罪は戦後混乱期の一時的な現象にすぎない、と考える立場もあるが、今日でも冤罪を生み出す構造に変化はない（比較的利用可能なものとして、上田誠吉・後藤昌次郎『誤った裁判』（岩波新書、一九六〇年）、後藤昌次郎『冤罪』（岩波新書、一九七九年）を参照。冤罪事件の一覧表および冤罪に関する参考文献については、小田中聰樹・佐野洋・竹沢哲夫・庭山英雄・山田善二郎＝再審・えん罪事件全国連絡会編『えん罪入門』（日本評論社、二〇〇一年）が詳しい。最近、痴漢犯罪で冤罪に陥るケースが目立っている。池上正樹『痴漢「冤罪裁判」』（小学館、二〇〇〇年）、鈴木武生『痴漢犯人生産システム―サラリーマン鈴木はいかに奮闘したか―』（大田出版、二〇〇一年）を参照。

3　死刑囚再審無罪諸事件の検討

死刑囚が「死の淵」から生還する。そんな衝撃的な出来事が、一九八〇年代半ば以降、四件も発生した。死刑判決の確定後、死刑囚が獄中から無実を叫び続けた事件で、裁判所は再審により無罪判決を言い渡した。これは、世界にも例をみないことだ。

死刑囚再審無罪判決

死刑囚にはじめて再審の扉を開いたのは、免田事件（熊本地裁八代支部一九八三年七月一五日判決）である。一九四八年、熊本県人吉市の祈禱師一家四人殺傷事件で、免田栄さんが別件で逮捕され、厳しい拷問と長時間の取調べの後に、犯行を自白した。再審で、事件当夜のアリバイが認められた点は大きい。再審判決は、免田さんの犯行を裏付ける自白に、不自然で、不合理な点が多いとして、その信用性を否定。さらに、血液鑑定についても、凶器とされたナタの柄に付着していた血痕が「米粒大のしみ状のもの」にすぎず、鑑定不能とした。

次は、財田川事件（高松地裁一九八四年三月一二日判決）である。一九五〇年、香川県三豊郡財田村で、闇米ブローカー香川重雄さんが殺害され、現金が奪われた。別の強盗事件で逮捕された谷口繁義被疑者が、二度の別件逮捕により四カ月近い拘禁の後に、犯行の自白に及んだ。本件では、最高裁の財田川決定（最高裁一九七五年五月二〇日決定）が指摘したとおり、犯行の核心的部分を語った自白に、真実性の点で重大な疑問が存在した。さらに、再審判決は、物証とされた国防色のズボンに付着した微量の血痕の鑑定についても、その信用性を否定した。

第三は、松山事件（仙台地裁一九八四年七月一一日判決）である。一九五五年、宮城県志田郡松山町で一家四人が殺害され、放火される事件が発生。斎藤幸夫さんが別件の傷害事件で逮捕され、殺人・放火を自白した。本件は、再審判決が指摘するように、警察による違法捜査、証拠の捏造が行われた疑いがきわめて強い点で、特異な事件であった。同判決は、見込み捜査による別件逮捕によって得られた自白の信用性を否定。そして、①違法捜査として、同房者が諜者として虚偽の自白を誘導し、示唆したこと、②証拠の捏造として、掛布団の襟当てに付着した血痕群が押収後に付着したと推論されること、を挙げた。

最後は、島田事件（静岡地裁一九八九年一月三一日判決）である。一九五四年、静岡県島田市で幼稚園児が男に連れ去られ、三日後に絞殺死体で発見された。放浪中の赤堀政夫さんが、別件の窃盗容疑（賽銭泥棒）で逮捕され、激しい拷問を受け、犯行を自供した。本件の特徴は、物証に乏しく捜査段階における自白の信用性が最大の争点となったことである。判決は、被告人の自白調書はその信用性に乏しく、被告人の自白調書以外に、犯行と被告人を直接結びつけるのに十分な証拠がない、と判断した。

死刑の特異性と冤罪の構図

再審で無罪を勝ち取った死刑囚たちは、死の恐怖に怯えながら三四年間にも及ぶ拘禁生活を余儀なくされた（松山事件の斎藤さんは二九年間）。財田川事件の谷口繁義さんは、その間、二九名の死刑囚を見送った。彼らの命日にはかならずお経をあげた、という。死刑という刑罰は、その性質上、誤った裁判により刑が執行されると、取り返しがつかない（死刑の「不可逆性」）。死刑判決における誤判の恐れは、死刑廃止論の一つの理由となっている。

以上の素描から、冤罪事件に共通した構図が浮かび上がる。まず、捜査機関が、きわめて物証に乏しい事件において、見込み捜査を行うことだ。そして、別件逮捕と警察の留置場（代用監獄）での勾留により、被疑者を長時間、密室で取り調べる。乏しい物証のため、拷問や誘導により信用性の疑わしい、虚偽の自白が作られる。裁判所は、強引な取調べにより作成された供述（自白）調書や法医学鑑定を安易に信頼し、冤罪を見過ごしたのである。

4　犯罪捜査と冤罪を生む要因

別件逮捕・勾留と取調べ期間の長期化

既述のように、過去の冤罪事件は、ほとんど別件逮捕からはじまっている（八海事件では、吉岡被告の供述があり、別件逮捕はない）。警察は、初動捜査におけるつまずきから、捜査中の事件に関するめぼしい証拠がないにもかかわらず、見込み捜査から別件逮捕に踏み切る。このように、別件逮捕が最も問題となるのは、自白をあてにした見込み捜査を誘発する点にある。さらに、別件逮捕・勾留によって、**図12－1**に示した逮捕・勾留の手続が繰り返され、取調べ期間が長期に及ぶことである。

たとえば、仁保事件では、岡部さんは、住居侵入・窃盗未遂の容疑で別件逮捕され、別件の起訴後も、四カ月半にわたり本件の殺人事件の取調べを受けた。さすがに、広島高裁も、起訴後の身柄拘置を利用して令状なしに行わ

図 12－1　逮捕および取調べに関する手続

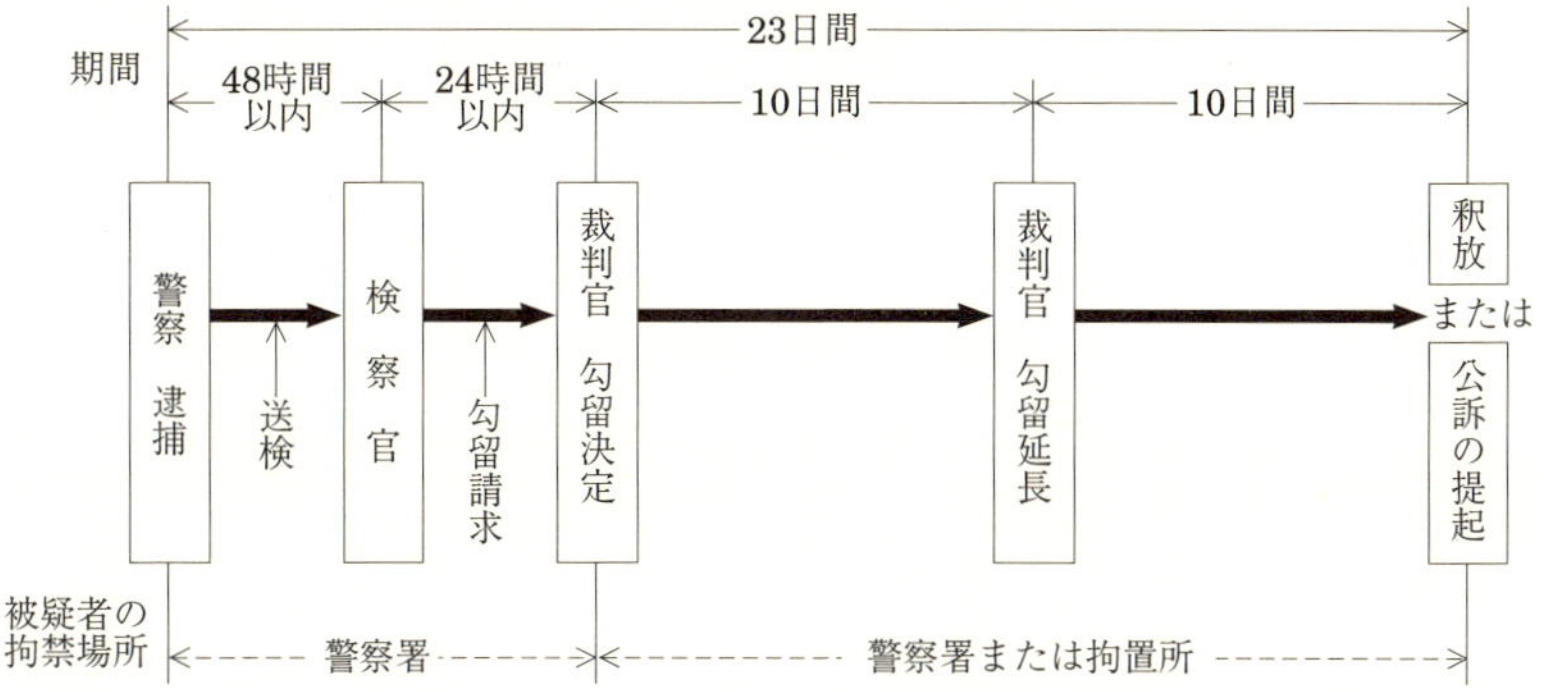

出典　アムネスティ・インターナショナル『日本の死刑廃止と被拘禁者の人権保障』（日本評論社，1991年）

れた本件の取調べを違法である、と判示している。松山事件（傷害）、島田事件（賽銭泥棒）でも、捜査中の殺人事件に関し十分な証拠もなく、別件容疑で被疑者を逮捕した。また、財田川事件では、二度の別件逮捕により、長期にわたり取調べが行われたのである。

別件逮捕は、捜査の現場では、憲法三三条の要請する厳格な令状主義に縛られないために、便利な手段といえる。しかし、死体遺棄と殺人のような本件と関連のある場合は別にして、多くの冤罪事件で行われた、まったく関連のない別件逮捕は、違憲・違法である。本件につき容疑がないにもかかわらず、別件の令状で本件を取り調べるわけであるから、憲法三三条の令状主義を潜脱する。結局、別件逮捕中の本件に関する自白は、証拠能力を否定すべきである。

代用監獄制度の問題性

捜査実務においては、一般的には、被疑者を検察官に送致した後もなお、その身柄は法務省所管の拘置所に移されることなく、引き続き警察の留置場に収容される。このように、警察の留置場を拘置所代わりに使用することを代用監獄という。その法的根拠は、「留置場ハ之ヲ監獄ニ代用スル」という、一九〇八（明治四一）年の監獄法一条三項に求められている。

代用監獄の問題点は、被疑者を肉体的・精神的に警察の支配下におき、自白の獲得をめざすことにある。留置場では、生活の基本的な自由（たとえば、食事、睡眠、入浴、運動、排便、立ち居振舞い等）がすべて奪われ、二四時間監視される。そして、時には肉体的拷問にまで及ぶこともありうるが、精神的な拷問に近い取調べが、連日長時間続く。

このような代用監獄制度に対して、日弁連や冤罪事件を支援する団体などからは、身柄拘束による人権侵害や自白の強要といった弊害が指摘され、冤罪の温床となっているとして、廃止を求める声が強い。だが、法務省および警察庁は、警察の捜査や取調べの必要性から、一九八〇年代から九〇年代にかけて、いわゆる拘禁二法案により制度の永続化を図ったが、失敗に終わった。

代用監獄という制度は、世界でも例をみない日本独特の慣行といってよい。世界の刑事手続の標準からいえば、裁判官による勾留決定がなされた後に、警察が被疑者の身柄を拘束することはない。国際世論が、国際人権規約（一九六六年国連総会採択、一九七九年日本批准）や被拘禁者保護原則（一九八八年国連総会採択）に違反しているとして、日本の代用監獄にきわめて厳しい目を向けるのも当然といえよう（国際人権連盟が一九八八年に行った、日本の刑事司法に関する調査報告である「警察留置場での拘禁――パーカー・ジョルジュ報告書」は、代用監獄が国際人権規約に違反し、重大な人権侵害にあたる、と批判している。国際人権規約（「市民的及び政治的権利に関する国際規約」）九条三項は、捜査機関が取調べのために、被疑者を勾留してはならない趣旨を定める。被拘禁者保護原則（「あらゆる形態の抑留・拘禁下にある人々を保護するための原則」）は、被拘禁者が「人道的な方法」で「人間の固有の尊厳を尊重して」取り扱われるべきことをうたっている）。

自白の強要と虚偽の自白

なぜ、被疑者は代用監獄において虚偽の自白を行うのか。戦争末期の横浜事件において、特高警察から拷問により虚偽の自白を強要され、それに屈した経験のある青地晨氏は、取調べ警察官が被疑者を完全に支配下におき、そのうえで虚偽の自白を引き出していく時間を「魔の時間」とよんだ（『魔の時間――六つの冤罪事件』（筑摩書房、一九七六年））。代用監獄こそ、まさにこの「魔の時間」を生み出す施設にほかならない。

作家の加賀乙彦氏は、拘置所で精神科医もつとめた経歴の持ち主であるが、警察の留置場における「催眠状態」や「被暗示性」から、被疑者が虚偽の自白に陥ってしまうことを、次のように指摘する。留置場に入れられた人間は、一切の日常生活の自由を否定され、多くの取調官から犯人として責められ、この「苦痛からのがれるために意識的にウソの自白をするか、ノイローゼ状態で〝自分が本当に思い込まされた〟暗示による自白をするかである」（『読売新聞』一九八八年六月三〇日夕刊）。

冤罪事件における虚偽の自白を研究した心理学者浜田寿美男教授も、まったく同様の見解を示している。彼によれば、心理学的に、一定の状況におかれると、人間が虚偽の自白を行うことは決して異常ではない、という。外界から遮断されて行われる、自白を強要する取調べは、被疑者に相当な圧力となる。被疑者を非現実感、孤立感、無力感に陥らせる周囲の状況が、無実の人に虚偽の自白を行わせるのである。この自白に陥る過程と、「犯行」を語る過程が分析されている（浜田寿美男『自白の心理学』（岩波新書、二〇〇一年）参照）。

仁保事件の自白テープには、明らかに自白を強要する場面や、岡部さんが「犯行」を語る決意の様子が残されており、驚かされる。

弁護人依頼権と接見交通権

取調べ段階で、弁護人が選任されず、弁護人との接見交通権が十分に保障されていなかったことも、問題といわねばならない。

接見交通権とは、身体の拘束を受けている被告人または被疑者が、弁護人と立会人なくして秘密に面会（接見）し、書類等を授受することのできる権利をいう（刑事訴訟法三九条一項）。この接見交通権は、憲法三四条前段の弁護人依頼権から導かれる。憲法三四条の趣旨は、たんに官憲による弁護人選任権の妨害を禁止するにとどまらず、弁護人に相談し、助言を受けるなど、法律専門家から援助を受ける機会を保障したもの、と解されている。

従来から、接見交通権の問題は、「捜査のために必要があるとき」、「日時、場所及び時間を指定することができる」とする刑事訴訟法三九条三項の解釈と運用をめぐって争われてきた。伝統的には、捜査機関の側は、捜査全般の必要性がある場合と広く解釈し、一般的に接見を禁止しておき、接見の申出があれば特定の場合にのみ解除するという一般的指定書方式を採用してきた。

だが、この方式では、時間や回数がきわめて制限され、接見交通権の侵害・妨害がしばしば問題となった。接見交通権の侵害を理由とする、弁護人からの国家賠償訴訟において、最高裁は、捜査機関による「日時等の指定は、あくまでも必要やむをえない例外的措置」であり、「原則として何時でも接見の機会を与えなければならない」とした（最高裁一九七八年七月一〇日判決）。

一九八八年に、現行の通知書方式に改められたが、端的に刑事訴訟法の接見指定を違憲とする主張も有力である。最高裁は、接見指定を「取調べの中断等により捜査に顕著な支障が生じる場合」に限定し、違憲論を退けている（最大判一九九九年三月二四日民集五三巻三号五一四頁）。

黙秘権の保障と弁護人の役割

憲法は、黙秘権を保障し（三八条一項）、刑事訴訟法は、黙秘権の告知を要求する（一九八条二項）。自白の強要は、「供述の強要」（三八条一項）にあたり、明らかに黙秘権の侵害にあたる。さらに、同条二項は、黙秘権の保障を確実にするために、自白排除法則を定めた。捜査機関が違法な取調べ方法（たとえば、強制、拷問、脅迫、長期間の拘束等）により自白を得ても、証拠能力は否定される。

しかし現実には、被疑者が黙秘権を行使することは、困難といわねばならない。それは、被疑者が、留置場に身柄を拘束され、精神的・肉体的に自由を奪われた状態で、取調べを受けるからである。密室での自白の強要や、違法な取調べを防ぐために、弁護人との自由接見が必要となろう。黙秘権の保障のために、弁護人の果たす役割は大きい。

アメリカでは、被疑者の取調べに弁護人立会権を認めた、ミランダ警告とよばれる有名なルールが存在する。合衆国最高裁は、一九六四年のミランダ対アリゾナ事件において、取調べに先立ち、①黙秘権があること、②供述した内容は公判廷で不利益な証拠として採用されること、③弁護人立会権のあること、④弁護人依頼権のあること、を被疑者に告知しなければならない、と判示した。身柄拘束中の被疑者は、取調べに弁護人が立ち会うことで、修正第五条の自己負罪拒否特権（黙秘権）を十分に行使できる、との見地にもとづく（ウォーレン・コート期の「刑事司法の革命」とよばれるほど著名な事件である。ミランダ・ルールは、アメリカで確立しており、この手続を怠って得られた供述は、証拠能力を認められない。なお、ミランダ被告は、差戻審において、別の供述から強姦の罪で結局有罪となっている）。

今後、自由接見へ向けた取組みが急務であろう。また、当番弁護士制度が逮捕された直後の被疑者への援助として定着しているが、公判段階の国選弁護人と同様、被疑者弁護への公的援助も考慮されるべきである。さらに、弁護人の立会い、取調状況の録音・録画など、取調べの可視化のための方策も検討課題といえよう。

5　冤罪に対する司法の課題

刑事裁判の原則と裁判官の役割

最高裁は、八海事件三次上告審で、多数犯行を疑わせる資料も存在するが、被告人らと本件犯行とを結びつける、疑いをさしはさむ余地のない程度に確信を生ぜしめるような資料もないと述べ、いわば灰色無罪の判決を言い渡した。無罪判決とはいうものの、免田事件（アリバイの成立）や、松山事件（警察による証拠捏造）とは異なり、明白な白と断定されたわけではない。

裁判官の役割は、検察官が合理的な疑いを入れない程度に犯罪事実を立証したか否か、を判断することにある。刑事裁判では、国民の自由が制約され、その生命さえも奪われることがありうる。そこで、起訴事実が合理的な疑いを入れない程度に立証されない限り、「疑わしきは被告人の利益に」というのが、刑事裁判の鉄則である。八海事件三次上告審は、この立場をあらわすものといえる。

刑事裁判の原則に立ち戻り、検察官に厳しい批判の目を向け、予断と偏見にとらわれず、事実の認定を行うことが、冤罪や誤判に対する裁判官の姿勢として必要といえよう。だが現実には、冤罪事件に関し、裁判官の予断と偏見が指摘されるのは、まことに残念である。谷口正孝元最高裁判事の次の発言に、裁判官は虚心に耳を傾けるべきであろう。

「誤判の原因として、私は、先ず、裁判官の意識を問いたい。裁判官が批判者たる地位を忘れ、検察官の主張に追随し、被告人側の言に耳を傾けないことに誤判が結果する。誤判の原因としてあげられる裁判官の予断と偏見、謙虚さを失った裁判官の過剰なまでの自信も、つきつめて考えれば、この批判的姿勢の欠如に由来する」（谷口正孝『裁判について考える』（勁草書房、一九八九年）一〇四頁）。

冤罪事件における裁判官の予断と偏見

捜査段階の自白は、供述（自白）調書として裁判所に提出される。被疑事実に争いのない多くの事件では、裁判は、自白調書にもとづき、迅速かつ円滑に処理される。ところが、冤罪事件では、代用監獄での取調べにおいて、自白を強要された被疑者は、公判において否認し、自白の任意性や信用性を争うこととなる。自白が法廷で争われる場合に、自白調書の限界が明らかになる。

任意性に疑いのある自白は、証拠能力を否定される（憲法三八条二項および刑事訴訟法三一九条一項）。だが、被告人が自白調書の任意性を否定しても、密室での取調べのために、取調状況の証拠はほとんど存在しない。裁判官は、困難な任意性の立証を被告人に負わせ、それを否定する証明がなされない限り、捜査機関の主張を受け入れる。このように、自白調書における任意性の立証には限界がある。

自白調書の信用性の判断は、裁判官の自由心証主義にもとづいて行われる（刑事訴訟法三一八条）。ところが、供述（自白）調書は、取調べ過程全体を録取したものではなく、取調官が被疑者の自白を物語風に要約録取したものである。そのため、自白調書には、証拠として多義的な解釈の余地を残している、といわれる。自白調書を安易に信用することは、きわめて危険なのである。裁判官は、自白調書の内容を評価するにあたり、「秘密の暴露」を発見し、また自白の不自然・不合理性を慎重に見極めるなど、厳格な事実認定を行わなければならない（守屋克彦

『自白の分析と評価―自白調書の信用性の研究―』（勁草書房、一九八八年）一―三八頁参照）。

自白をした以上犯人に違いない、検察官は誤った起訴をしない、公判廷における否認は言い逃れにすぎない、といった裁判官の思い込みが、不幸な冤罪事件を生んできた。冤罪事件の専門家としても名高い小田中聰樹教授は、『冤罪はこうして作られる』（講談社現代新書、一九九三年）のなかで、裁判官がなぜ誤った裁判を行うのか、を分析している。

そこでは、冤罪事件に共通した裁判官の特徴として、①捜査過程に対し驚くほど無関心であること、②虚偽自白をする被告人の「心理」にあまりに無理解であること、③自白の信用性を評価するにあたり、虚偽自白のもつ不自然・不合理性を見逃していること、④鑑定を無条件・無批判に信頼すること、の四点が指摘されている。

結局のところ、冤罪や誤判を防ぐためには、憲法で保障された被疑者や被告人の権利に対する、裁判官の鋭い人権感覚こそが重要なのである。

第13章　人間らしく生活する権利

1　生存権と公的扶助

生存権保障の意義

日本国憲法の特徴の一つに、生存権をはじめとする社会権に関する諸規定の存在がある。一九世紀後半の自由放任の経済活動によって、富の不平等や労働者の貧困がもたらされた。その反省のうえに、実質的な自由と平等を図るべく誕生したのが、生存権の思想である。今世紀はじめ、ワイマール憲法が「人間たるに値する生活の保障」を定めたことに由来する（一五一条）。日本国憲法の制定に際し、第二五条一項の生存権が提案された。生存権の理念は、その他の社会権（教育権、勤労権、労働基本権）の基礎となっている。

憲法制定後まもなく、自由権との対比のなかで、社会権の特質を理論的に解明したのが、我妻栄博士であった。彼は、「自由権的基本権」と「生存権的基本権」を区別し、前者が自由を基調とした権利で、国家権力の制限によって保障されるのに対し、後者は生存を基調とし、国家の積極的な関与によって実現される、と説いた。そして、後者の権利に関し、国に対する具体的な請求には、裁判規範性を否定した。この説は、以後、憲法学説に大きな影響を与える。

生存権の解釈と朝日訴訟

「人間裁判」とよばれた朝日訴訟において、生存権の性格が問題となった。厚生大臣（当時）の定める生活扶助基準が争われた同事件で、最高裁は傍論で、二五条一項は「すべての国民が健康で文化的な最低限度の生活を営み得るように国政を運営すべきことを国の責務として宣言したにとどまり、直接個々の国民に具体的権利を賦与したものではない」と述べた（最大判一九六七年五月二四日民集二一巻五号一〇四三頁）。

これは一般に、最高裁が生存権をプログラム規定と解したものと受け止められている。プログラム規定説とは、生存権は、国に対する政治的・道徳的な義務を定めたにすぎない、と解する立場である。生存権の実現は、いわば国の努力目標とされる。かつての通説である。最高裁は、「健康で文化的な最低限度の生活」に関し、その認定判断が厚生大臣の自由な裁量にゆだねられ、著しく低い生活水準が定められない限り、裁判所において争うことはできない、とした。

この説を貫けば、生存権の権利性が否定され、二五条の裁判規範としての意義が失われる。そこで、国は国民に生存権を実現する法的義務を負い、生存権を具体化する立法の存在により、具体的な権利となる、と解する説が主張される（抽象的権利説）。朝日訴訟第一審判決は、低すぎる生活扶助基準が生活保護法、ひいては憲法二五条の理念に違反するとして、生存権の権利性を認める立場を明らかにした。同判決は、最低限度の生活とは、「『人間に値する生存』あるいは『人間としての生活』といいうる」程度をさし、その基準が予算によって左右されてはならない、とクギをさした（東京地裁一九六〇年一〇月一九日判決）。

朝日訴訟は、憲法の生存権保障の意味を問いかけ、生活保護基準の見直しに大きな役割を果たした点で、意義のある事件であった。しかし、生活保護行政においては、生存権に消極的なプログラム規定説の考えが、根強く残っている。

公的扶助——生活保護法

社会保障制度の一つに公的扶助がある。公的扶助とは、生活困窮者に最低限度の生活を保障するために、国が公費を負担する制度である。生活保護法（一九五〇年）は、憲法二五条の理念にもとづいて、生活困窮者に最低限度の生活を保障した（一条）。これは、生存権を根拠に、生活保護を受ける権利を保障したもの、と解される。同法は、保護の受給に関する無差別平等の原理（二条）、最低限度の生活保障の原理（三条）、保護の補足性の原理（四条）をも規定する。

これらの原理のうえに、生活保護を実施するための諸原則が、七条から一〇条にわたり定められた。このように、法が、生活保護を権利として保障したにもかかわらず、現実には、要保護者の一部が実際に保護を受けるにすぎない。次頁**表13-1**が示すように、保護の捕捉率は、低消費世帯の一〇％以下となっている。生活保護が低調な要因として、以下の点を指摘しうる。

まず、生活保護法が、保護を制限する規定を制度的に備えている点である。たとえば、親族や家族による扶養の義務が優先され（四条二項、一〇条）、補足性原理により資産・能力の活用が要求される（四条一項）こと等が、その典型といえよう。次に、厚生省（当時）の「適正化」政策（一九八一年）が、申請者および受給者に厳しい資産調査を課し、運用面で引締めを図ってきた。最後に、生活保護に対する偏見や恥の文化の存在も大きい（橋木俊詔『セ

表 13－1　低消費世帯率・世帯保護率・捕捉率

	低消費世帯		被保護世帯			捕捉率
	A 世帯数 （千世帯）	B 世帯率 A/E	C 世帯数 （千世帯）	D 世帯率 C/E	E 全世帯数 （千世帯）	C/A
1954	3,745	21.60(%)	449	2.59(%)	17,337	12.0(%)
1955	3,810	20.09	479	2.53	18,963	12.6
1956	3,707	18.70	453	2.29	19,823	12.2
1957	3,568	17.24	390	1.88	20,704	10.9
1958	3,552	16.67	385	1.81	21,310	10.8
1959	3,544	16.31	412	1.90	21,726	11.6
1960	3,919	17.44	427	1.90	22,476	10.9
1961	4,244	18.05	455	1.94	23,509	10.7
1962	4,063	17.03	471	1.97	23,850	11.6
1963	3,500	14.00	473	1.89	25,002	13.5
1964	2,871	11.44	397	1.58	25,104	13.8
1965	2,452	9.45	364	1.40	25,940	14.8
1967	3,074	10.92	380	1.35	28,144	12.4
1968	2,738	9.54	367	1.28	28,694	13.4
1969	2,651	9.14	385	1.33	29,009	14.5
1970	3,509	11.74	426	1.43	29,888	12.1
1971	2,760	8.94	371	1.20	30,861	13.4
1973	4,655	14.44	416	1.29	32,314	8.9
1974	3,737	11.42	386	1.18	32,731	10.3
1976	3,602	10.51	453	1.32	34,275	12.6
1977	3,416	9.93	453	1.32	34,414	13.3
1978	6,487	18.82	477	1.38	34,466	7.4
1979	5,867	16.83	435	1.25	34,869	7.4
1980	4,535	12.83	440	1.25	35,338	9.7
1981	3,930	10.88	468	1.30	36,121	11.9
1982	4,921	13.58	444	1.22	36,248	9.0
1983	4,644	12.72	445	1.22	36,497	9.6
1984	6,031	16.15	568	1.52	37,338	9.4
1985	7,022	18.86	474	1.27	37,226	6.8
1986	6,851	18.25	459	1.22	37,544	6.7
1987	7,957	20.90	487	1.28	38,064	6.1
1988	6,365	16.31	451	1.16	39,028	7.1
1989	6,531	16.57	418	1.06	39,417	6.4
1990	8,294	20.59	407	1.01	40,273	4.9
1991	5,839	14.41	404	1.00	40,506	6.9
1992	8,748	21.23	347	0.92	41,210	4.3
1993	6,295	15.05	391	0.93	41,826	6.2

注：1966，72，75年は基礎データが欠けているため推計していない。
出典　和田由美子・木村光彦「戦後日本の貧困―低消費世帯の計測」季刊社会保障研究34巻夏号（1998年）199頁

ーフティ・ネットの経済学』（日本経済新聞社、二〇〇〇年）一八八―二〇〇頁、河合幸尾編著『豊かさのなかの貧困』と公的扶助』（法律文化社、一九九四年）一二五頁）。

生活保護は権利であるとの視点から、運用の改善や手続的権利の整備が望まれる。外国人にも、無差別平等の原理が適用されるべきであろう。現代社会では、個人の自己決定に対する尊重が求められる。要保護者や保護世帯も同様であり、生活保護行政が、扶養や資産活用の選択・自己決定にどこまで踏み込めるのか、問題である。

生活保護の補足性と資産活用

資産活用の要件（四条一項）をめぐって、預貯金・保険、自動車・クーラーなどが問題となった近年の事例を簡単に紹介しておきたい。

塩さば裁判として有名なのが、秋田県角館市の加藤老事件である。極度に生活を切り詰め、保護費から蓄えた七三万円が、「資産」として認定された事件で、秋田地裁は、減額処分を取り消した（秋田地裁一九九三年四月二三日判決）。この判決は、将来の生活に備え、保護費を貯蓄に回すことを認めた点で注目される。

学資保険や共済年金を「資産」として認定し、生活保護費を減額して争われた事件でも、裁判所は、減額処分を取り消している（高校進学を目的とした毎月の学資保険の積立てを認めた福岡高裁判決（一九九八年一〇月九日）、重度障害の子どものために親が積み立てた共済年金を収入認定しなかった名古屋高裁金沢支部判決（二〇〇〇年九月一二日）などを参照）。

自動車やクーラーの保有は、原則として資産と認定される。自動車の場合、借用、運転も許されない。自動車の借用が発覚し、保護が打ち切られた大牟田市の事件で、福岡地裁は、国の基準が厳しすぎるとして、保護廃止処分を取り消した（福岡地裁一九九八年五月二七日判決）。一九九四年夏、埼玉県桶川市で保護世帯のクーラー取外し事件が大きな話題となった。結局、地域の普及率七〇%を理由に、老齢世帯へのクーラー設置を認めることで決着した。被保護世帯に対する厳しい資産調査や生活指導が、被保護者の自由な決定・選択、一般に普及した生活必需品の使用を妨げている、といわねばならない。

2 働きすぎ社会と過労自殺

過労自殺と広島の事件

過労自殺は、広い意味では過労死に含まれる。広告代理店電通過労自殺訴訟（最高裁二〇〇〇年三月二四日判決、以下、電通訴訟という）によって、この問題への関心が高まった。実は、広島の地でも、過労自殺の事件が存在する。広島名物の一つにお好み焼きがある。一九九六年に、お好み焼きソースを製造する、全国的にも有名な地場の食品メーカーで、二四歳の若者が工場内で白昼自殺を図るという悲惨な事件が発生した。

この事件の特徴は、母照子さんが息子の自殺の真相と責任を求め、立ち上がったことである。彼女は、息子と同じ世代の若者が、これ以上働きすぎで自殺することのないように願って、行政や司法の場で、息子の過労自殺を訴えた。一年九カ月で労災と認定され、民事訴訟でも広島地裁（広島地裁二〇〇〇年五月一八日判決）で勝訴した（この事件の詳細については、広田研二『検証／木谷公治君の過労自殺』（かもがわ出版、二〇〇〇年）を参照）。

裁判例や労災認定で、過労自殺が公になるケースは、氷山の一角にすぎない。「過労死一一〇番」の相談活動を続けてきた川人博弁護士は、『過労自殺』（岩波新書、一九九八年）のなかで、業種・職種、地位、年齢を問わず、過労自殺が広範な労働者に及んでいることを指摘し、その数を年間一〇〇〇人以上と推計する。また、自殺の原因が、長時間・過重労働と強い精神的ストレスから、うつ病に罹患していることを挙げ、企業が冷淡なことや自殺への偏見のため、その実態が外部にあらわれにくい、という（同書五三―六三頁参照）。

長時間労働と過労死

戦後、日本は世界第二の「経済大国」へと発展し、一九八〇年代後半には個人所得が世界一にまでのぼりつめた。人々がこの豊かさを十分に享受する暇もなく、時代は九〇年代に大きく転換をとげた。豊かな生活を手に入れたかにみえつつ、他方で、長時間労働や過労死、自殺者の急増、大量失業や雇用不安など、生活や暮らしを取り巻く環境は、深刻さを増している。わたしたちは、豊かさや人間らしく生きることについて、もう一度、見つめ直す必要があろう。

日本の経済的豊かさの陰で、サラリーマンや労働者の長時間労働が存在することを忘れてはならない。過労死という言葉は、一九八八年に、「過労死一一〇当番」の開設により、働きすぎ社会への警鐘として、広く世に知られることとなった。過労死とは、一般的に、働きすぎが原因で脳卒中や心筋梗塞などにより、突然死にいたることをいう。九〇年代半ば以降には、新たに、過労自殺の問題が世間の注目を集めはじめた。

企業の民事責任と安全配慮義務——電通訴訟の意義

広島の事件と同様、電通訴訟においても、入社してからまもない、二四歳の若者が過労自殺に追い込まれた。親が企業に責任を求めたのもうなずける。過労自殺事件の争点は、主に、①長時間労働などの勤務と自殺との間に、因果関係が認められるのか、②企業は、従業員の過労自殺に安全配慮義務を負うのか、の二点である。

電通訴訟では、常軌を逸した勤務状態がほぼ一年間続いた。最高裁は、長時間にわたる業務への従事が継続した場合、過度の肉体的疲労や心理的負担により、うつ病に罹患し、自殺にいたることをはじめて認めた。

次に、使用者は、労働契約にもとづき、労働者を安全な環境のもとで働かせるようつねに配慮する義務がある。この理論は、判例・学説上確立している。最高裁判決の大きな意義は、過労自殺にもこの理論を適用した点にある。労働基準法（労働時間の制限）、労働安全衛生法（六五条の三、労働者の健康に配慮した作業の適切な管理を行う義務）の趣旨から判断して、判決は、「使用者は、その雇用する労働者に従事させる業務を定めてこれを管理するに際し、業務の遂行に伴う疲労や心理的負荷等が極度に蓄積して労働者の心身の健康を損なうことがないよう注意する義務を負う」と述べ、具体的に、上司が、過酷な勤務条件による、部下の健康状態の悪化を知りながら、その負担を軽減しなかった責任を認めた。

電通訴訟は、労働省（当時）が企業に過労自殺の改善を求め、労災の認定基準を見直す契機ともなった大きな意義を有する事件であった（電通訴訟については、藤本正『ドキュメント「自殺過労死」裁判 24歳夏 アドマンの訣別』（ダイヤモンド社、一九九六年）を参照）。

過労死・過労自殺問題の解決へ向けて

豊かな社会で、働きすぎて死ぬ。これほど残酷なことはない。この問題の解決のためには、働く個人の意識、企業社会のあり方、国の労働行政に関して考える必要がある。

世界人権宣言二四条は、「すべて人は、労働時間の合理的な制限及び定期的な有給休暇を含む休息及び余暇を持つ権利を有する」（一九四八年）として、労働時間の制限と余暇の権利をうたった。働く個人や企業は、休息や余暇

表13－2　脳血管疾患および虚血性心疾患等の労災補償状況の推移（件）

		平成6年度	平成7年度	平成8年度	平成9年度	平成10年度
脳血管疾患	請求件数	289	403	415	399	358
	認定件数	80	102	87	88	90
	1号	57	59	38	42	43
	9号	**23**	**43**	**49**	**46**	**47**
虚血性心疾患等	請求件数	116	155	163	195	163
	認定件数	12	38	29	31	44
	1号	3	5	0	4	1
	9号	**9**	**33**	**29**	**27**	**43**
合計	請求件数	405	558	578	594	521
	認定件数	92	140	116	119	194
	1号	60	64	30	46	44
	9号	**32**	**76**	**78**	**73**	**90**

注：1　「1号」とは，労働基準法施行規則別表第1の2第1号の「業務上の負傷に起因する疾病」であり，「9号」とは，同表第9号の「業務に起因することの明らかな疾病」に係る脳血管疾患及び虚血性心疾患等（「過労死」等案）である。
　　2　認定件数は当該年度に請求されたものとは限らない。
出典　大阪過労死問題連絡会編『Q＆A過労死・過労自殺110番』（民事法研究会，2000年）5頁

が人権であるとの視点にたち、労働時間の短縮に努めるべきである。健康を維持し、人間らしい生活を営むうえで、十分な休息や余暇が欠かせないからだ。

日本人は、明治期以来戦後をとおして、個人よりも国家や企業に重きをおいてきた。サラリーマンや労働者は、長時間の通勤と労働、狭い住宅事情、子供の教育費と住宅ローン等に耐え働き続けた。日本（企業）が経済的に豊かなのは、働く個人が貧しいからだ、との指摘がある。企業優先の働きすぎ社会から脱却し、ゆとりのある暮らしを取り戻す時期にきているのではあるまいか。

国の労働行政にも問題がある。**表13-2**、**表13-3**のように、過労死の労災認定は、きわめて限られる。労災認定を狭き門としてきたのは、通達による厳格な認定基準、審査期間の長期化、証拠収集の困難性、不服申立ての審査会人事等の、手続上の問題にある。遺族に申請を断念させない制度

表 13－3　精神障害（自殺）の労災補償状況

年度	請求件数	認定件数	備　　考
83	3(　2)	1(1)	（設計技術者）
84	13(　3)		
85	6(　4)		
86	2(　2)		
87	1(　1)	1	（騎手〈特別加入者〉）
88	8(　4)		
89	2(　2)	1(1)	（バス運転手）
90	3(　1)	1(1)	（溶接工）
91	2(　0)		
92	2(　1)	2	（潜水工）
			（自動車運転手）
93	7(　3)		
94	13(　5)		
95	13(10)	1(3)	（フォークリフト運転手）
96	18(11)	2(1)	（クレーン運転手）
			（飲食店店員）
97	41(30)	2(2)	（技術研究職）
			（食品製造工）
98	42(29)	4(3)	（医師），（営業職）
			（技術員兼自動車運転手），（自動車運転手）
合計	176(108)	15(9《ママ》)	

注：1　本表は業務による精神的負担が原因として請求されたものの集計で，傷病の療養中に生じた精神的障害等は含まない。
2　請求件数欄及び認定件数欄の（　）内は自殺（未遂も含む）に係るもので内数である。
3　認定事案は当該年度に請求されたものとは限らない。
4　統計は1983年度より開始された。

出典　前掲『Q＆A過労死・過労自殺110番』 6頁

の運用が望まれる（『KAROSHI［過労死］国際版』（窓社 MADO-SHA、一九九〇年）七七―八七頁参照）。

3　雇用リストラとセーフティーネット（安全網）

平成デフレと大失業時代

二〇〇一年七月の完全失業率が五％台に達した（総務省二〇〇一年八月発表）。一九五三年の調査以来、過去最悪の数字だ。失業者数は三三〇万人にのぼる。潜在的失業率となると、すでに一〇％を超えているといわれる。大失業時代の到来を予感させる。デフレ経済を背景としつつ、企業がバブルの後遺症の癒えないうちに、グローバル化による競争にさらされた。具体的には、不良資産を抱える企業のリストラ、産業の空洞化、ＩＴ不況が、今日の高い失業率の要因だ（『日本経済新聞』二〇〇一年八月二九日「失業率５％時代（上）」参照）。

わが国で企業のリストラが顕在化するのは、一九九三年の平成不況の頃からである。一九九七年の山一証券・北海道拓殖銀行の倒産にみられる金融危機以降、一段と企業のリストラが加速され、日本を代表する大企業も、雇用のリストラに踏み切った。建設、不動産、流通、自動車、電気などの各分野で、相次いで人員削減が発表され、雇用不安はいっそう深刻となった。終身雇用を掲げる松下電器も、例外ではなかった。

広島は、マツダの企業城下町とよばれるほど、地方経済がマツダに依存している。マツダは、バブル時代に五チャンネルの販売網と高級車戦略により、拡大路線にかじを切ったが、バブル崩壊後、この拡大路線が経営を圧迫した。一九九六年からフォードによる再建を進め、二〇〇一年二月に一八〇〇人の希望退職募集を行った（「『早期希望退職者』マツダ社員1万2000人の選択」プレジデント五月一四日号（二〇〇一年）、「『早期退職者たちの』半年後の収支決算」プレジデント一〇月一日号(二〇〇一年)参照)。

雇用リストラの影響は、年間自殺者数にもあらわれ、一九九八年にはじめて、その数が三万人を超えた。三年連続して、三万人を超えている。

小泉改革の行方と国民の「痛み」

森内閣の閉塞感から抜け出し、経済の立直しをになって誕生した小泉内閣は、「聖域なき構造改革」の旗を掲げた。二〇〇一年六月二一日、政府の経済財政諮問会議は、経済財政・構造改革の基本方針を正式に決定した。それによると、二〇〇一年度から二〇〇三年度までの間を「日本経済の集中調整期間」とし、不良債権処理を経済再生の第一歩と位置づけ、そして、構造改革を推進するために七つのプログラム(①民営化・規制改革、②チャレンジャー支援、③保険機構強化、④知的資産倍増、⑤生活維新、⑥地方自立・活性化、⑦財政改革)を提示した。

この構造改革の「トンネル」を抜けると、「民需主導の経済成長が実現」し、「国民が自信と誇りに満ち、努力するものが夢と希望を持って活躍し、市場のルールと社会正義が重視される」社会に向かう、という(『日本経済新聞』二〇〇一年六月二二日参照)。問題は、小泉改革にともなう国民の「痛み」である。国民の「痛み」は、不良債権処理にともなう失業、行政サービスの低下、税金・社会保険料の値上げ等としてあらわれる。

失業と雇用に関していえば、竹中経済財政政策担当大臣の説明によれば、数年間に一〇万人から二〇万人の失業を生み出すが、構造改革の結果、五年間で五三〇万人の新規分野での雇用創出が期待される、という。だが、失業者数の予測、新規雇用の創出ともに、楽天的すぎる。また、もしかりに雇用機会の創出が見込まれるにしても、スムーズな労働移動が行われる保証はない。

これまでに経験のない大量失業の時代に備え、有効な雇用のセーフティーネット（安全網）をいかに構築できるか、改革の成否がここにかかっている。

雇用のセーフティーネット（安全網）

政府の「産業構造改革・雇用対策本部」（本部長小泉首相）は、二〇〇一年九月二〇日、「①規制緩和を通じた新産業の育成、②雇用のミスマッチの解消、③セーフティーネット（安全網）の整備」を柱とする総合雇用対策を発表した（『朝日新聞』二〇〇一年九月二一日参照）。第一五三回臨時国会における、首相の所信表明演説でも言及されている。ここでは、構造改革にともなう当面の失業・雇用への対応として、失業対策の伝統的な手段である、職業紹介、雇用保険、職業訓練について簡単に紹介するにとどめたい。

職業紹介を民間にゆだねることの弊害から、職業安定法（一九四七年）により、公共職業安定所が職業紹介をになってきたが、一九九九年に、公的職業紹介の制限が大幅に緩和された。同年、改正労働者派遣法（一九八五年）は、派遣業務を原則的に自由化した。同じく、改正職業安定法も、民間会社に紹介事業の参入を認めた。職業紹介の自由化の狙いは、派遣社員の保護や雇用機会の拡大をうたいながら、正規社員の雇用の流動化にあった（加瀬和俊・田端博邦編著『失業問題の政治と経済』（日本評論社、二〇〇〇年）一三—一五頁参照）。

職業紹介の規制緩和が、このように雇用リストラの促進にあるならば、「民間職業紹介業者は、就職の可能性が高い労働者の紹介には関心があっても、一般的に就職が困難な高齢者、障害者、女性の紹介に熱心になるとは考えにくい。……多くの失業者・求職者にとって公的職業紹介が積極的な役割を果たすことがますます必要になる」との指摘に、耳を傾けるべきだ（萬井隆令・脇田滋・伍賀一道編『規制緩和と労働者・労働法制』（旬報社、二〇〇一年）二四

表 13－4 来年 4 月からの失業手当の給付日数

▽倒産，解雇等により離職を余儀なくされた場合

勤続年数	1 年未満	1 年以上 5 年未満	5 年以上 10年未満	10年以上 20年未満	20年以上
30歳未満	90日	90日	120日 （ 30日）	180日	—
30歳以上 45歳未満	90日	90日	180日	210日	240日 （ 30日）
45歳以上 60歳未満	90日	180日	240日 （ 30日）	270日 （ 30日）	330日 （ 30日）
60歳以上 65歳未満	90日	150日 （△90日）	180日 （△120日）	210日 （△90日）	240日 （△60日）

▽定年など離職前からあらかじめ再就職の準備ができるような場合

勤続年数	1 年未満	1 年以上 5 年未満	5 年以上 10年未満	10年以上 20年未満	20年以上
30歳未満	90日	90日	120日 （ 30日）	150日 （△30日）	—
30歳以上 45歳未満	90日	90日	120日 （△60日）	150日 （△60日）	180日 （△30日）
45歳以上 60歳未満	90日	90日 （△90日）	120日 （△90日）	150日 （△90日）	180日 （△120日）
60歳以上 65歳未満	90日	90日 （△150日）	120日 （△180日）	150日 （△150日）	180日 （△120日）

注：カッコ内は，現行の所定給付日数との差，△はマイナス。
出典 『日本経済新聞』2000年 7 月15日

一頁参照）。

雇用保険法（一九七四年）は、失業保険法を改正して生まれた。同法は、失業保険の給付のみならず、失業の予防（雇用安定事業）や労働者の能力開発（能力開発事業）等もその対象とする。雇用の安定した時代には、失業保険の問題は表面化しない。失業率の上昇が事態を変えた。二〇〇一年四月、雇用保険法が改正され、**表13－4**のように、失業手当の給付条件が大きく見直された。

その内容は、定年や自発的離職の場合に、失業手当の給付日数を引き下げ、倒産・解雇などの場合には、一部給付日数を引き上げた。たとえば、再就職の困難な四五歳以上六〇歳未満で、最長三三〇日まで引き上げられた。雇用保険財政の悪化にもとづく改正で、給付条件は全体に厳しくなっている。給付額、給付期間の拡大が検討課題である。

職業訓練を定めているのが、職業能力開発促進法（一九八五年）である。各都道府県には、公立の職業訓練学校がある。訓練校には、入校テストがあり、訓練期間も長いため、すべての希望者が利用できるわけではない。そこ

で、国は、雇用保険にもとづく能力開発事業として、再就職訓練を民間の専門学校に委託する方式を新たに採用した。三カ月の訓練期間中受講料は無料であるが、どれだけ再就職に有効であるか、明らかでない（『朝日新聞』二〇〇一年九月三日参照）。

今後予想される失業者の増大に対し、公的職業紹介の強化、求職と求人のミスマッチの解消、失業保険給付の拡大、有効な職業訓練などの措置を講じる必要がある。改正雇用対策法（二〇〇一年一〇月施行）は、中高年の再就職に対応すべく、雇用の年齢制限を撤廃した。その成果が期待される。

4　ハンセン病訴訟

ハンセン病に対する差別と偏見

ハンセン病は、らい病菌によって末梢神経や皮膚が侵される病気である。日本では、一九〇二年から隔離政策がはじまる。いったん隔離されると、死ぬまで退所することはできない。患者の断種や堕胎を認める旧優生保護法は、一九四八年に制定された。遺伝病ではないが、この法律によって、断種が一四〇〇件、妊娠中絶が三〇〇〇件以上強制的に行われた。およそ四五〇〇人が、全国一五の療養所に入所している。

ハンセン病に対する社会の差別と偏見は、わたしたちの想像をはるかに超える。一九九六年にらい予防法が廃止されたが、それで患者や家族の受けた苦しみが消え去るわけではない。隔離による家族との別れ、親や兄弟が受ける差別、地域社会の偏見、隔離された療養所での暮らし等々。ハンセン病をテーマとした松本清張原作の『砂の器』における親子の放浪のシーンは、とても悲しい。

隔離政策違憲判決と人間として生きること

二〇〇一年五月一一日、熊本地方裁判所は、国のハンセン病患者隔離政策を違憲と断じた。今回、患者の国家賠償訴訟に、はじめての司法判断が示された。全国のハンセン病患者が待ち望んだ瞬間だった。判決は、患者がこれまで被ってきた、いわれのない差別と偏見に思いをいたし、患者に人間として生きることを回復させた画期的判決であったといえよう。

まず、判決によれば、一九六〇（昭和三五）年の時点で、医学的な知見にもとづけば隔離の必要性が失われていたにもかかわらず、厚生省（当時）は、隔離政策の抜本的な変更をなさず、隔離所からの自由退所や隔離所以外での治療体制の確立などの措置をとらなかった。また、同省は、隔離政策によってハンセン病が恐ろしい伝染病であるとの社会的な差別や偏見を除去する措置も講じなかった。かかる点で、厚生大臣は法的責任を負うとされた。

次の争点は、国会議員の立法不作為の責任である。隔離政策を引き継いだ「らい予防法」（新法）は、一九五八（昭和三三）年に制定された。判決は、隔離の必要性がなくなった後、国会議員が同法を廃止しなかった立法不作為の責任を認めた。要するに、行政や立法による隔離政策の維持が、憲法一三条の人格権の制限にあたる、という。

この事件は、長期間にわたる隔離政策による損害を争った点に特徴がある。判決には、これに対応した訴訟技術の面で工夫がみられる。損害の認定を個々に判断するのではなく共通損害としたこと、除斥期間の起算点を新法廃止の一九九六年と判断したこと等がそれである。

小泉総理の政治決断

患者の大きな喜びや世論の高い賞賛とは対照的に、政府部内では、熊本地裁判決をそのまま承認することに根強い抵抗があった。国の責任が明記されていたこともさることながら、判決には最高裁の解釈と矛盾する点があったからである。地裁判決を確定させずに、いったん控訴したうえで和解する、という案が密かに検討された。

だが、最終的に、小泉総理は、患者代表と会い、二週間の控訴期限ぎりぎりに控訴を断念する政治決断を行った。悩んだ末の決断として受け止められ、政治的パフォーマンスとしては効果的で、大きな支持を受けた。政府は、五月二五日、控訴断念にあたり、異例の措置であったことを強調する政府声明を発表した。今回の熊本地裁判決は、国会議員の責任を認め、損害を四〇年間にわたり認定したが、これは、国家賠償法および民法の解釈上問題である、とする内容であった。ハンセン病の差別と偏見の厳しさが、法の解釈をも上回る結果となった。

第14章　戦争と人権——「共生」社会の対極にあるもの

1　究極の人権侵害としての戦争

ルソン戦にみる戦争の悲惨

炎の上に七、八個並べて吊り下げられた飯ごうのなかで、ギラギラ光る脂肪がぶくぶくと泡立ってきた。取り囲むみんなの目は異様に光っていた。私たちはそのとき、獣になり下がり、餓鬼道に落ちていた。……肉はひどく硬かった。いくら噛んでも歯槽膿漏にかかっていた歯では、とても噛み切れない。栄養失調の兵隊の肉だから筋張っているのだろう、と思って、そのまま無理やり呑み込んでしまった。私は今でも、その味がどうであったか、少しも記憶にない。ただ夢中で呑み込んだ感触だけが、ぼんやり残っている。

長井清『悔恨のルソン』（築地書館、一九八九年）

一九四五年一月九日未明、フィリピン・ルソン島に上陸したアメリカ軍は、わずかな期間に日本軍主力を壊滅させた。この文章は、北部ルソン島の山奥深く追い詰められた日本兵が、飢餓状態のなかでついに仲間の兵隊を生きたまま食べてしまうという体験談の一節である。

同じ北部ルソン島で、戦争と軍に対する「人間」としてのギリギリの抵抗を試み、マラリアとアメーバ赤痢に罹りながらも生還した久田栄正氏（憲法学者、一九八九年一二月死去）はいう。「私の体験したルソン戦場は、まさに厚い『死の壁』（そこから逃げ出せば敵前逃亡罪、抗命罪で、日本軍によって殺される）によって囲われた『屠殺場』だった。……戦争の馬鹿らしさ、軍隊の馬鹿らしさ、軍隊的階級秩序の馬鹿らしさを目のあたりにして、兵たちは、『こんな馬鹿な戦争で死ねるか』、『こんな奴（上官）の下で死ねるか』、『何としても生きて故郷に帰りたい』と、生の執着（人間の原点）をはっきりと言葉にしていうのだった。そして戦わずに戦線離脱していった。だが、戦線離脱しても戦場で生きていく条件はない。生きる条件のないところで、生きる戦いをせねばならなかった。生きるためにエゴイズムに走り、現地人の物を略奪し、日本兵同士が盗み合う。『皇軍』はまさに獣化していった」（久田栄正・水島朝穂『戦争とたたかう──一憲法学者のルソン島戦場体験』（日本評論社、一九八七年））。戦場では「死の順番」があった。高級将校の生存率は高く、下級の兵士になるほど死亡率は高くなった。久田氏の身近の話では、彼の所属した第二三師団（熊本）の高級主計（少佐）が、自分の食糧を部下の兵隊にもたせ、その兵隊には食べさせずに餓死させている。こうした「餓死の階級性」はルソン島だけでなく、各地の戦場で現出した。そして下級兵士という弱い者同士が人権を侵害しあい、そしてさらに弱い人々（民間人やフィリピン民衆）の人権を奪っていった。まさに、究極の人権侵害、それが戦争である。軍は決して民衆を守らない。これは過去・現在の無数の事例によって立証された「真理」であり、ルソン戦場でも随所で展開された。沖縄で起こった日本軍による住民虐殺はその集中的表現である。参謀本部・教育総監部『極秘・上陸防禦教令（案）』（一九四四年一〇月）の「住民ノ利用」の項には、「不逞ノ分子等ニ対シテハ機ヲ失セズ断固タル処置ヲ講ジ禍根ヲ未然ニ芟除スル等之ガ対策ヲ誤ラザルヲ要ス」とある（久田・水島前掲『戦争とたたかう』）。住民を利用するだけ利用して、敵に情報を与えるおそれがある場合には「処置」せよということだ。自国軍隊そのものも民衆の権利を侵害する主体となり得ることは、沖縄の出来事だけでなく、歴史上多くの事例が教えている。

「君死にたまふことなかれ」

戦争や軍隊を拒否する思想（非戦・反戦の思想）も、歴史上少なからず存在した。たとえば、与謝野晶子が、旅順攻防戦（日露戦争）の決死隊に志願した弟籌三郎に与えた詩はあまりにも有名である。

1　ああ、弟よ、君を泣く、　君死にたまふことなかれ。
末に生まれし君なれば　親のなさけは勝りしも、
親は刃をにぎらせて　人を殺せと教えしや、
人を殺して死ねよとて　二十四までを育てしや。

2　略

3　君死にたまふことなかれ。　すめらみことは戦いに
おほみづからは出でまさね、　互に人の血を流し、
獣の道に死ねよとは、　死ぬるを人の誉れとは、
おおみこころの深ければ　もとより如何で思されん。

ここには、人の命の尊さと、それを奪う戦争の不条理に対する、「まことの心」から発する叫びがある。自己を安全圏内におきながら兵士に死ぬことを要求する「命令権者」に対するギリギリの批判もある。この詩を危険思想と決めつけた大町桂月に対し晶子は、「少女と申す者誰も戦争ぎらひに候」と鋭く切り返した。

晶子がこれを書いた二〇年後、ドイツの反戦啓蒙家E・フリートリッヒは、「全世界の人々へ」（一九二四年七月）のなかで、戦争と軍隊へのいかなる参加・協力も拒否せよとよびかけた。結びの言葉はこうだ。

> 汝ら女性たちよ。汝の夫が心弱き時は、汝自身がこのことを実行せよ！　夫との愛の絆が軍命よりも強いことを立証せよ！　夫を前線に行かせてはならない！　夫の銃を花で飾ってはならない！　夫の首にしっかりと手をまわせ！　出発の命令が下っても、夫を行かせてはならない！　すべてのレールを引きはがし、列車の前に立ちはだかれ！　女性たちよ、汝の夫が心弱き時、これを実行せよ！　全世界の母親たちよ、団結せよ！
>
> Ernst Friedrich, Krige dem Kriege, 19. Aufl., 1988, S. 14.（坪井主税訳）『戦争に反対する戦争』（龍渓書舎、一九八八年）

フリートリッヒのよびかけから約半世紀が過ぎ、世界的に反核運動が盛り上がった一九八〇年代初頭。イギリスのE・P・トンプスンは、イギリス政府の民間防衛パンフレット『防護して生き残れ』（PROTECT AND SURVIVE）をもじって『抗議して生き残れ』（PROTEST AND SURVIVE）を書き、核シェルターを作って核戦争に対処する政府の施策のナンセンスさを徹底的に批判した。そして、「もし生き残ろうとするなら、我々は抗議しなければならない。抗議こそは、唯一の現実的な民間防衛である」と訴えた（E・P・トンプスン、D・スミス（丸山幹正訳）『世界の反核理論』（勁草書房、一九八三年））。

戦争が「戦場」で軍人・兵士だけで行われていた時代はとっくに終わっていた。第一次大戦以降「国家総力戦」の時代に入り、「前線」と「銃後」の区別はなくなり、民衆も戦争に強制的に「参加」させられていく。相手国の都市に対する攻撃（戦略爆撃はその典型）が戦争の帰趨を決めるようになる。当然、戦争による死傷者は軍人よりも民衆の方が増えていくことになる。ヒロシマにはじまる核兵器の登場は、そうした傾向を極限にまで拡大した。究極の人権侵害事由である戦争と、それをもたらす軍備（軍隊）というものを否定する論理。戦争に民衆を動員する国家のあらゆる試みを拒否する論理。それが平和的生存権である。日本国憲法によって、この権利ははじめて憲法上の人権となったのである。

2　緊急事態法制と人権

日本国憲法と緊急事態法制

平和的生存権の対極に位置するもの、それが緊急事態法制である。緊急事態（国家緊急〈非常〉事態）とは、憲法によって定められた通常の方法では克服しえないような重大な危険が発生した場合とされ、一般には対外的緊急事態（戦争等）と対内的緊急事態（内乱・暴動・大規模災害等）の二つのタイプが挙げられる。かかる緊急事態に直接対処し、これを克服するための法制度（国家緊急権の装置）、これが緊急事態法制である。そこでは、個人の人権は一時棚上げ（停止ないし大幅な制限）される。

大日本帝国憲法には、天皇中心の広範な緊急事態規定があった。行政機関が法律に代わる命令を発布する緊急命令権（八条）、行政・司法権限を軍に集中する戒厳宣告権（一四条）、憲法上の権利を停止する天皇非常大権（三一条）、一定の場合に議会を通り越して財政支出等を行う緊急財政処分（七〇条）がそれである。この他にも、戒厳令、徴発令、徴用令、さらには国家総動員法、防空法、戦時緊急措置法、義勇兵役法等の戦時法令を含め、緊急事態法の体系が続々と整備されていった。そこでは、市民の人権はトータルに制限された。

日本国憲法はそうした緊急事態法の体系をすべて否定している（前文、九条、一八条、七六条二項等々）。日本国憲法は国家緊急権規定をまったくおいていないが、そのことは、国家緊急権とその諸システムを黙示的に否定していると解することができる。だが、日本が再軍備されていく過程で、緊急事態対処措置は法令のレヴェルで次第に整備されていった。とりわけ自衛隊法は、対外的緊急事態のタイプに属する「防衛出動」（七六条）と、対内的なそれに属する「治安出動」（七八条）を軸に、一定の緊急事態対処措置を規定している。しかし、日本国憲法が存在するために、緊急事態法制としての完成度は必ずしも高くはない。それ故、本格的な緊急事態法制を整備するための研究が色々と行われてきた。最も有名なのが、一九六三年の「非常事態措置諸法令の研究」（昭和三八年度統合防衛図上研究〈三矢研究〉）である。これは第二次朝鮮戦争を想定した日米制服組の作戦計画で、開戦と同時に八七件の戦時立法を二週間で成立させることが企図されていた。そのなかには、人質・物資等を戦争目的のために動員し、国および自治体の機関を戦時編成するとともに、国民の基本的人権を広範に制約するという明らかに憲法違反の内容であった。しかし、国会において野党側が暴露したために頓挫する。

「有事法制」と人権

緊急事態法制確立への動きが加速するのは、一九七七年に内閣総理大臣の了承→防衛庁長官の指示という形で開始された「有事法制」研究からである。第一分類（防衛庁所管法令）、第二分類（他省庁所管法令）、第三分類（所管省庁が明確でない事項に関する法令）という三つの分類事項について研究がなされ、すでに第一分類（一九七八年）および第二分類（一九八四年）について「中間報告」がなされている。前者では、自衛隊法一〇三条の研究が中心となり、「有事」における物資の収用、土地の強制使用、物資保管命令違反に対する罰則規定、民有地の緊急通行権、医療・土木・運輸の従事者に対する罰則付の業務従事命令等の検討が具体的ポイントとなった。後者では、建設、郵政、運輸、厚生等一〇以上の省庁（当時）にかかわる事項について、七項目、一〇件について特例措置を設けることが提起されている。そのなかには、「有事」における陣地・建造物の構築のために海岸法や河川法、建築基準法等に特例措置を設けることから、野戦病院設置のための医療法の特例措置、さらには戦死者の緊急埋葬のための「墓地・埋葬等に関する法律」の特例措置にいたるまで、広範な内容が検討されている。また、特例措置をあえて設けないでも、現行法の解釈・運用で処理が可能とされているものがかなり含まれている。さらに、第三分類の研究には、戦時における住民の保護・避難等に関する法律、灯火管制その他民間防衛に関する法律、捕虜の処遇に関する国際条約の国内法制化等が含まれている。このなかでは、とくに民間防衛の問題がポイントとなる。なお、第三分類に関する「中間報告」と、全体を総括した「最終報告」は、いまだに出されていない。各省庁の調整を要するところから、内閣安全保障室で検討中とみられる。ところで、この安全保障室は一九八五年の安全保障会議設置法によって新設された内閣官房の部局である。この安全保障会議設置法ではまた、「重大緊急事態」に対する対処措置が新たに導入された（二条二項）。これには、ハイジャックやテロ、航空機撃墜事件等が含まれている。この法律は国防会議の改編等を中心とした組織法であるが、実は、日本の緊急事態法制を再編成していくうえで重要な位置と役割が期待されているのである。

緊急事態法制は、国民の基本的人権を広範に制約するものであり、平和的生存権とは相容れないものである。さらにまた、民間防衛という形で、核シェルターの設置を義務づけたり、防空訓練への参加等を直接・間接に促進する行為も、平和的生存権の侵害となる。要するに、平和的生存権は、戦争およびそれにいたる準備過程、さらに「平時」から、国家が市民を軍事目的のために動員したり、そのための何らかの給付を強制されたりすることのない権利である。軍による市民に対する直接の侵害行為の排除を求めることができることはいうまでもない。この点で、自衛隊法七八条、八一条の治安出動はきわめて問題である。そこで想定されているのは、自衛隊が、「敵兵」にではなく、日本国民に銃（銃剣）を向ける事態である（陸幕「治安行動（草案）」一九六〇年一一月）。実際、警察予備隊当時の一九五一年五月、デモ隊鎮圧の警備出動の一歩手前までいったことがある（「戦後防衛の歩み」(49)自衛隊準機関紙『朝雲』一九八九年一〇月二六日）。また、一九六〇年安保改定時、国会を包囲したデモ隊に対して、岸首相は自衛隊の治安出動を求めた。その日は赤城宗徳防衛庁長官の強硬な反対で事なきをえた（赤城「拒みとおした自衛隊の出動」朝日ジャーナル一九六五年一月一二日号）。その後も、国際反戦デー等の「騒乱」や三島由紀夫事件等のなかで、自衛隊の治安出動の影がちらついた。軍が政治の手段に使われるのは、歴史上無数のケースがあるが、最近の悲劇的事例としては、八九年六月の中国「人民解放」軍による学生・市民の大量殺戮（天安門事件）が記憶に新しい。こうしたケースをみると、軍の存在そのものが平和的生存権の侵害を構成するという主張がいっそうのリアリティを増しているようにも思われる。

なお、一九九六年四月の「日米安保共同宣言」以降、「極東有事研究」とそれにともなう法律改正の動きが活発化している。とくに、「朝鮮有事」における対米支援のため、米軍による民間空港や港湾の使用、重要施設（原発や米軍基地）の警備、大量難民対策、「邦人救出」などが重点項目として検討されている。ＡＣＳＡ（日米物品役務相互提供協定）が締結され、米軍の活動に対する後方支援についてのバックアップ態勢も作られ、法令整備も進んでいる（自衛隊法一〇〇条の九新設、「陸上自衛隊ACSA細部実施に関する達」制定など）。「有事法制」も、旧ソ連を想定したものをベースとしたものから、日米安保の新展開に即したより実際的なものになりつつある。市民の権利・自由との関係で、いかなる問題が生ずるかを冷静・慎重に見極める必要が出てこよう。

3　軍事秘密と人権

一般に、緊急事態にいたらない「平時」の段階でも、表現の自由や報道の自由、知る権利等は、国家の軍事装置（軍隊・自衛隊）との関係で高度の緊張関係に立つ。戦前の帝国憲法下では、軍機保護法、国防保安法、軍用資源秘密保護法等により、国民の政治的権利は圧殺に近い状態にあった。戦後、日本国憲法下では、知る権利（情報公開）が原則で、秘密はきわめて厳格に制限された範囲内でのみ例外的に認められるにすぎない。軍事秘密は憲法九条との関係からも憲法的正当性をもちえない（水島朝穂「現代国家における秘密保護」公法研究五〇号（一九八九年））。だが実際には、日米安保条約にもとづく刑事特別法（「日本国とアメリカ合衆国との間の相互協力及び安全保障条約第六条に基づく施設及び区域並びに日本国における合衆国軍隊の地位に関する協定の実施に伴う刑事特別法」）や、MDA秘密保護法（「日米相互防衛援助協定等に伴う秘密保護法」）、自衛隊法五九条が、軍事秘密保護法制として機能している。今日、「防衛秘密」は機密〇件（〇点）、極秘三三五件（三一三六点）、秘七三九一件（一三万九三七一点）の計七七二六件（一四万二五〇七点）にのぼり、防衛庁の秘密である「庁秘」は、機密二七七件（四万四〇四八点）、極秘九七〇二件（五万五六三三点）、秘一二万八七四四件（一六三万一八五六点）の計一四万一一二三件（一七三万一五三七点）に増えている（九一年一二月末）。

一九八〇年代以降、「国家秘密法案」（最近では、「防衛秘密を外国に通報する行為等の処罰に関する法律案」）が機会をみては浮上してくるので注意が必要である。この法案は、表現の自由や報道の自由、知る権利を著しく侵害するものであり、処罰の範囲もきわめて広く、違憲性の強い法案である。

情報公開と軍事秘密との関係では、那覇市情報公開条例にもとづくケースが重要である。このケースは、那覇市が情報公開条例にもとづき、海上自衛隊の対潜水艦作戦センター（ＡＳＷＯＣ）の資料公開を決定したのに対して、国がその取消しを求める訴えを起こしたもの。那覇地裁は「法律上の争訟に当たらない」としてこれを却下した（那覇地判一九九五年三月二八日判時一五四七号二二頁）。この判決では、国が一括して秘匿しようとした文書について、その秘密としての要保護性を否定した点が重要である。

4　軍人（自衛隊員）と人権

一般市民と異なり、軍事装置の構成員の権利の問題は別個に検討する必要がある。戦前ならば、軍人に関する事件には軍刑法が適用され、特別の軍事裁判所（軍法会議）で裁かれた。今日、自衛隊員は一般市民と同様に、普通裁判所で裁かれる。ただ、自衛隊員の身分は特別職国家公務員であり、自衛隊法により通常の公務員よりも厳しい人権制約を受けている。服務宣誓義務、職務専念義務、秘密保持義務、政治的行為の制限等は一般職国家公務員とほぼ同様だが、命令服従義務はより厳しく要求されている。多数共同で上官の命令に反抗（抗命）した場合は平時・出動時を問わず（一一九条一項七号）、また個々に反抗した場合（単純抗命）は治安出動時（同六号）および防衛出動時（一二二条一項三号）において処罰される。また、自衛隊員は指定場所に居住し（五五条）、常時勤務態勢にあることが義務づけられている（五四条）。陸曹長および空曹長以下の自衛隊員は営舎内居住義務がある（五五条、同施行規則五一条)。ただし、最近陸上幕僚監部が出した「輝号計画」は、外出時間の延長、妻帯者の陸士長の営外居住許可等の待遇改善を図っている(『朝雲』一九八九年一一月一一日)。職務遂行義務も、「職務上の危険若しくは責任を回避し、又は上官の許可を受けないで職務を離れてはならない」と厳しく規定され(五六条)、各種出動命令(待機)時の職務離脱には罰則がある(一二〇条一項二号等)。勤務条件等について国と交渉するために組合を結成したり、これに加入することや、各種争議行為(企て・共謀・教唆・煽動を含む)もトータルに禁止されている(六四条、罰則一一九条一項二・三号、同二項)。さらに、自衛隊員には退職について特別の制限があり、一般と同様の退職の自由はない(四〇条)。PKO派遣をはじめ、海外出動任務の拡大にともない、隊員の抵抗や職務離脱の可能性も出てくるだろう。現行自衛法の罰則強化や特別裁判所の設置の動きも将来生まれるかもしれない。

小西誠三等空曹(当時)が、基地の内外で特別警備訓練の拒否をよびかけるビラを貼った行為が、怠業煽動(六四条)で起訴されたいわゆる小西反軍裁判は、自衛隊員の言論の自由の問題としても大きな注目を浴びた。防衛庁側が特別警備訓練の根拠となっている空幕長通達の提出を拒否したため、裁判所は、犯罪証明不十分として被告人に無罪判決を言い渡した(新潟地判一九七五年二月二二日判時七六九号一九頁)。控訴審の東京高裁は、通達未提出でも証人調べ等によりその内容は明らかになるのに、審理を尽くさなかったのは違法として、原判決が破棄、差し戻しする判決を言い渡した(東京高判一九七七年一月三一日判時八四三号一七頁)。しかし差戻し審でも再び無罪の判決が言い渡され(新潟地判一九八一年三月二七日判時一〇〇二号六三頁)、検察側が控訴を断念したため判決は確定した。理由は被告人の行為が「怠業的行為の遂行の煽動」に該当しないというもの。いずれの判決も自衛隊の憲法判断には立ち入らなかったが、自衛隊員の人権について法廷で争うはじめての場となった。

二人の自衛隊員が、言論の自由等の人権を隊内でも保障するように求めて、制服着用のまま要求書を防衛庁前で読み上げたため懲戒免職となったケースでは、処分の取消しを求める原告の請求が棄却され、「隊員たるにふさわしくない行為」という国側の主張が肯定された（東京地判一九八九年九月二七日判時一三二五号二八頁）。市ケ谷の第三二普通科連隊内でも、数名の陸曹（下士官）が隊員の権利擁護の運動を展開した（小西誠『隊友よ、侵略の銃はとるな――市ケ谷反戦自衛官の闘い』（新泉社、一九八九年）参照）。一九五〇年代半ばに徴兵制をしいた旧西ドイツでは、軍人は「制服を着た市民」（Staatsbu↑rger im Uniform）として扱われ、憲法（基本法）も、軍人の権利保障とその制限について特別の規定をおいている（一七a条）。これを受けて、一九五六年の「軍人の法的地位に関する法律」（軍人法）六条は、「軍人は、すべて他の国民と同様の公民的諸権利を有する。軍人の諸権利は、軍事的勤務に必要な範囲内で、法律に基づく諸義務によって制限される」と規定している。また、防衛監察委員（軍事オンブズマン）の制度もある。ドイツでは、「制服を着た市民」という軍人像と、「軍と社会」のあるべき関係（民主主義国家における軍隊）ということが追求され、軍人に対する権利制限にも様々な歯止めがかけられている（水島朝穂『現代軍事法制の研究――脱軍事化への道程』（日本評論社、一九九五年））。

憲法九条で一切の戦力の保持が禁止されているわが国においても、一般隊員の権利をめぐる問題は、今後、自衛隊そのもののあり方の問題（第4章参照）と並行して、議論していく必要があろう。

5　平和的生存権

日本国憲法と平和的生存権

二度にわたる核兵器の使用を含む第二次世界大戦の悲惨な結果は、日本国憲法に、従来の人権のカタログにはみられない平和的生存権という「新しい人権」を採用させるにいたった。憲法前文は、「全世界の国民が、ひとしく恐怖と欠乏から免かれ、平和のうちに生存する権利を有すること」を明快に宣言している。そこでは、平和は人権の問題として位置づけられている。平和は他のあらゆる人権の前提、あるいは基礎として「人権の中の人権」となったのである。

では、平和的生存権はどのような権利なのか。まず、この権利は憲法前文に登場するが、個別の人権条項には文言一つ出てこない。そのことから、平和的生存権の権利性を否定する見解も存する。たとえば、百里基地訴訟控訴審判決（東京高判一九八一年七月七日判時一〇〇四号三頁）はいう。

「『平和的生存権』をもって、個々の国民が国に対して戦争や戦争準備行為の中止等の具体的措置を請求し得るそれ自体独立の権利であるとか、具体的訴訟における違法性の判断基準になり得るものと解することは許されず、それは、ただ、政治の面において平和理念の尊重が要請されることを意味するにとどまる」と。

しかし、憲法学の圧倒的多数の学説は、平和的生存権を憲法上の人権として承認している。ただ、その憲法的構成や法的根拠等をめぐって、見解の相違がみられる。第一説は、憲法前文の裁判規範性の承認を前提として、この権利を憲法前文上に根拠を有する人権ととらえ（山内敏弘等）、第二説は、憲法一三条の「個人の尊重」の権利を、憲法の三大原理（平和主義・国民主権・基本的人権）の結節点である平和的生存権の具体化とみる（久田栄正）。そして第三説は、平和的生存権は人類普遍の基本的人権であって、前文においてそのことが明示的に確認されており、そのうえで、憲法九条において戦争放棄・戦力不保持という客観的制度の側面が保障され、他方、憲法第三章の具体的・個別的人権条項において、主観的権利の側面が保障されていると解釈する（深瀬忠一等）。第四説は、憲法九条を、端的に平和的生存権の保障規定ととらえる（浦部法穂）。これらの説は相互に決定的に対立するというのではなく、平和的生存権の憲法的構成の重点の置き方の違いに起因するところが大きい。自衛隊を違憲と判断した長沼一審判決（札幌地判一九七三年九月七日判時七一二号二四頁）は、平和的生存権を正面から承認した初の（そして唯一の）判決であるが、憲法的構成の点では第三説に近い。判決は、この権利を憲法前文上の基本的人権であり、第三章の各条項によって個別的な基本的人権の形で具体化されている裁判規範であるとしたうえで、ミサイル基地が「一朝有事の際にはまず相手国の攻撃の第一目標になる」ことから、周辺住民の平和的生存権侵害の危険を指摘し、原告側の「訴えの利益」を認めた（自衛隊違憲判断については第**4**章参照）。

平和的生存権の新しい展開

平和学の観点からみると、平和は「戦争の不在」（absence of war）のみを意味しない。平和は、抑圧、飢餓、貧困、人種差別、環境破壊、放射能汚染といった「構造的暴力」（structural violence）からの解放をも含意する「積極的平和」（positive peace）と考えられるようになってきた（J・ガルトゥング（高柳先男ほか訳）『構造的暴力と平和』（中央大学出版部、一九九一年））。日本国憲法が、「全世界の国民が、ひとしく恐怖と欠乏から免かれ、平和のうちに生存する権利を有する」（前文第二段）としていることから、「恐怖」や「欠乏」からの解放をも含む「積極的平和」の達成が憲法の期待する「平和」のうちに含まれていると解することもできる。

一九七八年の国連決議33／73「平和的生存の社会的準備に関する宣言」第一部第一項はいう。「すべての国とすべての人間は、人種、信条、言語または性のいかんにかかわらず、平和的生存の固有の権利を有する。この権利ならびにその他の人権の尊重は、すべての人類の共通の利益にそうものであり、大小を問わず、すべての国のすべての分野における進歩の不可欠の条件をなすものである」（傍点引用者）と。このように、平和的生存権は、今や国際レヴェルの議論に広がりつつある（浦田賢治「平和的生存権の諸相」上野裕久教授退官記念『憲法の科学的考察』（法律文化社、一九八五年））。

ところで、前述のように「積極的平和」という形で平和概念を広く把握していくことは重要であるが、平和的生存権の内容に、貧困や抑圧、環境破壊等からの自由までも含むと解することは、平和的生存権の「拡散化」につながるおそれがないとはいえない。やはり平和的生存権の議論の重心は、戦争や国家の武装（軍備）との関係におくべきだろう。その際、軍備の保有それ自体が平和的生存権の侵害を構成するかどうかという論点がある。軍備は、外国との関係で「事を構える」（戦争・武力行使等）ことでその国の市民の人権を侵害するだけでなく、そうした組織が存在するだけで平和的生存権の侵害状態を発生させるおそれがある（徴兵制や軍事目的による人権制限等）。その意味で、九条は平和的生存権の具体的内容を示しており、それは国による平和阻害行為の排除を内容とするもので、その点からすれば軍備保有も平和的生存権の侵害となる、という見解は注目される（浦部法穂『憲法学教室Ⅱ』（日本評論社、新版、一九九六年））。だが、そこまで広く解すると、世界中の軍備保有国はすべて平和的生存権侵害国家となってしまうとの批判も予想される。軍備保有それ自体が平和的生存権侵害となるといいうるためには、統治原理としての国家非武装と、人権原理としての平和的生存権との関係、双方の守備範囲の確定が必要である。ただ、その際、憲法九条の想定する国家が伝統的な国家観を転換した、いわば「平和主義的法治国家」ないし「立憲平和主義」の形態であることに留意すべきだろう。「『個人の尊重』（憲法一三条）を徹底した国家、すなわち、一人の人間の生命もかけがえのないものとして尊重する国家では、戦争は成りたたない」（久田栄正『日本法の現状と課題』（敬文堂、一九七九年））のである。

第Ⅲ部

「共生」社会の姿

第15章　新しい時代の地方自治

1　新しい時代の地方自治

一九九六年夏、二つの住民投票が大きな注目を集めた。

一つは、八月四日、新潟県巻町で行われた住民投票である。原子力発電所建設の是非が全国ではじめて問われたこの投票には、八八％の有権者が参加し、六一％が原発反対の票を投じた。現行法上、こうした住民投票は制度化されていないため、町議会が独自に制定した住民投票条例にもとづき投票が実施された。

同年九月八日には、沖縄県で、米軍基地の整理・縮小、日米地位協定見直しの賛否を問う住民投票が実施された。戦後の沖縄は「基地の島」としてさまざまな犠牲を強いられてきた。一九九五年九月の米兵による少女暴行事件は、「基地の島」沖縄の苦難や日米安保の問題点を改めてクローズアップした。そうしたなか行われたこの投票（やはり住民投票条例による）では、六〇％が投票、八九％の圧倒的多数が基地の整理縮小・地位協定見直しに賛成票を投じた。

二つの住民投票は、国のエネルギー政策、安全保障・防衛政策という、従来は地方自治にはなじまないと考えられてきたテーマをめぐり実施された。この点については批判的な意見もみられるが、日本の民主主義の将来にとって、また、自治体の役割や地方自治の可能性という点からみても、大きな意義を有する投票であったことだけは間違いないであろう。その後、住民投票は各地に拡がり、廃棄物処理施設の建設、公共事業の見直し、さらに最近では市町村合併をめぐっても実施されるようになっている（今井一『住民投票』（岩波新書、二〇〇〇年）などを参照）。

ここ十年来、さまざまな方面から、さまざまな方向性をもって、「地方分権」を求める声があがっている。「地方分権」の必要性は以前からずっと指摘され続けてきたことではあるが、「地方分権」への動きはかつてない高まりをみせている。一九九九年には、後述のように、地方自治法の全面改正も行われている。「新しい時代の地方自治」への幕が切って落とされようとしている。しかし、まだ不透明な部分も少なくない。今後の「地方分権」が真に「分権」の名に値するものになるのかどうか、また、「国民がゆとりと豊かさを実感できる社会を実現すること」（地方分権推進法）に本当につながるのかどうか、なお未知数である。

以下では、民主主義・人権保障という憲法の基本的な価値の実現にとって地方自治がもつ意義や可能性について、また日本の地方自治が抱えるさまざまな問題点について、考えてみることにしよう。

2　「地方自治の本旨」

戦前の明治憲法は、地方自治に関する規定をもたなかった。地方制度は、憲法ではなく、府県制・町村制などの法令により形成されたが、それは「自治」の名に値するものではなかった。町村会や府県会は一応住民が選挙したが（ただし衆議院と同様に、一九二五年までは制限選挙制）、府県知事は任命制であった。国家の官吏である知事には、府県会に対しても、また市町村に対しても、強力な監督権限が認められていた。戦前の地方制度は、このように、「いちおう自治の外観をそなえているとはいえ、地方公共団体の実体は、中央政府の末端機構にすぎず、中央政府の従属物たる性格が強かった」（原田尚彦『地方自治の法としくみ〔全訂三版〕』（学陽書房、二〇〇一年）一七頁）。

これに対して、日本国憲法は、第八章を「地方自治」にあてている。その冒頭におかれた九二条は、「地方公共団体の組織及び運営に関する事項は、地方自治の本旨に基いて、法律でこれを定める」と規定している。具体的な地方自治のあり方は法律の規定にゆだねられているが、ここで重要なのは、そうした法律が「地方自治の本旨」にもとづくべきことが憲法によって要求されているという点である。地方自治の中身は、法律によっていかようにも定められるというものではなく、「地方自治の本旨」にかなったものでなければならないのである。

それでは、「地方自治の本旨」とは何を意味するのだろうか。通常そこには「住民自治」と「団体自治」の二つの原則が含まれると考えられている。「住民自治」とは、自治体の運営が地域住民の意思にもとづいて行われるべきことを意味する。「団体自治」とは、自治体が国などから独立して独自の権限にもとづき自らの事務処理を行うべきことを指す。「住民自治」と「団体自治」は表裏一体の関係にある。日本国憲法も、九三条において、地方議会の設置や長・議会などの直接公選制（住民自治）を、また九四条では、自治体の権能や条例制定権（団体自治）を、それぞれ定めている。

しかしながら、憲法九三条・九四条はあくまで必要最小限度のものにすぎない。憲法のいう「地方自治の本旨」がこれらの規定につきるとすれば、地方自治を具体化する法律の内容いかんによっては地方自治の内実がきわめて乏しいものになったり、法改正により「自治」が大幅に後退させられるおそれもある。

そこで、最近有力に主張されているのが、人権保障・国民主権という憲法の基本原則から「地方自治の本旨」をとらえてゆこうという考え方である（杉原泰雄『地方自治の憲法論』（勁草書房、二〇〇二年）一五三頁以下）。この考え方によれば、地方自治は、何よりも人権保障・国民主権の実現の場として位置づけられることになる。比較的小さな単位で行われる地方自治は、ある意味では国以上に人権保障や国民主権の実現に適しているともいえる。こうした視点からは、国政レベルではほとんど利用されていない直接民主主義の活用、地方で処理できる事務は可能な限り地方に配分し、国は全国一律の処理・規制が必要な事務を担当するとの原則（地方最優先の原則）などが、積極的に求められることになろう。

このような視点からみた場合、日本の地方自治には改善すべき点が少なくない。以下、住民自治、団体自治のそれぞれについて、検討していこう。

3　地方における民主主義

代表民主制と直接民主制

国民主権は、通常、代表民主制の形態をとる。政策の決定は、国民が選挙した機関（議会、国によっては大統領も含む）に任される。しかし、国民代表機関が主権者国民の意識や要望を適正に反映しているかどうかは、つねに問題となる。今日、両者の間の乖離は、日常的な現象でさえある。そこで、現代憲法の下では、代表民主制を補う手段として、しばしば直接民主主義の手法が用いられる。たとえば、欧州統合をめぐり、ヨーロッパの多くの国では国民投票が実施されている。

代表民主制を基本とする日本国憲法の場合も、直接民主主義の手法を部分的に取り入れている。九六条の憲法改正に関する国民投票、九五条の地方自治特別法などである。しかし、国政のレベルでの直接民主主義は低調である。九六条の国民投票が（その当否はさておくとして）利用された例はない。地方自治特別法については、一九四九年から五一年にかけ、広島平和記念都市建設法（一九四九年）をはじめ、「○○都市建設法」として一五件の法律が制定されているが、その後は用いられていない。

一方、地方自治のレベルでは、直接民主主義は、制度的にも、また運用面においても、きわめて重要な位置を占めている。住民自治の基本形態はやはり代表民主制であるが、地方自治法は多くの直接民主主義的手法を定めている。それらは、住民の意思を十分に反映しない議会や自治体の長に対する住民の意思表示の手段として用いられている。日本のように一億を超える人口を抱える大国家の場合、国政レベルでの直接民主主義は物理的困難と直面する場合も少なくないが、実施単位の小さな地方自治の場合、とくに基礎的自治体である市町村の場合、直接民主制導入の環境は国の場合よりもずっと整っている。

いうまでもないことだが、憲法の保障する人権の実現にとって、あるいは国民主権の実施形態として、直接民主制がつねに代表民主制にまさるわけではない。直接民主主義の手法の導入により議会が不要になるわけではないし、「草の根保守主義」の危険などもしばしば指摘されるところである。しかし、代表民主制のほうがつねに望ましい結果をもたらすという保障もまた存在しない。国民（住民）代表機関の意識や行動は、結局、主権者である国民（住民）の意識・行動に規定されざるをえない。それゆえ、重要なのは、国民（住民）の直接的な決定になじむテーマの選定を行うなど、代表民主制との適切な調整を行うことである。さまざまな直接民主主義の制度が準備され、それらがかなり頻繁に利用されている地方自治は、日本の直接民主制の「実験室」でもある。

住民自治にはさまざまな側面があるが、以下ではこの直接民主主義の問題に焦点をあて、その意義や問題点を探ってみる。

直接請求の諸制度

地方自治法が定める直接民主主義的な制度（直接請求とよばれる）には、条例の制定改廃請求、事務の監査請求、自治体の議会の解散請求、自治体の議会の議員・長その他主要公務員の解職請求などがある（地方自治法一二条、一三条、七四条〜）。直接請求を行うには、一定期間に一定数の有権者の署名を集めることが必要である。条例の制定改廃・監査請求については有権者の総数の五〇分の一、議会の解散請求および解職請求については、有権者総数の三分の一（有権者の総数が四十万を超える場合にあっては、その超える数に六分の一を乗じて得た数と四十万に三分の一を乗じて得た数とを合算して得た数）である。

これらの制度は、いずれも地方自治独自のものである。国政のレベルでは、同種の制度は存在しない。私たちは、法律の制定改廃について、国会に対し請願を行うことはできるが（憲法一六条の請願権）、国民の側から正式に法律の制定等の発案を行う制度（イニシアチヴ＝国民発案）はない。条例の制定・改廃の請求は必ずしも自治体の長や議会を拘束するものではないが、一定数以上の有権者からの要求は、簡単には無視できない重みをもつはずである。市町村の合併についても、合併協議会設置を同様の手続で請求することができる。議会が合併協議会設置を否決した場合には、住民投票が行われることもある（市町村の合併の特例に関する法律四条の二）。

税金の使い道をチェックするのが監査請求制度である。監査請求には、直接請求の一つである事務監査の請求のほか、住民監査請求の制度がある（地方自治法二四二条）。事務監査の請求と異なり、住民監査請求は、違法・不当な支出などを特定したうえで住民一人でも行うことができる。さらに、注目されるのは、監査委員会による監査結果に不服がある場合、あるいは監査委員会の勧告に議会や長などが従わない場合に、裁判で争う途が準備されていることである（住民訴訟、地方自治法二四二の二条）。自治体の多くの活動は公金の支出をともなう。それゆえ、住民訴訟は、公金の支出を手がかりに、自治体の違法な行為を住民が裁判を通じ統制する重要な手段となっている。市立体育館の起工にあたり、市が地鎮祭に公金を支出したことが憲法の政教分離に違反するのではないかとして争われた有名な「津地鎮祭事件」は、この住民訴訟の形態をとった。最近問題となっている官官接待、食料費の不正支出、カラ出張などの是正を求める際にも、監査請求や住民訴訟は強力な武器になる。

自治体の議会の解散請求、議員・長などの解職請求（リコール）も地方だけの制度である。憲法一五条一項は、「公務員を選定し、及びこれを罷免することは、国民固有の権利である」と規定する。しかし、国会議員の場合、公約違反や汚職の発覚などがあっても、任期中は有権者が解職請求という形で政治責任を問う途は、現行法上は存在していない。また衆議院の解散は、前回の選挙の際に争点とならなかった重要問題が生じた場合などに実施されれば一種の国民投票的な機能も果たしうるといわれるが、決定権は内閣にあり、やはり国民の側から要求することはできない。一方、地方自治のレベルでは、一定数以上の有権者の賛同があれば、議会の解散や議員・長の解職をめぐり住民の投票が行われ、過半数が賛成すれば解散・解職が実現する。

解散請求や解職請求は、時に地域の有力者や保守勢力間の泥仕合の様相を呈することもないわけではない。しかし、住民自治におけるその意義を否定することはできないであろう。米軍弾薬庫跡地への米軍用住宅建設をめぐり行われた神奈川県逗子市のリコールのケース（一九八四〜八六年）など、リコールを通じ、議会や長に対して住民が不信任を突きつけたり、新たな政策の実現を求めた例は少なくない。

広島でも、これまでリコールを求める多くの運動が行われている（次頁表15-1参照）。いくつかのケースでは、実

表15-1　住民投票に至った広島県内の主なリコール運動

年	自治体	対象	投票結果
1948年	賀茂郡竹原町	議会	解散成立
49年	比婆郡東城町	議会	解散成立
	芦品郡宜山村	村長	解職不成立
50年	安芸郡音戸町	町長	解職不成立
54年	豊田郡豊田村	村長	解職不成立
57年	賀茂郡造賀村	村長	解職不成立
58年	佐伯郡大野町	議会	解散成立
78年	賀茂郡豊栄町	議会	解散成立
84年	竹原市	市長	解職不成立
85年	佐伯郡五日市町	町長	解職不成立
96年	安芸郡音戸町	町長・議会	解職・解散成立

出典　『朝日新聞』1996年2月29日

際に解散や解職が実現している。その他、長の辞職・議会の総辞職が行われたため住民投票が実施されなかったケースもある。一九九六年三月の佐伯郡音戸町のケースでは、町立病院建設をめぐり対立した議会と長双方に対して、住民から解散・解職の請求が突きつけられた。投票の結果、議会・長のいずれもリコールが成立した。ほとんど前例のないダブルリコールとして、全国的にも大きな注目を集めた。

住民投票

第**1**節でも指摘したように、巻町と沖縄県で行われた住民投票は、いずれも町議会・県議会が制定した住民投票条例にもとづき行われた。憲法や地方自治法には、このような住民投票に関する規定がないからである。その後の住民投票も、同様に条例にもとづいている。重要な争点について条例により随意に住民投票を実施することについては、憲法や地方自治法による権限配分に反し違法であるとの批判もある。そこで、各地の住民投票例では、投票結果は市町村長や知事を法的には拘束せず、投票結果の尊重のみを義務づけるという形をとっている。いわば「諮問的」住民投票のスタイルをとることで、法的な障害を回避しようとしたのである。しかし、「諮問的」とはいえ、投票で示された住民の意思や主張を議会が無視することは事実上困難であろう（もっとも、海上ヘリポート建設をめぐる沖縄県名護市の住民投票では、建設反対が多数を占めたにもかかわらず市長が基地容認を表明し、逆に、投票に法的拘束力のないことが問題となった)。

法的な問題を離れても、住民投票の利用にはさまざまな批判がある。批判は、政争の具にならないか、結果が僅差の場合住民にしこりを残さないか、投票結果に誰が責任をもつのかといった住民投票の意義にかかわるものから、事前に十分な討議が尽くされ十分な情報が住民に提供されているか、争点や投票の設問が明確か、自由かつ公正な事前運動が保障されているかといった技術的問題まで多岐にわたる。いずれの批判も重要な論点をつくものであるが、しかし、投票のテーマや方式について工夫をこらすことで回避できるものも少なくない。

本来は、外国の例なども参照しつつ、地方自治特別法の活用も視野に入れながら、テーマ・方式等について十分な検討を加え、法律で住民投票の手続を規定することが望ましいであろう。しかし一方、住民投票が、日本の地方自治や民主主義に新しい可能性を示していることもまた否定できない事実である。さしあたりは「諮問」方式を承認し、実例を積み重ねていくなかで、どのような形式が望ましいのか議論していくべきであろう。

最近では、住民投票に未成年者や日本国籍をもたないもの、さらには受刑者など、公職選挙法では選挙権が認められていない人々の投票を認める例も出てきている。また、愛知県高浜市のように、市町村合併など特定のテーマに限定せず、「市政運営上の重要事項」について「常設型」の住民投票を認めている事例もある。

4　国と地方との権限配分

機関委任事務とその問題点

日本国憲法をはじめ多くの憲法は、国家権力を立法、行政、司法の三権に分割している。これを水平的分立とよぶならば、国家と地方自治体の間の権限配分は垂直的分立といえるかもしれない。もっとも、「垂直的」といっても、国と自治体は法的には別個の団体であり、両者の間に上下関係が存在しないのが原則である。すでに述べたように、自治体が国から独立して独自に自らの事務を処理しうることを団体自治という。国と地方の間の権限配分は、この団体自治の内実に直結する問題である。

自治体が独自に処理できる事務を自治事務とよぶ。自治体は、自治事務の執行のため法令に違反しない範囲で自由に条例を制定することができる（憲法九四条、地方自治法一四条一項）。自治事務は自治体自らの権限と責任で行われるものであるから、国の関与は技術的な助言指導——法的には自治体を拘束しない——に限られるのが原則である（地方自治法二四五条以下）。自治事務はまさに団体自治の中核である（なお、一九九九年の地方自治法改正以降、自治体が行う事務としては、後述のように、自治事務のほか法定受託事務がある）。

ところが、一九九九年に地方自治法が全面改正される以前には、自治事務のほか、もう一種類、機関委任事務とよばれる事務が行われていた。旧地方自治法一四八条が規定する「法律又はこれに基く政令によりその権限に属する国、他の地方公共団体その他公共団体の事務」がそれである。以下ではこのうち、国から機関委任された事務のみを考えることにする。

機関委任事務は、本来は国の事務であり、それが自治体の長に委任される。それゆえ、機関委任事務の処理にあたっては、自治体の長は「国の機関」となり、いわば「上司」である主務大臣等の指揮監督に服するものとされた（旧一五〇条）。自治事務の場合とは異なり、自治体の長は主務大臣の指示や判断に拘束されるのである。長が主務大臣の職務命令に従わない場合には、裁判所の判決（職務執行命令訴訟、旧一五一条の二）を経て、主務大臣による代執行が認められていた。一九九一年以前は、職務を執行しない長を国が罷免することも認められていた。また、事務の執行に必要な費用についても、国の事務であるにもかかわらず自治体が負担している例が多かった。国は必要な措置を講ずるものとされていたが（旧二三二条二項）、あくまでこれは努力義務にすぎない。

このように、機関委任事務は、団体自治の「例外」をなす制度であった。しかも、「例外」とはいいながら、機関委任事務が自治体の事務に占める割合はきわめて高く、本来「原則」であるはずの自治事務をもしのぐほどであった。その比率は、市町村で四割、都道府県では八割にも達するといわれていた。機関委任事務は地方自治法の旧別表三・四に列挙されていたが、その項目数は五〇〇を超えた。このような状況については、「地方自治の本旨」に反し違憲の疑いがあるとの指摘もしばしばなされてきた。後述のように、一九九九年の地方自治法全面改正の最大の眼目の一つが、この機関委任事務の廃止であった。

一九九五年から九六年にかけて、機関委任事務の執行をめぐる裁判が大きな注目を集めた。九五年一二月、米軍基地用地の強制収用に必要な代理署名（機関委任事務）を沖縄県の太田知事が拒否したことから、村山首相は知事を相手に職務執行命令訴訟を提起した。駐留米軍をめぐる住民投票実施直前の九六年八月二八日、最高裁判所大法廷は、国側勝訴の一審判決を支持し、知事の上告を斥ける判決を下した（最大判一九九六年八月二八日民集五〇巻七号一九五二頁）。駐留米軍の使用のために土地を強制的に使用・収用することは憲法前文・九条・一三条が保障する「平和的生存権」の侵害であるとする知事側の主張に対し、判決は、砂川事件と同様に統治行為論を採用して安保条約に対する憲法判断を避け、収用の根拠となる米軍用地特別措置法は違憲とはいえないと判断した。

職務執行命令訴訟で最高裁の判決が下されたのは一九六〇年に続きこれが二度目である。前回、一九六〇年のケースでは、駐留米軍の立川飛行場（東京都）の滑走路延長のために必要な公告縦覧手続を地元・砂川町の町長が拒否したことから、訴訟となった。奇しくも、二度の訴訟いずれでも、米軍基地をめぐる土地の強制収容が問題となっている。

中央による地方支配の構造

団体自治をめぐる問題は、当然ながら、機関委任事務につきるわけではない。それ以外にも、さまざまな面で、「中央による地方の支配」の構造が存在してきた。

まず指摘しなければならないのは、自治体の財政基盤の弱さである。自治体の財源には、自由に使用できる一般財源と、使用目的が特定された特定財源がある。一般財源は、地方税、地方交付税などからなる。地方税には、都道府県民税、事業税、地方消費税、不動産取得税、市町村民税、固定資産税などがある。地方交付税は、自治体間の財政の不均衡を調整するために、国が国税の一部を財政基盤の弱い自治体に交付するものである。特定財源には、国からの補助金（国庫支出金）、そして自治体の「借金」である地方債などがある。

団体自治の拡充のためには、自治体が自由に使用することができる一般財源の充実が必要なことはいうまでもない。しかし、現実には、自治体の財政は悪化の一途をたどっている。とくに、地方債の増発は地方財政を圧迫しており、その他の借入金等を含めた二〇〇二年度末の地方の借入金残高は、一九五兆円に達すると見込まれている。自治体の活動の自由は、財政面から大きな制約を受けているのである。国は、補助金、地方債（従来、地方債の起債には自治大臣の許可が必要であった）を通じ、自治体の活動にきわめて大きな影響力を及ぼしてきた。

とくに、補助金は、国が地方をコントロールする強力な手段となってきた。財政状況がかなり厳しいため、自治体は、地元にとって本当に必要な事業よりも、国から補助金が得られる事業を優先しがちであるといわれてきた。各省庁が似たような施設にそれぞれ補助金をつけているため、必要もないのに類似の施設がいくつも建設されている例は多い。また、国の負担割合が決められている補助金の場合、不足分は自治体が負担することになるが、国の査定額が実際の事業費を下回ることがあり、自治体側が思わぬ出費を強いられている例も多い。いわゆる「超過負担」の問題である。「超過負担」どころか、補助金獲得の手続がきわめて煩瑣であるため、手続のコストが交付金額を上回る場合すらあるという。自治体の補助金依存の際だった弊害である（原田・前掲『地方自治の法としくみ』二一五〜二二六頁、広瀬貞道『補助金と政権党』（朝日文庫、一九九三年）一九四頁以下）。

財政と並びもう一つ指摘せねばならないのは、人事を通じた間接的支配である。中央官庁の官僚が「出向」の形で自治体の要職に就く例は非常に多い。霞ヶ関から都道府県への出向者の数は、一九九三年一月の時点で、五八六人にも達し、建設省（一九七人）と自治省（一五八人）がその六割を占めていた。「土建国家、中央集権国家を象徴している数字」といえよう（五十嵐敬喜・小川明雄『議会　官僚支配を超えて』（岩波新書、一九九五年）二〇四頁）。知事についても、中央官庁出身者が選ばれる例は少なくない。九五年四月の統一地方選挙後の数字をみると、四七人の知事のうち実に二六人が霞ヶ関出身であった。そのうち一六人は自治省出身である（『朝日新聞』一九九五年四月一一日）。団体自治どころか、戦前の内務省による官選知事をも思わせる数字である。たしかに、知事は住民の直接選挙により選ばれている。しかし、官僚出身候補の多くが各党の「相乗り候補」として擁立される例が多かった。

もっとも、最近の知事選挙や地方選挙では、「相乗り候補」を批判して、無党派を名乗る候補（官僚出身の場合もある）が当選する例も増えている。変化を求める声は、確実に高まっているように思われる。

5 地方自治の未来と課題

地方自治の新たな可能性

以上のような日本の地方自治をめぐる問題点を前に、我々はどのような地方自治の将来像を描くことができるだろうか。

国政の面では、政治不信や民意と政治との乖離がよく指摘される。一方、地方では、リコールや住民投票、監査請求など、代表民主制の枠組みにとどまらない、文字通り住民一人ひとりが主体となった民主主義の流れがみられる。地方における民主主義にも、腐敗や政治的無関心など、国政におとらず問題は多いが、新たな民主主義の可能性が垣間みえることもたしかであろう。

また、住民投票に示されるように、従来は国の固有の守備範囲と考えられてきた問題に自治体が関与しはじめている点も、注目されてよいであろう。冒頭で紹介した住民投票で問われたのは、安全保障やエネルギー政策の問題であったが、その他、国が独占してきた「外交」の分野でも、新たな動きがみられる。従来から、海外の都市と姉妹都市・友好都市の協定を結ぶ自治体は多かったが、最近ではそれよりもさらに一歩踏み込んだ「自治体外交」もしばしば話題になる。憲法学の分野でも「自治体外交」の研究が脚光を浴びつつある（大津浩「自治体の国際活動と外交権」公法研究五五号（一九九三年）参照）。

「自治体外交」そのものではないが、被爆地である広島・長崎両市長が、核兵器使用の違法性をめぐりハーグの国際司法裁判所で意見陳述を行ったことなども注目されよう。一九九五年一一月七日、日本政府証人として口頭陳述法廷に立った両市長は、核兵器使用は国際法上違法であると明言した。同日の法廷で、日本政府代表は、核兵器使用は国際法の人道主義の精神に合致しないとのみ述べ、違法性について明言を避けている。両市長の陳述は、世界に向け、被爆地である両自治体の独自性、そして核廃絶に向けた強い意思を印象づけた。

「地方分権」のゆくえ

「地方分権」をめぐる最近の動向についても最後に触れておくことにしよう。戦後の日本では、ほぼ一貫して地方分権の必要性がいわれてきたが、一九九〇年代に入り、分権に向けた動きは一気に加速化した（この間の経緯については、兼子仁・村上順『地方分権』（弘文堂、一九九五年）一〇七頁以下参照）。九五年には地方分権推進法が制定され、同法にもとづき設置された地方分権推進委員会が、九六年一二月、「分権型社会の創造」と題する第一次勧告を提出した。勧告は、機関委任事務の廃止をはじめ、国と地方の関係の抜本的見直しを提言した。

この提言などを受け、一九九九年に、地方自治法の全面改正を含む「地方分権一括法案」が国会で可決された。「明治維新、戦後改革に次ぐ第三の改革」とまでいわれたこの改革により、地方自治法のほか五〇〇近い法律が改正された。

新地方自治法は、「住民に身近な行政はできる限り地方公共団体にゆだねることを基本として」（一条の二第二項）、国と地方の間の事務配分を全面的に見直している（新たな地方自治法のしくみにつき、兼子仁『新地方自治法』（岩波新書、一九九九年）などを参照）。機関委任事務は廃止され、自治体の事務は自治事務と法定受託事務の二種類に再編された。自治体に対する国の関与についても、関与の法定主義や自治体の自主性・自律性への配慮など、ルールの明確化が図られている。国には、自治事務ついて「是正の要求」を行うことが認められるが、他方、自治体は「国の関与のうち是正の要求、許可の拒否その他の処分その他公権力の行使に当たるもの」に不服がある場合には、新たに設けられた国地方係争処理委員会に審査を申し出ることができる。自治体が国と法令解釈等を争う場が正式に設けられた意味は小さくない。

日本の地方自治は、第**4**節でみたようにさまざまな問題を抱えているだけに、地方分権の推進は歓迎すべきことである。とくに地方自治法の改正は、制度が実際にうまく機能するならば、大きな意味をもつことになるだろう。しかし、なお地方分権のゆくえは不透明である。多くの権限を手放すことになる中央官庁の抵抗は、今後当然予想される。

また、分権が国民主権や人権保障にとって望ましい方向に向かうのかも定かではない。たとえば、地方分権推進委員会の中間報告（一九九六年三月）は、地方分権が今求められる理由の一つとして「変動する国際社会への対応」をあげ、「国にしか担い得ない国際調整課題への国の各省庁の対応能力を高めるためにも、地方分権を推進し、国の各省庁の国内問題に対する濃密な関与に伴う負担を軽減することを通して、これを身軽にしその役割を純化し強化してゆくべきである」と述べている。「地方最優先の原則」からすれば、地方で可能なことはできるだけ地方で行うのは当然であるが、十分な財源の裏づけのないまま、「分権」の名のもとに地方が国の負担だけを押し付けられることになれば、人権保障の実現に逆行する結果にもなりかねない。最近では、市町村合併の推進など、自治体運営の効率化を進める動きも急である。効率化はたしかに必要ではあるが、他方で、地方自治が効率のみによってははかれない重要な役割を担っていることもまた確認されねばならない。分権が、福祉の切り捨てや負担の地方への押しつけに終わらぬよう、今後の動向を注意深く監視していく必要があるだろう。

〈参考文献〉

今井一『住民投票』（岩波新書、二〇〇〇年）：住民投票をめぐる各地の動向を紹介する。兼子仁『新地方自治法』（岩波新書、一九九九年）、原田尚彦『地方自治の法としくみ〔全訂三版〕』（学陽書房、二〇〇一年）：いずれも地方自治法研究の第一人者が、地方自治の意義やしくみ、新地方自治法の概要を平易に説いている。杉原泰雄『地方自治の憲法論』（勁草書房、二〇〇二年）：憲法が地方自治を保障した意味を、さまざまな角度から明らかにする。

総務省ＷＥＢページ http://www.soumu.go.jp/：地方分権、市町村合併、地方財政など、地方自治の現状に関する有益な情報を多数含んでいる。

第16章 開かれた政治をめざして——主権者・国民と政治

1 「国民主権」と政治のあり方

主権者・国民と政治

「予算をどこにつけるかなんて法律で決まっているわけではない。どこの道路にいくらカネをつけるかは自由自在だ。それはまさに政治力で決まる。マスコミは『利益誘導だ。けしからん』と言うが、憲法改正でもしない限り、それが政治のあり方。今の憲法下の政治制度では利益誘導をやるのが政治家の第一の義務であり責任だ。地元のことを一切やらない政治家なんてある意味では、憲法違反だ」(『朝日新聞』一九九八年六月二九日朝刊より)。

これは、広島県選出の亀井静香議員が、一九九八年夏の参議院選挙を前に講演会で行った発言である。「剛腕」で鳴る亀井氏らしい歯に衣着せぬ発言とはいえ、「利益誘導をしない政治家は憲法違反」との表現にはいささか驚かされる。公共事業の見直しや「ばらまき」型の政治手法の見直しが、今日喫緊の課題となっている。憲法四三条のいう「全国民の代表」にふさわしい役割を果たすことが、議員にも国会にも強く求められている。冒頭の発言は、批判を免れないであろう。

しかし、亀井氏の発言は、簡単に片づけることのできない重要な問題をも含んでいる。すなわち、有権者と議員との関係はどうあるべきかという問題である。公共事業がなければ経済が立ちゆかない地域も少なくない。そうした地域の人々にとっては、「地元のために働く政治家」は欠かせない。その典型が、田中角栄元首相であった。議員は特殊な利益から独立し、「全国民の代表」として国民全体のために行動すべきであると言うのはやさしいが、その実現は容易ではない。

今日、政治の行き詰まりを誰しもが感じている。一九九〇年代以降、「政治改革」、「行政改革」、内閣機能の強化など、さまざまな「改革」が試みられてきたが、なお目に見える成果は上がっていない。利益誘導、そしてそこから生まれる不透明な癒着や不正、汚職など、代表民主制の「病理」を克服し、真に「開かれた政治」を実現するためには、議員、政党、国会、内閣は、それぞれどんな役割を果たすべきなのだろうか。また、国民自身が主権者として、自らそこにどうかかわるべきなのか。以下では、直接民主制、選挙制度、国会改革、首相公選制などを素材に、こうした問題を考えていくことにしたい。

「国民主権」と直接民主制

日本国憲法は、前文と一条で「国民主権」の原理を確認している。「国民主権」原理は、通常は代表民主制という形で具体化されるが、一方、九五条の地方自治特別法の住民投票、九六条の憲法改正国民投票のように、憲法は、主権者・国民が代表を通さず直接意思を表明する直接民主制の手法を必ずしも排除していない。では、これら以外に、直接民主制の手法を制度化することは、憲法上許されるのであろうか。ヨーロッパでは、欧州統合をめぐり、多くの国で国民投票が行われている。日本でも、憲法改正以外の事項について国民投票を行うことなどは、憲法上可能だろうか。これに対する答えは、「国民主権」をどう理解するかによって変わってくる。「国民主権」のもとにあっても、主権者・国民が直接主権を行使せず、その行使を選挙された代表にゆだねるという手法が通常とられるのはなぜだろうか。まず考えられるのは、物理的問題である。国家の規模や国政をめぐる問題の膨大さや複雑性を考えれば、あらゆる問題に直接民主制を適用することは実際には不可能である。しかし、代表民主制の採用がもっぱらこの物理的理由によるものにすぎず、「国民主権」の本来の理想はあくまで直接民主制なのだと考えれば、代表民主制を基本としつつも、可能な限り直接民主制の手法を取り入れることが、「国民主権」の趣旨に適うということになるだろう。このように理解される「国民主権」は、とくに「人民主権」とよばれることもある。

これに対して、物理的理由にとどまらず、そもそも代表民主制は、質的に直接民主制よりも優れているのだという考え方も、古くから主張されてきた。国民が国政について直接判断を下すことは難しく、また危険もともなう。それよりも、政治を代表者の冷静な討議にゆだねる方が好ましいというのである。憲法の「国民主権」をこのような立場から理解するならば、憲法が明文で認めているものを除けば、直接民主制の手法の導入には慎重であるべきだということになろう。

具体的な憲法解釈の問題としてみると、「国民主権」を「人民主権」的に理解する場合には、憲法一五条の「公務員を選定罷免する権利」を具体化するものとして、議員のリコール制度を設けること、憲法改正以外にも国民投票制度（レファレンダム）を導入することなどが考えられる。もっとも、憲法四一条が国会を「唯一の立法機関」と規定しているので、国民投票で直接法律を制定することには憲法上問題がある。重要な政策の当否について国民が判断をする諮問型の国民投票が検討されることになろう。

こうした直接民主制の手法には危険性や問題点も指摘できる。ナポレオンやヒトラーにみられるように、民衆がカリスマ的な独裁者に圧倒的支持を与え、民主主義自体を危機に陥れた例は、現に存在する。そこまでいかないにしても、権力者が巧みに世論を誘導し、自分にとって望ましい答えを国民から引き出すことは、今日においても十分にありうる。また、国政には、イエスかノーか、単純に決めることができない問題が多いことも事実である。失業の増加や福祉の切り下げには反対であっても、「構造改革」には幅広い支持が集まっていることをみれば、それは明らかである。

しかし、直接民主制の手法が、代表民主制の不十分さを補うものとして、重要性を増していることもまた否定できない。ヨーロッパの例は先に紹介したが、日本でも、地方のレベルでは、直接民主制の手法がさまざまに活用されている。地方自治法は当初よりリコールをはじめとする直接請求の制度を設けているし、最近では、地方自治法には規定のない住民投票が、条例にもとづいて各地で実施されている（第**15**章参照）。国政と地方は違うという議論はもちろんあり得る。しかし、テーマの選定や手続について工夫を凝らすことで、国政においても直接民主制にともなう危険や問題はある程度回避できるのではないだろうか。また、直接民主制の手法の導入は、決して代表民主制を無用にするものではない。直接民主制と代表民主制との間で、適切な役割分担が考えられねばならない。それゆえ、次にみる国民代表のあり方の問題は、直接民主制の手法を用いる場合にもきわめて重要である。

「全国民の代表」の意味

憲法四三条は、「両議院は、全国民を代表する選挙された議員でこれを組織する」と規定する。この「全国民の代表」という言葉は、古くはフランス革命直後に制定されたフランス一七九一年憲法にも見いだすことができる。

「県において指名される代表は特定の県の代表ではなく全国民の代表であり、代表にはいかなる委任も与えられない」。この規定は、選挙区や支持者の特殊な利害から独立し「国民」の意思を形成するという議員像を想定していた。こうした代表制は、「純粋代表制」ともよばれる。

特殊な利害から独立した代表という考え方は一見理想的にもみえるが、当時の議員が制限選挙によって選ばれていた点には注意が必要である。選挙権・被選挙権があったのは一定の財産を有する男性のみであった。一握りの富裕な階層が、自分たちと同じ階層のなかから議員を選ぶのであるから、議員が「有権者」から独立していても、「有権者」の期待を損なうおそれは少なかった。議員は、「有権者」のみならず、「有権者」から排除された民衆の意向からも「独立」して、「国民」の意思を形成していたのである。

やがて普通選挙が導入され、財産による選挙権・被選挙権の差別が撤廃されるようになると、有権者と代表の関係は大きく変わってくる。富裕層だけでなく労働者や農民も選挙権をもつようになり、有権者の利害が多様化してくると、自分たちの利害を実現するためには、議員に対し自分たちの主張や利害を代表するよう要求する必要が出てくる。議員の側も、落選したくなければ、有権者の意向に従わざるをえない。こうして、議員が「公約」を遵守し、有権者の意向にそって行動することが、代表制本来のあり方であるとの考え――「純粋代表制」に対し、「半代表制」とよばれる――が次第に浸透してきた。

日本国憲法の「全国民の代表」という言葉は、古典的な「純粋代表制」にもとづき理解することもできるが、「半代表制」として理解することも可能である。とくに、直接民主制が本来望ましいと考える場合には、代表の行った決定が主権者国民自身による決定とできるだけ似通っていることが必要であろうから、議員が有権者の意向にそって行動することは、議員が真に「全国民の代表」であるための条件になるだろう。

もっとも、議員と有権者の結びつきは、冒頭で引いた発言が示すように、「利益誘導」という「病理」をともなうことも少なくない（利益誘導の構造についての分析として、広瀬道貞『補助金と政権党』（朝日文庫、一九九三年）が参考になる）。「全国民の代表」の古典的な意味（議員の有権者からの独立）が、今日の憲法学のなかでもしばしば強調されるが（樋口陽一『憲法と国家』（岩波新書、一九九九年）一五三―一五四頁等を参照）、それはまさにこうした「病理」を念頭においてのものである。しかし、「利益誘導」は決して「半代表制」本来のあり方ではないはずである。あくまで議員と有権者の結びつきのなかで「全国民の代表」を考えていこうという立場からすると、特定の選挙区や利害に偏ることなく、さまざまな利益・意見が適切に代表されることや、さまざまな利害を全国的な政策にまとめ上げる政党の役割が重要になるだろう。そこで重要になるのは、選挙制度と政党の問題である。

2　選挙制度・政党と「政治改革」

選挙をめぐる憲法上の原則

憲法四七条は、「選挙区、投票の方法その他両議院の議員の選挙に関する事項は、法律でこれを定める」として、具体的な選挙制度のあり方の決定を国会にゆだねている。しかし、国会はまったく自由に選挙制度を選択できるというわけではない。普通選挙、秘密選挙、平等選挙など、選挙をめぐる憲法上の原則を尊重することが当然必要である。

これらにかかわり、かねてからとくに問題となってきたのが、選挙区間の一票の重みの較差である。平等選挙、すなわち「一人一票」の原則は、各有権者が同じように一票をもつことだけでなく、それぞれの一票が同じ重みをもつことをも要請する。一人の議員が代表する人口（有権者数）が選挙区によって異なれば、投票価値に較差が生じることになる。たしかに、全国を選挙区にわけて選挙を行う以上、なにがしかの較差が生じることは避けがたい。しかし、少なくとも、一人に二票を与えるに等しい二倍を超える較差が生じていれば憲法違反となるという点で、憲法学説はほぼ一致している。

最高裁判所は、一九七六年の大法廷判決（最大判一九七六年四月一四日民集三〇巻三号二二三頁）で、衆議院選挙で生じていた約五倍の較差につき、はじめて憲法違反との判決を下した。その後も、概ね較差三倍をめどに憲法判断を行い、一九八五年にも違憲判決を下している（最大判一九八五年七月一七日民集三九巻五号一一〇〇頁）。違憲判決が出されたことは重要であるが、なぜ三倍程度までの較差が許されるのか、疑問は残る。もっとも、最近の判決では、一部の裁判官が較差二倍を限度とする、あるいは一対一が原則であるとの、より厳しい立場の反対意見を付しており、注目される（たとえば、一九九九年大法廷判決（最大判一九九九年一一月一〇日民集五三巻八号一五七七頁）に付された五人の裁判官の反対意見（とくに福田裁判官の反対意見）を参照）。

代表民主制と選挙制度

憲法上の原則に加え、どのような角度から民意を国会に反映するかも、選挙制度を論じるうえで重要なポイントである。この点では、①多様な民意をできるだけ忠実かつ公正に反映すること、②民意を集約し有権者による議会多数派・政権の選択を容易にすること、という二つの、しかも異なる代表民主制観に根ざした考え方が存在している。いずれにもとづき選挙制度を組み立てるかにより、「全国民の代表」のあり方は大きく異なってくる。

①の考え方に最も忠実な制度が、比例代表制である。有権者は、候補者個人ではなく、政党が提出する名簿に投

票する。議席は、各党の得票に応じ比例配分される。政党の名簿内部においては、通常は、政党があらかじめ決めた順位に従い、配分議席の限度で当選者が決定される（拘束名簿方式という）。各党の得票に応じ議席が配分されることから、小政党も議席を獲得することが可能になる。多様な世論それぞれに代表が保証されるという点で、公正な制度といえよう。もっとも、世論・政党の分裂が激しい場合には、議会での多数派形成が困難になり、内閣が不安定になったり、選挙の際の有権者の選択とは無関係に、政党の離合集散で政権がたらい回しされるなどの弊害も生じる。

一方、②の考え方に最も適合的なのが小選挙区制、すなわちひとつの選挙区から一名だけの議員を選挙する制度である。当選の可能性は、事実上大政党に属する候補者に限られてくるため、世論は大きく二極化し、二大政党制が生まれやすいといわれる。その典型はイギリスである。二大政党制のもとでは、選挙で勝利した政党が議会の過半数を握り、その党首が首相になることはほぼ確実である。それゆえ、選挙は議員の選択であると同時に、政権・首相の選択の性格を帯びるといわれる。もっとも、第二位以下の候補に投じられた票はまったく活かされないため大量の「死票」が生じ、各党の得票率と議席率の間には大きなアンバランスが生じる（**表16-1**参照）。

表16-1　2001年　イギリス下院選挙

政党	得票率	議席数	議席率
労働党	41%	412	63%
保守党	32%	166	25%
自由党	18%	52	8%
その他	9%	28	4%

選挙制度には、比例代表制、小選挙区制のほかにもさまざまなものがあり、さらに異なる制度を組み合わせた混合制度も存在するため、その選択肢は無数にあるといってもよい。選挙制度の選択は議会の構成を大きく左右するだけに、党利党略が絡むことも少なくない。しかし何より重要なのは、どのような代表民主制を理想とするのかという問題である。加えて、それぞれの国の政党システムや社会の構造も選挙制度の選択に際しては十分考慮さ

れねばならない。同じ制度であっても、国や時代によって、その効果は実にさまざまである。たとえば、イギリス型の小選挙区制を導入したからといって、イギリスと同様の二大政党制が生まれる保障はない。次に、項を改め、日本の選挙制度について考えてみることにしよう。

選挙制度と「政治改革」

一九九四年の「政治改革関連法」の成立により、衆議院の選挙制度は一変した。従来の中選挙区制のもとでは、五一一人の議員を二人から五人の選挙区（一二九選挙区）に分け、選挙を行っていた。一選挙区あたりの議員数は平均四人となるため、第一党の自民党以外にも複数の野党の議席獲得が可能になり、民意がある程度公正に反映された反面、自民党候補同士の票の奪い合いになる、共倒れをおそれて野党が複数の候補を立てにくいなどの問題も指摘されていた。中選挙区制は、よい意味でも悪い意味でも、一カ二分の一政党制などといわれた「五五年体制」に適合的な制度であったといえるかもしれない。

おそらくは二大政党制を念頭におき、政権交代可能な制度、「政党本位」「政策本位」の選挙を掲げた「政治改革」により新たに導入されたのが、現在の「小選挙区比例代表並立制」である。四八〇の総定数のうち、三〇〇議席が小選挙区で、一八〇議席が全国を一一のブロックに分け比例代表制により、それぞれ選挙される。小選挙区の候補者が比例区の名簿にも名を連ねることができる、「重複立候補」の制度も認められている。また、「政党本位」の選挙という観点から、「候補者届出政党」（国会議員五人以上、または直近の国政選挙での二％以上の得票が条件）には、政見放送など他の候補者や組織にはない選挙運動が認められている。同時に、政党への公費助成の制度も導入された。助成を受けられるのは、やはり国会議員五人以上、または国会議員を有し、直近の国政選挙での二％以上の得

表16－2　2000年衆議院選挙

政　党	小選挙区			比例区		
	得票率	議席数	議席率	得票率	議席数	議席率
自民党	41.0%	177	59.0%	28.3%	56	31.1%
民主党	27.6%	80	26.7%	25.2%	47	26.1%
公明党	2.0%	7	2.3%	13.0%	24	13.3%
自由党	3.4%	4	1.3%	11.0%	18	10.0%
共産党	12.1%	0	0.0%	11.2%	20	11.1%
社民党	3.8%	4	1.3%	9.4%	15	8.3%
保守党	2.0%	7	2.3%	0.4%	0	0.0%

＊無所属等の議席・得票を除いた結果である。

票をしているという条件を満たす政党である。

新制度による選挙が一九九六年と二〇〇〇年に行われているが、その結果はどうだっただろうか。二回のみの選挙で判断を下すのはいささか早計かもしれないが、「政権交代可能なシステム」「政党本位の選挙」のいずれも、実現しているとは言い難いように思われる。たしかに政権は、かつてのように自民党単独ではなく連立の形をとっている。しかし、政権の中心はあくまで自民党であり、自民党が議席のほぼ半数を占め、残りの半分を野党が分け合うという状況は大きくは変わっていない。制度を小選挙区に一本化すれば、二大政党や政権交代が実現するとの見方もあるが、小選挙区が大政党にきわめて有利な制度だけに疑問である。二〇〇〇年の選挙が示すように、小選挙区の選挙結果は第一党の自民党にかなり有利なものである（**表16－2**参照）。まがりなりにも戦後一貫して多党制が続いてきた日本で、本当に二大政党制が望ましいのかどうかも、改めて問い直してみる必要がある。

加えて、かつての与党自民党対野党という対立の構図が崩れ、野党の多くが政権参加を経験した結果、政党の境界がきわめて不明瞭になり、新しい政党が生まれては消える「政党の溶解現象」（樋口・前掲『憲法と国家』一四九頁以下を参照）さえみられる。他方で、その実体の弱さとは反対に、政党の制度上の位置づけは強まっている。二〇〇〇年には「政党間移動の禁止」が導入され、比例代表選挙で選ばれた議員が別の政党に移籍した場合は議席を失うことになった。この制度は本来比例代表制の趣旨に適う面をもつ。しかし、一九九六年の選挙で自民党に次ぐ得票をした新進党があっという間に消滅したことに典型的に示されるように、政党の「溶解」や離合集散が繰り返される現状とマッチしているのかどうか、疑問は残る。「政党本位」の制度が既成政党を優遇し、小政党や新しい政党の進出を阻害していないかどうかも検討が必要である。以上のような政党の問題は、当然、国会のあり方にも大きな影響を及ぼしている。

3　国会・内閣と「主権者国民」

「瀕死の国会」？

「国会は国権の最高機関であり、国の唯一の立法機関である」。格調高く国会について規定する憲法四一条の条文とは裏腹に、国会の現状は目を覆うばかりである。とくに、一九九三年の衆議院選挙で、いわゆる「五五年体制」が崩壊して以降、野党第一党の社会党が政権に加わったこともあって、国会で与野党が激しく対立する場面は大幅に減少した。一九九九年夏の国会は、象徴的であった。野党の反対はあったにせよ、周辺事態法、通信傍受法、国旗国歌法、住民基本台帳法改正、憲法調査会設置のための国会法改正、さらには地方分権関連法など、重大な憲法問題を含む、あるいは日本の将来を大きく左右する重要法案が、あっという間に相次いで可決されていった。もちろん、打開のめどもないままに与野党が衝突する国会のあり方が望ましいというのではない。何より問題なのは、公開の審議の場という国会の最も重要な機能が大きくて低下している点である。

日本の国会議員が政策形成をすべて官僚任せにしているというわけではない。冒頭で引いた発言からもうかがわれるように、とくに与党議員は法律や予算に大いに関心をもち、その制定過程に深くかかわっているはずである。しかし、本来は国会というオープンな場で行われるべきそうした意見対立や利害の調整が、日本の場合は国民の目の届かないところで、場合によると野党も含めて行われ、法案や予算案が国会に提出される段階ではすでに調整が終わってしまっている。これでは、法案が国会に出された時点で、もう修正の余地はほとんど無い（大山礼子『国会学入門〔第二版〕』（三省堂、二〇〇三年）二一〇頁を参照）。日本の政治過程の不透明さが批判されるゆえんでもある。日本と同じ議院内閣制をとるヨーロッパ諸国では、与党・内閣提出の法案に対し、実質的な立法作業の場である委員会での審議において、与党内から修正案が出されることも珍しくない。

ではどうしたらよいのか。実は、議院内閣制というシステムのもとで国会を国権の最高機関・唯一の立法機関として機能させることは簡単ではない。議院内閣制のもとでは、通常、議会の多数党が内閣を組織し、多数党の党首が首相を務める。それは、内閣と議会の多数派が同じ政党によって掌握されるということである。内閣の政策や法案を議会の多数派が批判したり覆すことは通常は考えにくい。それゆえ重要になるのは、まずは野党の役割である。野党が内閣を批判し、可決される見込みがなくとも積極的に対抗法案を提出することが、国会の審議を活性化させることにつながるはずである。与党議員の側も、最終的な表決では党の方針に従うとしても、委員会段階の審議などでは、修正案を出すことがあってもよい。そして、与党議員側のそうした対応を引き出すためには、やはり野党による積極的な問題提起や批判が欠かせない。

国会の側もこうした現状を前にまったく手をこまねいているわけではない。党首討論の導入など、なお目に見える成果は上がっていないが、国会改革に向けた努力は続けられている。また、最近では、議員立法、すなわち国会議員自らが提案する法案も増えているといわれる（最近の議員立法の増加を報じるものとして、『朝日新聞』一九九九年七月一三日参照。最新の立法状況については、後掲参考文献のＵＲＬも参照）。内閣提出の法案が多数を占めてきたこれまでの状況が少し変わりつつあるのかもしれない。もっとも、次にみるように、「政治改革」以降は、統治機構の改革をめぐる議論の焦点は国会から内閣へと移っている（以上、国会の「瀕死状態」につき、毎日新聞特別取材班『国会は死んだか』（毎日新聞社、一九九六年）を参照）。

「国会中心構想」から「内閣中心構想」へ？

一九九〇年代前半の重点課題は「政治改革」であったが、九〇年代後半の焦点は「行政改革」であった。財政赤字の拡大、規制緩和、グローバル化への対応などを背景に、行政機構のスリム化、省庁の再編が図られ、戦後続いてきた行政システム全体が大きく変更されることになった。この行政改革を進めるうえで不可欠とされたのが、内閣機能・首相のリーダーシップの強化である。行政改革会議最終報告は、従来の縦割り型行政が時代の変化に対応できなくなっているとして、「国政全体を見渡した総合的、戦略的な政策判断と機動的な意思決定をなし得る行政システム」を実現するため、「内閣機能の強化を図る必要がある」と述べている。

憲法学においても、すでに一九九〇年代のはじめ、行政国家といわれる現代国家では国会が政策形成の中心的役割を演じることは困難であるとして、従来の「国会中心構想」に代わり「内閣中心構想」に立った憲法論が必要であるとする、「国民内閣制」の構想が提起されている（高橋和之『国民内閣制の理念と運用』（有斐閣、一九九四年））。「国民内閣制」論は、国会に公正に民意を反映するよりも国民が議会多数派の選挙を通じ内閣を選択できるシステムを、選挙制度や政党などを通じ実現しようというものである。そこでは、国民の多数が支持する議会多数派・内閣が官僚をコントロールするという構図が描かれる。

「国民内閣制」はあくまで憲法の「運用」によって、国民による内閣の選択をめざそうとするものである。それは、「政治改革」がめざした方向でもあった。しかし、目に見える成果がなお上がっていないことは先に触れたとおりである。これに対し、憲法の「運用」ではなく、議院内閣制の見直し＝憲法自体の改正をも視野に入れた議論が、首相公選論である。二〇〇一年四月二七日、小泉首相が首相就任後初の記者会見で、憲法改正による首相公選制導入に積極姿勢をみせたことから、この制度が俄然注目を集めることになった。この制度に対する世論の関心も高い。

大統領制に近いものから議院内閣制的なものまで、首相公選制にはさまざまなヴァリエーションが考えられるが、しかし、その制度設計はきわめて難しい。議会多数派が内閣を支える議院内閣制とは異なり、国民が直接首相を選ぶこの制度では、議会多数派と首相が対立することがあり得るからである。同じように国民から直接選ばれている両者の調整は容易ではない。世界で唯一この制度を採用していたイスラエルは、二〇〇一年、わずか五年でその廃止を決定した。もともと激しかった多党分立状況がいっそう激化したからである。内閣を支えるために結集しようというインセンチヴが各党から失われてしまったのである。たしかに、国民が直接選んだ大統領と議会とがうまく共存しているアメリカのような例もある。しかし、アメリカ以外では、大統領制はうまく機能しない例の方が多く、同じ制度を日本に導入しても、その効果は未知数である。また、首相公選制はあくまで「人」の選択であり、国民が特定の政策について意思決定を行う国民投票のような直接民主制の手法とは異なる点にも、注意が必要である。

いずれにせよ、制度設計の難しさを根拠に首相公選論を批判するのはそれほど難しいことではない。しかし、首相公選論が出てきた背景には、現在の議会制・代表民主制の機能不全に対する世論の苛立ちがある、という点は重要である。「政治改革」、内閣機能の強化など、憲法の運用にかかわる重要な制度改正が行われたが、なお目に見える成果は上がっていない。では、どうすべきなのか。現在の政治制度を維持したままで、日本の政治の再生に向けてどのような展望を描くことができるのか。いま何より問われているこの点について、最後に考えることにしよう。

4 政治の再生と主権者・国民の役割

本章では、日本の民主主義が抱える問題や課題について、さまざまな角度から考えてきた。ではどうすべきなのか。「病理」に対する処方箋を考えるには、いずれにせよ、代表民主制・議会制が本来どうあるべきなのかを考えねばならない。

一九九〇年代以降の一連の制度改革は、二大政党制のイギリス型モデルを念頭に進められてきたように思われる。小選挙区を中心とする選挙制度を衆議院に導入し、二大政党化と政権交代をめざす、そして、国民が選んだ多数派のリーダーが首相となり強力なリーダーシップを発揮する、といった具合である。そして、こうした構想がなかなか実現しないなか登場してきたのが、首相公選論であった。国民が選んだ議会多数派に依拠するにせよ、あるいは国民により直接選出されるにせよ、強力な指導力をもったリーダーの存在は、既得権益の打破や「構造改革」を進めていくうえでたしかに好都合であろう。

しかし、すでに述べたように、二大政党制がはたして日本になじむものかどうか、考えてみるべきではないか。とくに、「構造改革」の名のもとに、「痛み」をともなう改革が進められようとしている今日、従来の社会経済構造の再編は必至である。政党の混迷も、こうした変化・再編を映し出したものかもしれない。そうであれば、世論を二つに集約するよりも、むしろ、さまざまな意見・利害を公正に反映することが必要なのではないだろうか。そのためには、世論の反映を歪める一因となっている定数不均衡問題の是正とともに、小選挙区を中心としている衆議院の選挙制度のあり方も検討されるべきかもしれない。内閣や首相のリーダーシップを強化するよりも、議員や政党を通じ、世論のさまざまなニュアンスを代表することができる国会の役割に、改めて注目してみることも必要だろう。「利益誘導」「ばらまき」型の政治を改める一方、適正な資源の配分や地方分権などを通じ、真に公正で開かれた政治を実現していかねばならない。

主権者・国民が、開かれた政治の実現に向けて果たす役割も重要である。国民が、政治を自らのものとして考えようとしなければ、どのような制度も十分には機能しないだろう。議員や政党のあり方を厳しく監視し、時には、重要な問題について自ら決定を下すことで、国民が文字通りの「主権者」として行動することが、今何より求められている。

〈参考文献〉

大山礼子『国会学入門〔第二版〕』（三省堂、二〇〇三年）：諸外国との比較を交えた、議会制度についての格好の入門書。特集「国家の役割と統治構造改革」ジュリスト一一三三号（一九九八年）：かなり専門的だが、内閣機能強化の憲法学的意味について佐藤・高橋両教授の対談が興味深い。弘文堂編集部編『いま「首相公選」を考える』（弘文堂、二〇〇一年）：このテーマに関するさまざまな論者の意見を集める。渡辺治『日本とはどういう国か どこへ向かってゆくのか』（教育資料出版会、一九九八年）：一連の「改革」の背景について鋭く分析する。

衆議院 http://www.shugiin.go.jp 参議院 http://www.sangiin.go.jp 国会会議録検索システム http://kokkai.ndl.go.jp：国会の活動について最新の情報を得ることができる。

「首相公選制を考える懇談会」http://www.kantei.go.jp/jp/singi/kousen/index.html：首相のもとに設けられた懇談会による、首相公選制をめぐる議論の経緯と報告書が掲載されている。

第17章　開かれた司法をめざして

1　国民にとっての裁判・裁判所

裁判の傍聴に必要な手続について、「公開なので必要ない」との正解は三六％、三八％は「傍聴券が必要」と答え、また「住所、氏名をいう」「紹介者が必要」といった回答も二〇％を超えた。広島弁護士会が実施したアンケートの結果である（『中国新聞』一九九六年一〇月二五日）。

憲法は裁判の公開を定めており、通常は特別な手続なく自由に裁判を傍聴できることは案外知られていない。実際に裁判所に足を運んだことのある人の数も限られている。総理府が一九九四年に行った世論調査によると、裁判所を見学したり、裁判を傍聴した経験のある人は一五・六％、ほぼ六人に一人にすぎなかった（総理府『平成七年度版・世論調査年鑑』八一頁）。裁判の公開は、裁判と民主主義をつなぐ重要な手続であるが、一般の市民にとって、裁判所の敷居は相変わらずかなり高いようである。

裁判所に係属する事件の数は年々増加している。民事の訴訟事件に限っても、各地の地方裁判所が受理する訴訟事件の数は年間一八万件を超える。だが、「裁判沙汰」などという言葉にも示されるように、今日においても、大多数の日本人が抱く裁判のイメージは決してかんばしいものではない。訴訟事件はたしかに増加しているが、一方で人口も増加しており（次頁表17-1）、その間の経済成長や社会の変化のテンポも考えれば、司法が国民にとってなお縁遠いものであることは否定できない。

裁判所を私たちにとって身近なものにすることは、人権保障の実現という点からきわめて重要である。近時、さまざまな点から司法改革への取り組みがなされているが、以下では憲法を起点に、市民にとって開かれた司法を実現する途を探ってみたい。

2 法曹人口の不足と裁判を受ける権利

日本の裁判制度についてはさまざまな課題が指摘されているが、ここでは、国民の裁判を受ける権利の実現という点からみてとくに問題と思われる点の一つ、法曹人口の不足について考えてみたい。

第1節でも触れたように、裁判所が扱う事件の数は、日本国憲法の施行以来一貫して増え続けてきた。二〇〇一年に全国の地方裁判所が新たに受理した民事の訴訟事件（行政事件も含む）の数は一八万一七〇二件にのぼる。最高裁判所、高等裁判所、そして簡易裁判所受理分を合わせると、五〇万件近くになる（刑事事件や訴訟以外の事件を加えれば、全裁判所の新受事件総数は五〇〇万件を上回る。後掲参考文献・最高裁WEBページの平成一三年度版『司法統計年報』を参照）。

一方、これら膨大な事件の処理にあたる裁判官の数は、簡易裁判所判事を含めても約三〇〇〇人、簡易裁判所を除けば二二〇〇人程にすぎない（いずれも定数）。諸外国と比べてもかなり少ない数字である（表17-1）。一九五〇

表17－1　民事訴訟第一審新受件数と裁判官定員数の推移

	総人口（1000人）	民事訴訟第一審新受件数			裁判官定員数	
		地　裁	簡　裁	合　計	総　数	簡裁判事を除いた数
1950	84,115	63,754	5,153	68,907	2,261	1,533
1960	94,302	71,253	81,849	153,102	2,387	1,687
1970	104,665	107,998	69,661	177,659	2,605	1,838
1980	117,060	132,023	77,752	209,775	2,747	1,956
1990	123,611	114,402	97,355	211,757	2,823	2,017
2000	126,926	184,246	312,434	496,680	2,976	2,182

出典　渡辺洋三ほか『日本の裁判』（岩波書店，1995年）163頁，掲載の表を，『司法統計年報』（平成13年）3頁の数値により補訂した。人口は，総務省統計局『第52回日本統計年鑑平成15年』によった。

表17－2　民事通常第1審における新受事件数，既決・未決事件数，平均審理期間

年　度	1955	1965	1975	1985	1995	1998
新受事件数	60,390	73,858	74,907	115,697	144,479	152,678
既決事件	59,007	72,652	76,340	113,362	146,651	156,683
未決事件	63,246	73,647	96,511	112,710	113,295	105,606
平均審理期間	10.6月	12.1月	16.2月	12.4月	10.1月	9.3月

出典　ジュリスト臨時増刊『司法改革と国民参加』（2001年4月10日号）343-344頁

年と比較すると民事訴訟事件の数は約七倍になっているにもかかわらず、裁判官の数は三割程しか増えていない。裁判官の負担は相当なものである。日弁連が裁判官退官者を対象に行った調査によると、大都市周辺で民事事件を担当する裁判官の担当事件数は、多くの場合二〇〇から三〇〇件、時には四〇〇件を超える（『朝日新聞』一九九六年六月一二日）。

裁判官の不足は、訴訟の進行にも多大な影響を及ぼす。訴訟の遅延は、訴訟に要する費用の増加にも直結する。たしかに民事訴訟の平均審理期間（地裁・第一審）は、一九七三年の一七・三カ月をピークに減少している。しかし、未決事件の数はほぼ横ばいのままである（**表17-2**）。また第一審の審理期間についての二〇〇一年の統計（通常訴訟既決事件）によれば、四四・一％の事件が三カ月以内で終結している一方で、一年を超える事件も二

表17－3　各国法曹人口の比較（1999年）

	人口（1000人）	弁護士	裁判官	検察官
アメリカ	273,131	923,834	31,266	30,900
イギリス	58,744	81,111	3,444	2,104
ドイツ	82,087	97,791	20,999	5,211
フランス	59,099	30,042	4,900	1,400
日本	126,505	17,283	2,143	1,304

出典　ジュリスト臨時増刊『司法改革と国民参加』（2001年4月10日号）282-286頁
人口は，総務省統計局『世界の統計2002』掲載の年央推計人口による。

〇・八％にのぼっている（平成一三年度版『司法統計年報』三六頁）。「時間のかかる裁判」の原因は多々あるが、裁判官の不足が訴訟を遅らせる最大の要因の一つになっていることは否定できないであろう。また、過重な負担にあえぐ裁判官が事件の処理を急ぐあまり、十分な審理を経ぬまま判決が出されるような事態も懸念される。先の日弁連の調査でも、「なるべく和解で処理する」「判決を書きやすい争点に絞る」「記録を十分に読まず訴訟を進行する」といった「手抜き」の告白があったという。

日本の場合、裁判官に限らず、検察官・弁護士を含めたいわゆる「法曹」全体の数も欧米諸国と比べるとかなり少ない（表17－3）。法曹人口全体の増員や訴訟費用の公的扶助の拡大など、改革すべき点は多い。もっとも改革にあたっては、裁判の迅速化を急ぐあまり、「効率」のみが優先されてはならない。また、「数」の増加や訴訟制度の改革だけでなく、「開かれた司法」を担いうる法曹の「質」が何より問われるべきことはもちろんである。

3　司法権の独立

「すべて裁判官は、その良心に従ひ独立してその職権を行ひ、この憲法及び法律にのみ拘束される」。憲法七六条三項は、このように裁判官あるいは司法権の独立を保障している。司法権の独立は、裁判官を不当な圧力から守り、公正な裁判を実現するためには不可欠の制度である。憲法は、裁判官の職権行使の独立を保障するとともに、手厚い身分保障を規定し、自由な職権行使のための条件を整えている。

裁判所が私たちにとって開かれたものであるためには、たとえ国を相手に訴訟を提起する場合であっても、裁判官が公正に、また人権を十分尊重しつつ裁判を進めてくれるという信頼感を国民一人ひとりがもてることが重要である。しかしながら次にみるように、現実には、裁判官の職権行使をめぐって、またその身分保障をめぐって、司法の独立を脅かすさまざまな問題が生じている。

最高裁判所判事の任命と内閣

日本の司法権の頂点に位置するのが最高裁判所である。最高裁は、長官と一四人の判事から構成されている。新たに憲法判断を行う場合など、とくに重要な事件については、一五人全員で裁判を行う（大法廷）。それ以外の場合には、五人ずつ三つの小法廷に分かれ裁判が行われる。最高裁はあらゆる訴訟事件の終審裁判所であり、憲法を含む法令解釈を統一するというきわめて重要な任務を帯びている。それだけに、最高裁判事の人選は、私たちの人権保障のあり方とも直結している。人選が政治的思惑により左右されるようなことがあれば、人権保障にとって重大な問題である。

憲法の規定によれば、最高裁判所の長官は、内閣の指名にもとづき天皇が任命する（憲法六条）。長官以外の最高裁判事は、内閣が任命し、天皇が認証する（七九条一項、七条五号）。天皇の任命・認証は形式的な行為にすぎず、いずれの場合も実質的な人事権は内閣にある。

国会の多数党から形成される内閣が最高裁判事を任命するという制度は、独立が保障され、国権の最高機関である国会が制定した法律を無効にする権限（違憲立法審査権）を有する裁判所に対し、一定の限度で民主的統制を及ぼすものである。しかし一方、政治的機関（内閣）による統制であるだけに、人事の党派性が問題となる可能性もつねに存在している。こうした点を考慮し、戦後第一回目の最高裁判事の任命に際しては、裁判官任命諮問委員会が設けられ、同委員会が答申した候補者三〇名のなかから内閣が長官を含む一五名を任命した。しかし、内閣の責任を不明確にするとの理由からこの制度は一回きりで廃止されている。

一九六〇年代から七〇年代にかけて、最高裁人事の党派性が大きな問題となった。日本の公務員法制は公務員の争議行為を全面的に禁じ、刑罰による制裁も予定している。一九六六年の全逓東京中郵事件判決（最大判一九六六年一〇月二六日刑集二〇巻八号九〇一頁）において、最高裁は、公務員の争議行為を事実上刑事罰から解放する画期的判断を示した。この判決は、人権の制限は必要最小限でなければならないとして、緻密な人権制約基準論を展開したことでも有名である。その後、六九年四月の都教組事件判決（最大判一九六九年四月二日刑集二三巻五号三〇五頁）など同様の判決が続き、この流れは確立するかにみえた。しかし、一九七三年四月の全農林警職法事件判決（最大判一九七三年四月二五日刑集二七巻四号五四七頁）で、最高裁は判例を変更し、争議行為の一律禁止や刑事罰による制裁を合憲とする立場に逆戻りした。以降今日まで、この立場は変わっていない。

わずか六年半の間に二度にわたり判例が一八〇度転換した背景には、最高裁の人事構成の変化がある。全農林事件での判例変更は八対七の僅差であった。全農林事件判決には、都教組事件判決には関与しなかった九人の裁判官が新たに加わっているが、この九人のうち六人までが判例変更に賛成している。新たに最高裁入りした判事の多くが争議行為規制容認派であった（毎日新聞社社会部『検証・最高裁判所』（毎日新聞社、一九九一年）一七五頁以下参照）。

この時期、最高裁人事に大きな影響力をもつ政権与党・自民党は、裁判所の判決が偏向しているとのキャンペーンを展開していた。最高裁人事の党派性が強く疑われる。

最近では、最高裁判事の人選が、裁判官・検察官出身者に偏ってきているとの指摘もなされている。最高裁判事は、「見識の高い、法律の素養のある年齢四十年以上の者」（裁判所法四一条）から任命される。有資格者は裁判官に限られない。発足当時の最高裁は、幅広く人材を求め、裁判官・検察官五名、弁護士五名、学識経験者五名（裁判官経験者二名を含む）という構成であった。二〇〇二年一二月現在の出身別構成は、裁判官六名、検察官二名、弁護士四名、行政官二名、学者一名となっている（最高裁WEBページを参照）。

国民にとって開かれた裁判所を実現するという視点から考えると、第一回目の任命のように公正な第三者機関による答申をふまえ任命を行うことや、弁護士など在野の法律家や有識者からも広く人材を集めることなどが改めて検討されるべきではないだろうか。

裁判所内部における独立をめぐる問題

裁判官の独立は、内閣や国会といった他の国家機関との関係で問題となるばかりではない。裁判所内部においても、その独立は守られなければならない。司法の独立を担保するために、裁判所には、下級裁判所判事の指名権や規則制定権をはじめ内部事項の自律的処理の権限などが認められているが、本来他の国家機関からの独立を保障するためのこれらの権限が、裁判所内部における裁判官の統制のために行使されている事例も指摘されている。

まず、下級裁判所裁判官の任命をめぐる問題を取り上げてみよう。憲法によれば、下級裁判所の裁判官は、最高裁判所の指名したものの名簿によって内閣が任命する。実際には内閣による任命は形式的なものであり、実質的な人事権は最高裁判所にある。いったん任命された裁判官の任期は一〇年であり、「再任されることができる」（八〇条一項）。

問題となるのはこの「再任されることができる」との規定の意味である。これを、再任の権利を保障したものであり、罷免に値するような問題がなければ原則として再任しなければならないという意味に理解するならば、裁判官にはきわめて手厚い身分保障が与えられることになる。一方、これは指名権者に裁量権を認めたものであり、再任するかどうかは最高裁の判断に任されていると解するならば、裁判官の身分はかなり不安定になる。憲法七八条は、「裁判官は、裁判により、心身の故障のために職務を執ることができないと決定された場合を除いては、公の弾劾によらなければ罷免されない」と規定し、裁判官が自らの意思によらず身分を失う場合を、「執務不能の裁判」と「公の弾劾」（国会の弾劾裁判所による。六四条）の二つに限定している（ただし、定年に達した時や裁判官としての欠格事由が生じた時も当然に身分を失う）。しかし、再任は最高裁の裁量であると解釈すれば、七八条の身分保障の意味を失わせることにもなりかねない。

一九七一年、宮本康昭判事補に対する再任拒否が大きな問題となった。当時の最高裁人事局長は、衆議院法務委員会において、再任名簿への登載は自由裁量処分であり、理由を明らかにする必要もないと答弁している。宮本判事補が、裁判官を含む法律家等がつくる「青年法律家協会（青法協）」の会員だったことがその理由ではないかといわれている。事実だとすれば、思想による裁判官の選別にもなりかねない（詳しくは、宮本康昭『危機にたつ司法』（汐文社、一九七八年）を参照）。

再任拒否事件の二年前、一九六九年にも、裁判官の独立を裁判所内部から揺るがす事件が起きている。自衛隊の合憲性が大きな争点となった「長沼ナイキ訴訟」を担当していた札幌地裁・福島裁判官に対し、上司にあたる平賀・札幌地裁所長が、国の判断を尊重するよう求める書簡を送ったことが明らかになった（平賀書簡事件）。明白な裁判に対する干渉であり、最高裁も平賀所長の処分を行ったが、その後国会の裁判官訴追委員会が介入し、平賀所長を不訴追とする一方、福島裁判官を訴追猶予（訴追事由あり）とした。

すでに触れたように、一九六六年の全逓東京中郵事件を一つのきっかけとして、政権党・自民党を中心に偏向裁判キャンペーンが展開されていた。平賀書簡事件や再任拒否事件はそうしたなかで生じた。最高裁による青法協加入裁判官に対する脱退勧告なども行われており、「司法の危機」が叫ばれた時代であった。

司法官僚制の問題

さらに、司法行政権を通じた裁判官の統制も問題となっている。裁判所には内部の事務等の自律的処理のため司法行政権が認められている。司法行政を統括するのは、法律上は最高裁判所の裁判官会議であるが、実質的には、裁判官会議のもとにおかれる最高裁事務総局（裁判官が裁判の「現場」を離れ勤務する）が、裁判官の人事をはじめきわめて大きな権限を行使している。この事務総局への勤務は、裁判官の昇進にとって大きな意味をもっている。「少数の裁判官が繰り返し事務総局に配属され、他の裁判官を管理しながら彼らよりも早く昇進し、他の裁判官に比べて事件審理の経験が乏しいにもかかわらず最高裁判事に任命される可能性ははるかに高い」といった指摘がなされている（渡辺保夫ほか『テキストブック現代司法〔第四版〕』（日本評論社、二〇〇〇年）六七頁以下参照）。現在の裁判官出身の最高裁判事六人についてもこの点は確認できる。全員が事務総局の勤務経験をもち、金谷・泉の両判事は、事務総局のトップである事務総長経験者である。

このような裁判の「現場」を離れた「エリート」裁判官による他の裁判官の管理・統制がさまざまに進んでいる。

たとえば、憲法違反の判決を出した裁判官の場合、その後の配属や昇級で他の裁判官と比べ不利な処遇を受けているとの指摘がある。また、訴訟の遅延を背景に、最高裁から「迅速な事件処理」が求められ、裁判官は月ごとの「売り上げ」（判決件数）を強く意識せざるをえなくなっているともいわれる（毎日新聞社社会部・前掲『検証・最高裁判所』二四〇頁以下参照）。

法務省の訟務検事と裁判官の間の人事交流、いわゆる「判検交流」もしばしば問題となる。私たちが国を相手に裁判を起こす場合、国側の訴訟代理人となるのが法務省の訟務検事である。法務省と裁判官（判事）との人事交流はかなり活発で、毎年数十名規模で行われている。判検交流が大きな問題となったのが、長良川水害訴訟である。この事件では安八・墨俣の二地区から訴訟が提起されたが、岐阜地裁は、一九八二年の安八訴訟判決では住民の訴えを認めたのに対し、八四年の墨俣訴訟判決では、一転して国側の主張を認め住民の訴えを退けた。いずれの事件も三名の裁判官が関与し、うち二名の顔ぶれは同じであったが、裁判長のみが入れ替わった。墨俣判決に新たに起用された裁判長は、八〇年まで法務省行政訟務課長として水害を含む事件の国側弁護の中心に位置していた。二つの判決の間に水害訴訟の流れを変える最高裁判決（大東水害訴訟判決）が出されており、墨俣訴訟判決についてはその影響を考慮しなければならないが、裁判の公正さを疑わせる人事であったことは間違いない（毎日新聞社社会部・前掲『検証・最高裁判所』一九五頁以下参照）。法務省勤務は、裁判官のキャリア形成のうえで、事務総局勤務と並ぶ重要な経歴となっている。

4　違憲立法審査制

違憲立法審査制の意味

　裁判所には、国権の最高機関・全国民の代表である国会の制定した法律が憲法に適合しているかどうかを決定する権限、違憲立法審査権が認められている（憲法八一条）。違憲立法審査権は、裁判所がもつ最も重要な権限の一つである。国の最高法規（九八条一項）である憲法は、国会といえども踏み越えることの許されない最も基本的なルールである。とくに、憲法が保障する基本的人権は、多数決によっても奪うことのできない権利を保障したものである。違憲立法審査権をもつ裁判所には、いわば「憲法の番人」として、人権をはじめとする憲法規定を国家機関が侵すことがないよう監視する役割が期待されているのである。

　このような意味をもつ違憲立法審査制は、ほとんどの現代立憲主義憲法に取り入れられているが、具体的な形態は国により異なっている。たとえば、違憲審査を専門に行う憲法裁判所を通常の裁判所とは別個に設け、国会議員などの提訴にもとづき法律の憲法適合性を審査する制度も存在する（抽象的審査制、憲法裁判所型）。

　日本の違憲立法審査は、これとは異なり、具体的な訴訟事件の解決に必要な限度で行われる。違憲審査を行うのは通常の裁判所（最高裁のみならず下級審も含む）である。事件の解決のために適用すべき法律の憲法適合性に疑問があるような場合に、裁判所が法律の合憲性を審査し、合憲と判断される場合にはその法律を適用することで、違憲と判断される場合にはその法律の無効を前提に、事件の解決が図られる。司法作用（法の解釈・適用による法律上の紛争の解決）に付随して行われることから、付随的審査制ともよばれる。

日本と同じく付随的審査制をとる国としてよく挙げられるのが、アメリカである。日本の制度はアメリカをモデルにしているともいわれる。しかし、同様の制度をとりながら、両国の違憲審査の具体的あり方は大きく異なっている。アメリカの連邦最高裁判所は、時に積極的に違憲判断を行い、公民権の拡大などに大きな役割を果たしてきた。一方、日本の最高裁は、違憲判断にはきわめて消極的である（司法消極主義）。以下では、最高裁を中心に、日本の違憲立法審査制がどのように運用されてきたかを検証してみることにしよう。

司法消極主義

一九六四年一月、福山駅近くに薬局を開設しようと許可申請を行っていた業者が、広島県知事から不許可処分を受けた。薬局開設にあたり配置に適性を欠く場合には許可を与えないことができるとしていた薬事法がその根拠であった。業者は不許可処分の取消を求め出訴した。一九七五年四月三〇日、最高裁判所大法廷は、薬事法の規定は経済活動の自由を保障した憲法二二条一項に違反し無効であるとの判決を下した（最大判一九七五年四月三〇日民集二九巻四号五七二頁）。

最高裁が法律の規定を違憲であると判断したのは、この判決が二度目であった。日本国憲法が施行されてから半世紀以上が経過したが、この間、最高裁判所が法律を違憲とした法令違憲判決は、薬事法違憲判決を含めてもわずか六件にすぎない。最高裁は、法律の違憲判断にはきわめて消極的である。

薬事法違憲判決以外の五件は、①尊属殺人について一般の殺人よりも重い刑罰を定めていた旧刑法二〇〇条を違憲とした判決（最大判一九七三年四月四日刑集二七巻三号二六五頁）、②衆議院議員選挙の定数配分規定の不均衡を違憲とした判決（最大判一九七六年四月一四日民集三〇巻三号二二三頁）、③同じく定数不均衡を違憲とした判決（最大判一九八五年七月一七日民集三九巻五号一〇〇頁)、④森林法による共有林の分割制限を違憲とした判決(最大判一九八七年四月二二日民集四一巻三号四〇八頁)、⑤国の賠償責任を免除・制限する郵便法の規定を違憲とした判決(最大判二〇〇二年九月一四日民集五四巻七号一四三九頁)である。

二件の定数不均衡違憲判決はあるものの、表現の自由をはじめとする精神活動の自由を規制する立法に対し一度も違憲判決が出されていないことがとくに目を引く。憲法学では、いったん表現活動を不当に規制する立法が成立すると、言論を通じて議会に対しその是正を求めることが困難になるから、表現の自由を中心とした精神活動を規制する立法に対しては、裁判所は積極的に違憲判断を行っていくことが必要であるとの考え方が有力である。しかし、選挙運動の規制など違憲の疑いが指摘される法律が多いにもかかわらず、最高裁は期待される役割を十分果たしていない。

憲法判断の回避

政治性の強いテーマについて、最高裁が憲法判断を回避してきたことも指摘しておこう。日米安全保障条約の合憲性が問われた「砂川事件」で、最高裁はいわゆる「統治行為論」を展開し、安保条約のような高度の政治性を有する問題は、「一見極めて明白に違憲無効」でない限り、非政治的機関である裁判所の判断にはなじまないと判示した。自衛隊の違憲性が問題となった長沼ナイキ訴訟・百里基地訴訟では、「訴えの利益がない」、「私法上の行為に対しては憲法九条は直接適用されない」などとし、憲法判断を回避した。

違憲立法審査権は主権者国民から選挙されていない裁判所が、国民代表府である国会の制定した法律を無効にするものであるだけに、つねに、民主主義や国民主権との関係が問題となる。違憲判断はできるだけ慎重であるべきだとの考え方もあり得るだろう。しかし、そうだとしても、法律の違憲性が明白な場合や、国会による違憲立法の是正が十分期待できないような場合には、「憲法の番人」として裁判所が決然と違憲判断を下すことが求められるのではないだろうか。

下級審の判決のなかには、安保条約を違憲とした砂川事件東京地裁判決、自衛隊を違憲とした長沼ナイキ訴訟札幌地裁判決、戸別訪問禁止規定に対する一連の違憲判決など、積極的に違憲判断に踏み込んだ注目すべき判決がみられる（樋口陽一ほか『憲法判例を読み直す——下級審判決からのアプローチ〔改訂版〕』（日本評論社、一九九九年）を参照）。しかし、最高裁は、「憲法の番人」としての役割をなお十分に果たしていない。

最高裁についても、一九九〇年代に入り、外国人に地方参政権を与えることは憲法上可能とした判決（最判一九九五年二月二八日民集四九巻二号六三九頁）、信仰を理由に剣道の授業を拒否した生徒に対する退学処分を違法としたエホバの証人事件判決（最判一九九六年三月八日民集五〇巻三号四六九頁）、愛媛県による靖国神社への公金支出を違憲と判断した愛媛玉串料訴訟判決（最大判一九九七年四月二日民集五一巻四号一六七三頁）など、従来よりも人権保障の方向に踏み込んだいくつかの判決が出されており、若干変化の兆しもみられる。しかし、その一方で、「表現活動といえども、絶対無制限に許容されるものではなく、公共の福祉に反し、表現の自由の限界を逸脱するときには、制限を受けるのはやむを得ない」として破防法を合憲とした判決（最大判一九九〇年九月二八日刑集四四巻六号四六三頁）のように、公共の福祉により安易に人権制約を容認した判決も出されている。最高裁の従来からの姿勢は、なお根本的に変わるにはいたっていないように思われる。

5　開かれた司法と司法制度改革

以上、さまざまな点から、日本の裁判所・裁判制度が抱える問題点を検討してきた。裁判所を私たち国民にとってより身近なものにするためには、あるいは「人権の砦」として、国民から本当に信頼されるような裁判所を実現するためには、何が必要なのだろうか。制度上の改革が必要なことはたしかである。現在、司法制度改革に向けた作業が進められている。しかし、それ以上に必要なのは、私たち一人ひとりが豊かな人権意識をもってつねに裁判のあり方に批判の目を注ぎ、国民に開かれた裁判所実現に向けた働きかけをさまざまに行っていくことである。はじめに紹介した裁判の公開は、この点ではきわめて重要な制度である。そのほかにも、国民に開かれた裁判所を実現するための手段は少なくない。以下では、そのうちから、最高裁判所裁判官の国民審査制度、そして国民の司法参加の問題を取り上げてみる。

最高裁判所裁判官の国民審査

最高裁判所の裁判官は、任命後初めて行われる衆議院選挙の際、国民の審査に付され、その後も一〇年ごとに同様の審査が行われる。国民審査で、投票者の多数が裁判官の罷免を可とした場合には、その裁判官は罷免される（憲法七九条二項・三項）。投票は、罷免を可とする裁判官に×印をつけるという方法で行われる。

衆議院選挙の投票所に足を運んだことがあれば、誰しもがこの国民審査を経験しているはずである。国民審査は、司法の独立や違憲審査と民主主義・国民主権とをつなぐ重要な制度である。しかし、残念ながら、この制度は十分に機能しているとは言い難い。過去に裁判官が罷免された例がないばかりか、通常罷免を可とする票の比率は、審査に付されるどの裁判官もほぼ一様に一〇％前後である。

一九九三年の衆議院選挙後に行われた世論調査によると（総理府『平成六年度版・世論調査年鑑』五四九頁）、裁判官の業績をよく調べて投票したとの回答はわずか一・〇％で、「多少調べた」も九・五％、一方「全く調べなかった」は六七・二％にのぼっている（その他、「投票しなかった」が一八・九％、わからないが三・四％）。国民に裁判官の業績がほとんど知られていないことが、制度がうまく機能しない要因になっていることは明らかである。

もう一つ問題となるのが、棄権が認められていないという点である。現在の制度では、罷免を可とする裁判官に×をつけることのみが認められており、何も記入せずに投票すれば、すべて罷免を可としない票に数えられる。十分な判断材料がないためいわば「白票」を投じた場合（これが大部分であろう）も、事実上裁判官を信任したものとして扱われる。×以外を記入すれば無効票になる。この点も大いに改善の余地があろう。

表17-4は、二〇〇〇年六月の衆議院選挙に際しての国民審査の結果である。従来と同様の傾向がみて取れるが、他方で興味深いのは、元原・梶谷両判事の「罷免を可とする」票の比率が他の判事より一割ほど少ない点である。両判事は、投票価値の平等をめぐる近年の裁判で、いずれも現行の定数配分が憲法に違反するとの反対意見を付している。選挙前に配布される選挙公報には、裁判官の経歴や信条・主要判決が記載されている。十分な情報ではないが、注意深く読めば、重要な判断材料となるはずである。

表17－4　2000年6月実施の国民審査の結果

亀山継夫	51,787,073票	× 5,932,395票
大出峻郎	52,218,393票	× 5,501,125票
町田顯	52,317,804票	× 5,401,744票
金谷利廣	52,171,197票	× 5,548,385票
奥田昌道	52,282,421票	× 5,437,154票
山口繁	52,180,756票	× 5,538,825票
元原利文	52,729,466票	× 4,990,128票
梶谷玄	52,714,509票	× 5,005,056票
北川弘治	52,288,094票	× 5,431,507票

無印は罷免を否，×印は罷免を可とするもの。

国民の司法参加

国民の司法参加も、裁判を国民に開かれたものとするためには避けて通れない課題である。「国民の司法参加」という場合、誰しもがまず思い浮かべるのが陪審制であろう。有名なのはアメリカの例である。アメリカでは年間約一〇万件の刑事事件・二〇万件の民事事件で陪審が行われ、一二〇万人もの市民が陪審員になっている（渡辺ほか・前掲『テキストブック現代司法〔第四版〕』一八七頁）。とくに有名なのが刑事陪審である。陪審では通常、一般市民から抽選で選ばれた陪審員達が、検察側・被告弁護側の主張・立証を聞き、時には数日間をかけ全員一致で有罪・無罪の評決を下す。有罪の場合、裁判官が証拠を調べ、刑を宣告する。

あまり知られていないことであるが、戦前の一時期、日本でも陪審制が行われていた。陪審制は一九二八年にスタートしたが、さまざまな問題点もあってほとんど利用されなくなり、戦時中の四三年に停止された。戦後制定された現在の裁判所法には刑事陪審を予定した規定（三条三項）があるが、今日まで生かされていない。また、実は、戦前の陪審法は、現在も法令としては存続している。その執行が停止されているだけである。問題点の多い戦前の陪審法をそのまま復活させるべきではないが、陪審制への手がかりが日本にも存在していることは確認しておく必要があろう（戦前の制度とその問題点については、丸田隆『陪審裁判を考える』（中公新書、一九九〇年）一一五頁以下参照）。

陪審制については、「素人」に裁判をまかせて大丈夫なのか、マスコミの報道などに流された裁判にならないかといった批判もある。国民の司法参加の機会がほとんどなく職業裁判官による裁判が「常識」となっている日本では、とくにそうした批判が強いかもしれない。しかし、検察官・弁護人が、職業裁判官ではなく「素人」を説得しなければならない陪審制の場合、とかく難解となりがちな裁判が一般の国民にとってもわかりやすいものとなることが期待できる。制度に工夫は必要であろうが、「国民に開かれた司法」の実現に向け、一考に値する制度である。

開かれた司法と「司法制度改革」

一九九〇年代以降の日本では、「政治改革」「行政改革」「地方分権」「規制緩和」など、さまざまな制度改革が議論されてきた。司法制度についても、内閣のもとに設置された「司法制度改革審議会」（以下「審議会」という）を中心に検討が行われてきた。二〇〇一年六月に提出された「審議会」の最終報告書は、司法制度改革について、国民一人ひとりを「自律的でかつ社会的責任を負った統治主体」とすることをめざした九〇年代の諸改革を憲法の基本理念の一つである「法の支配」の下に結び合わせるものであり、「『この国のかたち』の再構築に関わる一連の諸改革の『最後のかなめ』」であると、位置づけている。そのうえで報告書は、今後の改革の方向について、三つの柱を提示している。「国民の期待に応える司法制度の構築（制度的基盤の整備）」、「司法制度を支える法曹のあり方（人的基盤の拡充）」、そして「国民的基盤の確立（国民の司法参加）」である。三つの柱はいずれも、本章で検討した「開かれた司法」のあり方と深くかかわっている（報告書と審議経過につき、http://www.kantei.go.jp/jp/sihouseido/index.html を参照）。今後の司法制度改革の基本線を提示したこの報告書にそって、「開かれた司法」の実現に向けた課題と基本的視点を改めて確認することで、本章を結ぶことにしよう。

「制度的基盤の整備」として論じられているのは、国民が利用しやすい司法に向けた、裁判所への「アクセスの拡充」と「実効的な事件の解決を可能とする制度」の構築である。いずれも重要な課題だが、先にも述べたように、「効率」「実効性」を優先するあまり、権利救済がおろそかになってはならない。真に司法による救済を必要としているのは、「自律的でかつ社会的責任を負った統治主体」というよりはむしろ、社会的に弱い立場にある人々である。

第二の「人的基盤の整備」は、本章の検討との関係でもとくに重要な意味をもつ。報告書は、法曹人口増員のための司法試験改革（合格者の拡大）とともに、「二一世紀を担うにふさわしい質の法曹を確保するため」に、「法学教育、司法試験、司法修習を有機的に連携させた『プロセス』としての法曹養成制度」の必要性を指摘する。その中心に位置づけられるのが、日本版のロースクール、「法科大学院」である。法曹の「量」以上に「質」が重要であることはやはり先に指摘した。そのためにも、新たな法曹養成制度が単なる専門技術の習得にとどまらず、「開かれた司法」にふさわしい人材の育成につながるかどうか、十分に見極めていく必要があろう。従来の日本の法曹養成制度は「キャリアシステム」とよばれ、裁判官は、司法修習を終えた時点で裁判官として採用され、専門的なキャリアを積む仕組みが取られてきた。弁護士から裁判官に任命される場合もあるが、その数はごくわずかであった。「開かれた司法」の実現にあたっては、弁護士をはじめ社会で活躍する法律家から幅広く人材を求める制度の拡充なども考慮されてよいかもしれない。

第三の「国民的基盤の確立」をめぐっては、陪審制の導入など、いくつかの制度が考えられる。現在、裁判員制度の導入が検討されている。報告書では、さらに、「裁判官の指名過程に国民の意思を反映させる機関の新設」なども検討されている。この視点は「開かれた司法」を考えるうえで重要であるが、しかし、慎重な考慮を要する点もある。少数者の権利や自由を守ることが司法の大切な使命である。それゆえにこそ、多数者の意思から独立した裁判官に、違憲立法審査をはじめとする権限が与えられているのである。それだけに、「国民の意思の反映」を考えるのであれば、社会の支配的な意思に偏ることなく、さまざまな意思や意見が反映されるよう、また「国民の意思の反映」が裁判官の独立を侵すことがないよう、十分な配慮が必要になろう。

今後、司法制度改革に向けた具体的な議論が進んでいくことになるが、何より重要なのは、わたしたち一人ひとりが、司法のあり方に目を向け続けることである。「開かれた司法」の実現は、決して法律専門家のみの問題ではなく、私たちの暮らしや権利の実現と深くかかわったテーマなのである。

〈参考文献〉

毎日新聞社社会部『検証・最高裁判所』（毎日新聞社、一九九一年）：最高裁判所の機能を多角的に検証している。渡辺保夫ほか『テキストブック現代司法〔第四版〕』（日本評論社、二〇〇〇年）：日本の司法の課題を平易に幅広く検討している。樋口陽一ほか『憲法判例を読み直す——下級審判決からのアプローチ〔改訂版〕』（日本評論社、一九九九年）：下級審も含めた日本の違憲審査のあり方を分析する。ジュリスト臨時増刊『司法改革と国民参加』（二〇〇一年四月一〇日号）：司法制度と司法制度改革に関する豊富な資料が収録されている。

最高裁判所 http://www.courts.go.jp/：最高裁判事のプロフィール、最高裁判例、司法統計、地方裁判所等へのリンクなど、有益な情報を多数含んでいる。

第18章　象徴天皇制の構造と機能

1　象徴天皇制の成立

昭和天皇とヒロシマ

一九七五年一〇月三一日（金）。昭和天皇は「記者会見」の席上、「戦争責任について質問され、次のように述べた。「そういう言葉のアヤについては、エー、私はそういう文学方面はあまり研究していないのでよくわかりませんから、エー、そういう問題についてはお答えできかねます」。昭和天皇はこの種の質問になると、とたんに「エー」という間投詞が増えた。ＲＣＣ中国放送の記者が、広島への原爆投下について聞いた時もそうだった。「遺憾には思っていますが、エー、こういう戦争中であることですから、どうも、エー、広島市民に対しては気の毒であるが、エー、やむをえないことと私は思っています」。

敗戦の半年前の二月一四日、近衛首相が「敗戦ハ遺憾ナガラ最早必死ナリト存候」と「上奏」した際、昭和天皇は次のように応答した。「モウ一度戦果ヲ挙ゲテカラデナイト中々話ハ難シイト思フ」と。この一言があってから、政府内部の終戦工作は鈍化する。歴史に〝ｉｆ〟（もし）が許されるならば、少なくともこの一言さえなければ、もっと早期に「終戦」を迎えていたかもしれない。そして、結果論だが、三月一〇日の東京大空襲、沖縄戦の惨劇、広島・長崎への原爆投下、ソ連参戦による旧満州等での悲劇（「残留孤児」等）も起きなかっただろう。「エー」という間投詞は、昭和天皇の心の揺れの反映だったのかもしれない。

帝国憲法下の天皇

一八八九年の大日本帝国憲法は、プロイセン憲法をモデルとして、神勅主権にもとづきつつ、西欧近代憲法の諸原則をも取り入れるという特異な性格をもっていた（「外見的立憲主義」）。天皇の地位と権威の根源は、「天壌無窮」の神の意思（神勅）に求められ、神話の世界にしか存在しない神武天皇に遡及する「一系」の天皇が、「万世」にわたって日本を支配するというフィクションが制度化された。他方、「天皇ハ国ノ元首ニシテ統治権ヲ総攬シ此ノ憲法ノ条規ニ依リ之ヲ行フ」（帝国憲法四条）と規定されていた。具体的には、天皇は立法権を「帝国議会ノ協賛」をえて行使し（五条）、司法権を「天皇ノ名ニ於テ」裁判所に行わしめること（五七条）、を意味した。

天皇に与えられた権限（天皇大権）は次の五つからなる。①統治の総覧者としての統治大権、②陸海軍を統率する大元帥としての統帥大権、③皇族の長としての皇室大権、④最高の神・祭主としての祭祀大権、⑤植民地統治大権である。とくに、②は「統帥権の独立」（一一条）を主張する軍部の突出と、戦争への道につながった。

象徴天皇制の成立

昭和天皇を戦犯として処刑すれば、「百年つづくゲリラ戦の抵抗が起こるだろう」と判断したマッカーサー元帥（連合軍最高司令官）は、占領政策の円滑な遂行のため、昭和天皇の免責を決断した。そのかわりに、天皇からすべての権能を奪い、軍隊の解体・不保持（日本国憲法九条）とセットにして、その徹底的な「無害化」を図った。天皇自身も「人間宣言」を行い、帝国憲法下の「現人神」性を否定した（一九四六年一月）。

こうした「天皇制のフルモデルチェンジ」の最終的表現が、日本国憲法である。この憲法は、国民主権等の「人類普遍の原理」と、世襲的天皇制という、本来は両立不能なものをあえて併存させるという「きわめて高度な妥協」の産物である。そのために憲法には、戦前の天皇制への復帰を阻止する「安全装置」が幾重にも設定されている。すなわち、①天皇は統治権者、元首ではなく、政治から隔離された「象徴」とされたこと、②皇位の世襲制は維持されたが、天皇の地位それ自体は主権者国民の「総意」に留保されたこと、③国政に関する権能を一切奪われ、形式的・儀礼的な国事行為のみ行うこと、④純粋な私的行為を除き、天皇の行為のすべてに内閣の助言と承認を必要とすること、⑤政教分離原則により、純粋な私的行為を除き、非宗教性が要求されること、⑥皇室財政全般が国会の統制に服すること（国会財政中心主義）、である（水島朝穂ほか『ザ・象徴天皇制』（日本評論社、一九八九年））。

2　天皇の憲法上の地位と権能

天皇の憲法上の地位

帝国憲法上、天皇は神聖不可侵であったが、日本国憲法では、天皇の地位それ自体も、「主権の存する日本国民の総意に」依存している。学説上、国民の総意が変われば、天皇制の廃止が可能であるかをめぐり対立があるが、憲法改正手続に従って象徴天皇制を廃止するオプションを否定しないのが多数説である（他方、天皇の地位は国民の選任行為を経ていないから廃止はありえないとする少数説もある）。

図18－1　象徴天皇制の構造

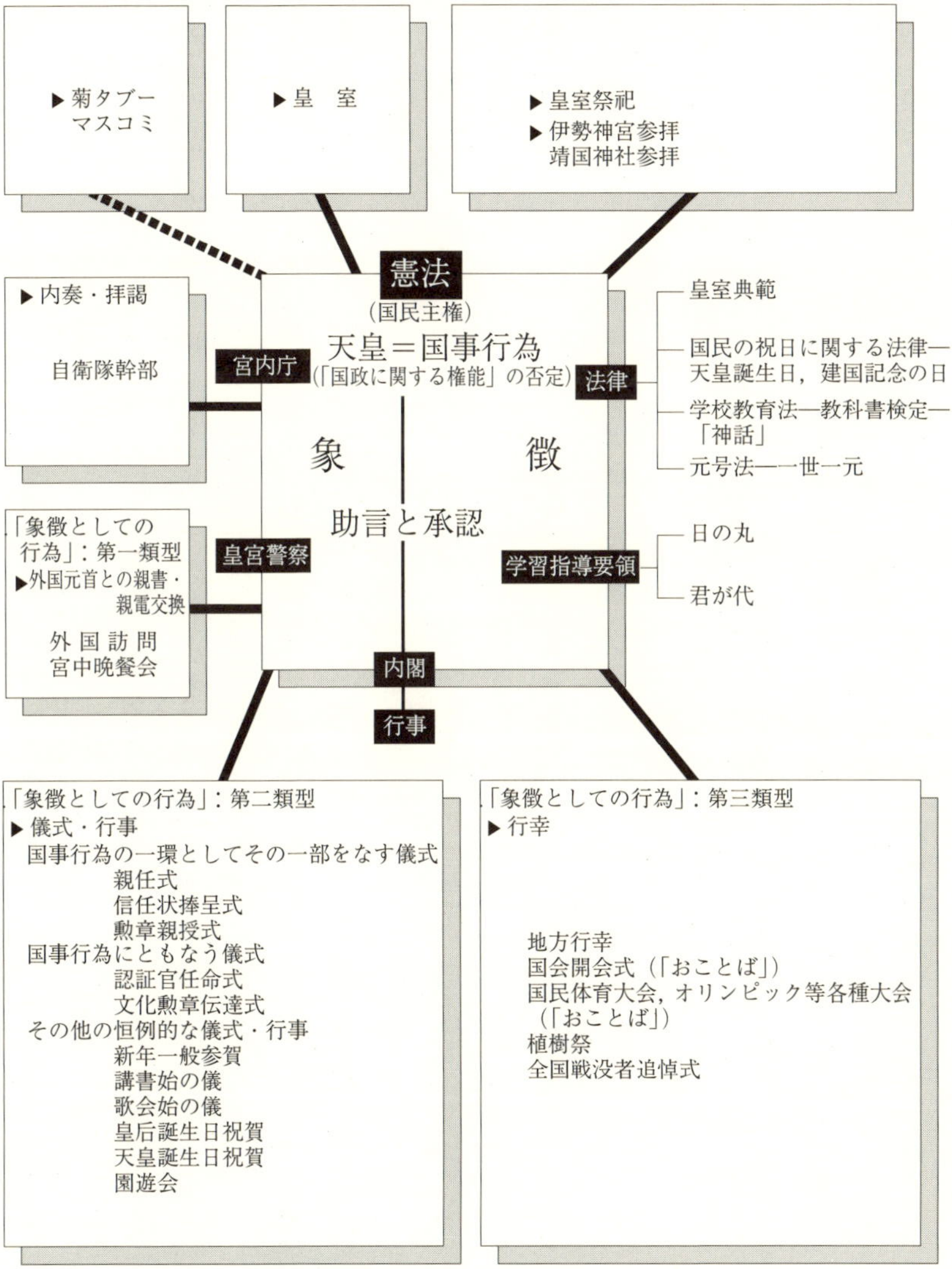

出典　水島朝穂ほか『ザ・象徴天皇制』（日本評論社，1989年）177頁

天皇の地位は、「日本国の象徴」「日本国民統合の象徴」たるところにある（日本国憲法一条）。「象徴」とは、抽象的で無形なものを具体的で有形なもので表す作用やもの（物・者）をいう。鳩は平和の象徴、というのがよく出される例。「象徴」とは「単なる『遺物』」、即ち「もはや何の実用性も持たなくなっているにもかかわらず、われわれがそうしたものを作る性癖を受け継いできているがゆえに、なおも存在しつづけるもの」などという口の悪い定義もある（A・ビアス（西川正身訳）『悪魔の辞典』（岩波書店、一九六四年））。

天皇は憲法上、「単なる象徴」に純化され、国政に関する権能から徹底的に隔離された。では、天皇は元首か。元首のメルクマール（標識）は、国の首長であり、主として対外的に国家を代表する資格を有する国家機関たるところにおかれる。だが、元首の概念は、国家有機体説に起因するもので、その法的意義は限りなく小さい。今日では、対外的代表権を有する行政府の長をさすのが一般的であり、その意味では天皇は元首ではない。とりあえず内閣総理大臣が元首と解される。ただ、天皇の国事行為のなかに元首の権能と見紛うものが含まれており、外国からは天皇は元首として扱われている。その意味で「象徴的元首説」（高柳賢三）という説もあるが、疑問とすべきである。

皇位の継承（世襲）と女性天皇？

皇位の継承は「世襲」による（二条）。象徴天皇が形式的・儀礼的・名目的行為を行う、限りなく「無化」された存在である以上、それは憲法上「無の継承」である。皇位継承者の資格は、千代田区千代田一丁目一番地に住む一つのファミリーの家系に属することである。継承順位は、男系、男子、長子の継承三基準で決まる（皇室典範一、二条）。

継承原因は「天皇が崩じたとき」、つまり、死亡した時だけで、本人が希望しようと、癌の末期症状で「下血・吐血」の状態にあろうとも、生前退位は認められていない（四条）。ただ、皇室典範を改正して、天皇に停年を設けることも、憲法上は可能である。

では、女性の天皇は憲法上可能か。帝国憲法二条は「皇男子孫之ヲ継承ス」として、男性に限定していた。日本国憲法二条は「世襲」とだけ規定し、男女の特定はせず、具体的なことは皇室典範にゆだねている。皇室典範が、皇位の継承者を、「皇統に属する男系の男子」に限定している（一条）。それ故、憲法上は女性天皇の可能性は一般的には排除されていないといえる（女性天皇の誕生に積極的意義を認める議論として、植野妙実子編『憲法構造の歴史と位相』（南雲堂、一九九一年）参照）。だが、そもそも世襲制という究極の不平等を憲法が例外的に認めた以上、この制度のもとでの「女性差別」の主張はあまり意味があるとは思えない。一九八五年に女性差別撤廃条約が批准された際、皇室典範が女性の天皇の可能性を排除していることや、皇族女子についてだけ「天皇及び皇族以外の者と婚姻したときは、皇族の身分を離れる」（一二条）と規定していることが問題となったが、一般の関心を引くまでにはいたらなかった。今後、このファミリーに男子が生まれず、皇位継承者のスペアーが確保できないという事態が発生した時に、皇室典範改正問題が浮上してくるかもしれない。ちなみに、危機を深める「民族派」のなかには、歴代天皇のうちの二三世以上が側室により継承されてきたことを指摘し、皇位継承と天皇制を支えてきた「側室制度」の復活を説く議論もあらわれている（新右翼・一水会機関紙レコンキスタ二二八号（一九九六年））。

天皇の権能

憲法上、天皇は国家の統治に影響を及ぼす権能は一切なく、ただ、国家および国民統合の「象徴」として、国家の形式的・儀礼的・名目的行為（国事行為）を行うにすぎない。天皇の権能は実質的なものをまったく含まず、はじめから「無」なのである（「始源的無権能」）。

天皇の国事行為は全部で一三個ある。①内閣総理大臣の任命、②最高裁長官の任命（以上日本国憲法六条）、③憲法改正・法律・政令・条約の公布、④国会の召集、⑤衆議院の解散、⑥総選挙施行の公示、⑦国務大臣等の任免と全権委任状等の認証、⑧恩赦（大赦、特赦等）の認証、⑨栄典の授与、⑩批准書、外交文書の認証、⑪外国の大使・公使の接受、⑫儀式の挙行（以上七条）、⑬国事行為の委任（四条二項）、である。

憲法は「天皇は、この憲法の定める国事に関する行為のみを行ひ」と規定し、行為の種類と範囲を限定している。しかし、象徴の地位に人間をおいた以上、人間として必要な生活・活動を行うことは憲法も想定していると解される。これが天皇の私的行為である。学説上、天皇は国事行為と私的行為だけを行うとする「二行為説」と、この二つ以外に何らかの行為を認める「三行為説」がある。後者には、天皇の国事行為以外の公的行為を象徴としての地位にもとづくものと把握する「象徴行為説」、天皇の公人としての地位にともなう社交的・儀礼的行為と解する「公人行為説」、国事行為に密接に関連する公的行為のみが認められるとする「準国事行為説」、がある。国事行為に酷似している「酷似行為」を含め、憲法が定めていない行為をルーズに認めることには疑問がある。憲法四条一項からすれば、天皇は、六条および七条に制限列挙される国事行為を行う時にのみ、その限りでのみ、「象徴」たる地位にあるといえる。「象徴である以上、〇〇の行為も認められる」という形で、「象徴」としての地位から何らかの行為を導出することは許されない。したがって、国会開会式の「お言葉」も、違憲と評価すべきである（横田耕一「象徴天皇制の憲法論」『天皇制の現在』（日本評論社、一九八六年））。

ところで、「お言葉」は、天皇が行う公的スピーチであるが、これもすべて内閣の「助言と承認」を経由している。だから、天皇、皇族は、小学生でも記憶できる短いフレーズでも、一字一句、メモを読むのであり、別に記憶力が悪いわけではない。一九九二年一〇月、明仁天皇は中国訪問の際、日本の過去を謝罪する「お言葉」を述べた。「謝罪」であれ何であれ、事柄は国家間の政治的問題であり、天皇にこうした政治的な焦点にかかわる発言をさせたこと自体、憲法上疑問がある。内閣が政治的に天皇を「利用」することは許されない。

天皇・皇室が参加する各種の行事も見直しが必要であろう。「公人行為説」をとれば、各種行事への参加はすべて合憲となるが、憲法上の論点のほかにさまざまな問題がある。たとえば、毎年行われる植樹祭。一九九二年五月に福岡県で行われた第四三回植樹祭では、天皇が「お手植え」する一時間半の行事のために、二三ヘクタール、四三八六本の木が伐採された。これは環境破壊であるとの批判も出ている。

皇室経費

戦前には、天皇は「現人神」であり、統治権の総覧者、大元帥であっただけでなく、大地主、大株主であった。しかし、日本国憲法の施行とともに、天皇・皇族の財産（皇室財産）は国に属することになり、その財産の譲渡等には国会の議決を要することになった。天皇・皇族の費用は、すべて予算に計上され、国会の議決を経なければならない（八八条）。皇室経済法によれば、次の三つのタイプのものがある。①天皇および五人の内廷皇族の生活費（お手元金）である内廷費（一九九五年度予算で二億九〇〇〇万円）、②天皇の公的活動にあてられ、宮内庁が管理する公金である宮廷費（同五二億四〇六六万円）、③八つの宮家の「給与」にあたる皇族費（同二億九九四五万円）、である（象徴天皇制の事務局である宮内庁の費用は一一〇億九六四五万円）。①と③は所得税法九条により非課税であり、また天皇家が使用する輸入物品には関税定率法一四条により「無条件免税」の措置がとられている。ただ、天皇家がやっている「財テク」の利益（株の配当金等）については課税されるから、皇室経済主管名義で麹町税務署に確定申告している。

なお、皇室の神事を行う者が天皇家の私的使用人として雇われており、この人件費は内廷費から支出されている。もし、宮廷費から出せば、宗教行為への公金支出となり、違憲となる（八九条）。もっとも、一九八九年二月、昭和天皇の葬儀（「大喪の礼」）の際、葬場殿の鳥居、大真榊、祭官舎等の設置に宮廷費が支出された。内廷の「私事」である宗教儀式に、公金である宮廷費が支出されたことは、憲法八九条に違反するものといわなければならない。

3 象徴天皇制の行方

「皇室外交」——天皇の国際政治的利用

「皇室外交」というのはマスコミ用語で、天皇、皇族が外国訪問をしたり、外国の元首等を接待することをいう（宮内庁ではこれを「外国交際」とよぶ）。皇太子徳仁と小和田雅子さんが婚約した際、マスコミの論調は、雅子さんが外交官のキャリアと経験を活かして、「皇室外交」で重要な役割を果たすことが期待されるというものだった。だが、憲法七条は、外国との関係では、大使・公使の信任状や批准書・外交文書の認証と、外国の大使・公使の接受に限定している。これを制限列挙と解すれば、「皇室外交」の名のもとに行われている行為は、違憲の疑いが強い。

一九七一年の昭和天皇訪欧以来活発化している「皇室外交」は、単に国家間の関係において政治的役割を果たすだけでなく、外国での天皇の元首扱いを日本に逆輸入するという効果ももたらす。

一九九二年九月一二日、皇太子がモロッコを訪問した。それはモロッコが占領する西サハラに関して、モロッコ独立運動との間で停戦協定が成立した六日後。西サハラをめぐる住民投票のためのPKOの本格的展開を控えていた時だった。この微妙な時期に、経済大国日本の皇室が訪問したことは、独立運動側に、投票監視活動への不信感を拡大することとなり、結果的に、日本がPKOを妨害する形となったという（河辺一郎「国連の変質と日本の関与」軍縮一九九三年一二月号）。「皇室外交」は、外国で握手したり、微笑んだり、手を振ったりするだけの儀礼的・社交的活動だといってすまされない問題を含んでいる。

「開かれた象徴天皇制」の行方

国民意識という点では、天皇元首化論も、天皇制廃止論もともに少数で、国民の約八割が象徴天皇制を「支持」している（『毎日新聞』一九八七年四月二九日付等）。ただ、「何も感じない」というのが四一％で、この傾向は二〇歳代では六割に達する。昭和天皇の死去、皇太子の結婚等を通じて、マスコミの天皇報道は突出したが、国民は存外クールである。

一九九三年秋、『週刊文春』や『宝島三〇』といった雑誌ではじまった「皇后バッシング」は、「開かれた皇室」をめぐる議論の新しい段階を示すものだった。伝統的な天皇崇拝派は、「開かれた皇室」を、英国王室化・芸能人化への道だと批判し、「進歩派」はより開かれた皇室を主張する。現在の天皇制をめぐる論争は、左右の対立から、天皇制支持派内部の路線論争にシフトしている。

皇太子徳仁の結婚は、「ミッチー・ブーム」の再来として演出されたが、それはバブルの余韻のなかでかろうじて保たれた繁栄の象徴にすぎず、経済効果をほとんどもたらさなかった。ワイド・ショーを中心とするマスコミの上滑り的報道にも、国民は醒めていた。皇太子妃の「ご懐妊」騒ぎも同様である。「鯰の研究」で知られる秋篠宮

（最近、鯰ではなく鶏の「研究」で博士号を取得）が、米大統領歓迎行事という「ご公務」を欠席して、タイを「訪問」したことが報道され、内廷皇族としては異例のマスコミ批判を行うということもあった（一九九六年一一月）。今後、「メディア天皇制」（天野恵一）ともいうべき状況はさらにエスカレートしていくだろう。

資料

日本国憲法
大日本帝国憲法

日本国憲法

日本国憲法公布記念式典の勅語

本日、日本国憲法を公布せしめた。

この憲法は、帝国憲法を全面的に改正したものであつて、国家再建の基礎を人類普遍の原理を求め、自由に表明された国民の総意によつて確定されたのである。即ち、日本国民は、みづから進んで戦争を放棄し、全世界に、正義と秩序とを基調とする永遠の平和が実現することを念願し、常に基本的人権を尊重し、民主主義に基づいて国政を運営することを、ここに、明らかに定めたんである。

朕は、国民と共に、全力をあげ、相携へて、この憲法を正しく運用し、節度と責任とを重んじ、自由と平和とを愛する文化国家を建設するやうに努めたと思ふ。

朕は、日本国民の総意に基いて、新日本建設の礎が、定まるに至つたことを、深くよろこび、枢密顧問の諮詢及び帝国憲法第七十三条による帝国議会の議決を経た帝国憲法の改正を裁可し、ここにこれを公布せしめる。

御名御璽

昭和二十一年十一月三日

内閣総理大臣兼外務大臣　吉田　茂

国務大臣　男爵　幣原喜重郎
司法大臣　木村篤太郎
内務大臣　大村　清一
文部大臣　田中耕太郎
農林大臣　和田　博雄
国務大臣　斎藤　隆夫
逓信大臣　一松　定吉
商工大臣　星島　二郎
厚生大臣　河合　良成
国務大臣　植原悦二郎
運輸大臣　平塚常次郎
大蔵大臣　石橋　湛山
国務大臣　金森徳次郎
国務大臣　膳　桂之助

日本国憲法

日本国民は、正当に選挙された国会における代表者を通じて行動し、われらとわれらの子孫のために、諸国民との協和による成果と、わが国全土にわたつて自由のもたらす恵沢を確保し、政府の行為によつて再び戦争の惨禍が起ることのないやうにすることを決意し、ここに主権が国民に存することを宣言し、この憲法を確定する。そもそも国政は、国民の厳粛な信託によるものであつて、その権威は国民に由来し、その権力は国民の代表者がこれを行使し、その福利は国民がこれを享受する。これは人類普遍の原理であり、この憲法は、かかる原理に基くものである。われらは、これに反する一切の憲法、法令及び詔勅を排除する。

日本国民は、恒久の平和を念願し、人間相互の関係を支配する崇高な理想を深く自覚するのであつて、平和を愛する諸国民の公正と信義に信頼して、われらの安全と生存を保持しようと決意した。われらは、平和を維持し、専制と隷従、圧迫と偏狭を地上から永遠に除去しようと努めてゐる国際社会において、名誉ある地位を占めたいと思ふ。われらは、全世界の国民が、ひとしく恐怖と欠乏から免かれ、平和のうちに生存する権利を有することを確認する。

われらは、いづれの国家も、自国のことのみに専念して他国を無視してはならないのであつて、政治道徳の法則は、普遍的なものであり、この法則に従ふことは、自国の主権を維持し、他国と対等関係に立たうとする各国の責務であると信ずる。

日本国民は、国家の名誉にかけ、全力をあげてこの崇高な理想と目的を達成することを誓ふ。

第一章　天　皇

第一条〔天皇の地位、国民主権〕天皇は、日本国の象徴であり日本国民統合の象徴であつて、この地位は、主権の存する日本国民の総意に基く。

第二条〔皇位の継承〕皇位は、世襲のものであつて、国会の議決した皇室典範の定めるところにより、これを継承する。

第三条〔天皇の国事行為に対する内閣の助言と承認〕天皇の国事に関するすべての行為には、内閣の助言と承認を必要とし、内閣が、その責任を負ふ。

第四条〔天皇の権能の限界・天皇の国事行為の委任〕① 天皇は、この憲法の定める国事に関する行為のみを行ひ、国政に関する権能を有しない。

② 天皇は、法律の定めるところにより、その国事に関する行為を委任することができる。

第五条〔摂政〕皇室典範の定めるところにより摂政を置くときは、摂政は、天皇の名でその国事に関する行為を行ふ。この場合には、前条第一項の規定を準用する。

第六条〔天皇の任命権〕① 天皇は、国会の指名に基いて、内閣総理大臣を任命する。

② 天皇は、内閣の指名に基いて、最高裁判所の長たる裁判官を任命する。

第七条〔天皇の国事行為〕天皇は、内閣の助言と承認により、国民のために、左の国事に関する行為を行ふ。

一 憲法改正、法律、政令及び条約を公布すること。

二 国会を召集すること。

三 衆議院を解散すること。

四 国会議員の総選挙の施行を公示すること。

五 国務大臣及び法律の定めるその他の官吏の任免並びに全権委任状及び大使及び公使の信任状を認証すること。

六 大赦、特赦、減刑、刑の執行の免除及び復権を認証すること。

七 栄典を授与すること。

八 批准書及び法律の定めるその他の外交文書を認証すること。

九 外国の大使及び公使を接受すること。

十 儀式を行ふこと。

第八条〔皇室の財産授受〕皇室に財産を譲り渡し、又は皇室が、財産を譲り受け、若しくは賜与することは、国会の議決に基かなければならない。

第二章 戦争の放棄

第九条〔戦争の放棄、軍備及び交戦権の否認〕① 日本国民は、正義と秩序を基調とする国際平和を誠実に希求し、国権の発動たる戦争と、武力による威嚇又は武力の行使は、国際紛争を解決する手段としては、永久にこれを放棄する。

② 前項の目的を達するため、陸海空軍その他の戦力は、これを保持しない。国の交戦権は、これを認めない。

第三章 国民の権利及び義務

第一〇条〔国民の要件〕日本国民たる要件は、法律でこれを定める。

第一一条〔基本的人権の享有〕国民は、すべての基本的人権の享有を妨げられない。この憲法が国民に保障する基本的人権は、侵すことのできない永久の権利として、現在及び将来の国民に与へられる。

第一二条〔自由・権利の保持の責任とその濫用の禁止〕この憲法が国民に保障する自由及び権利は、国民の不断の努力によつて、これを保持しなければならない。又、国民は、これを濫用してはならないのであつて、常に公共の福祉のためにこれを利用する責任を負ふ。

第一三条〔個人の尊重、生命・自由・幸福追求の権利の尊重〕すべて国民は、個人として尊重される。生命、自由及び幸福追求に対する国民の権利については、公共の福祉に反しない限り、立法その他の国政の上で、最大の尊重を必要とする。

第一四条〔法の下の平等、貴族制度の否認、栄典〕①　すべて国民は、法の下に平等であつて、人種、信条、性別、社会的身分又は門地により、政治的、経済的又は社会的関係において、差別されない。
②　華族その他の貴族の制度は、これを認めない。
③　栄誉、勲章その他の栄典の授与は、いかなる特権も伴はない。栄典の授与は、現にこれを有し、又は将来これを受ける者の一代に限り、その効力を有する。
第一五条〔公務員の選定及び罷免権、公務員の本質、普通選挙・秘密投票の保障〕①　公務員を選定し、及びこれを罷免することは、国民固有の権利である。
②　すべて公務員は、全体の奉仕者であつて、一部の奉仕者ではない。
③　公務員の選挙については、成年者による普通選挙を保障する。
④　すべての選挙における投票の秘密は、これを侵してはならない。選挙人は、その選択に関し公的にも私的にも責任を問はれない。
第一六条〔請願権〕何人も、損害の救済、公務員の罷免、法律、命令又は規則の制定、廃止又は改正その他の事項に関し、平穏に請願する権利を有し、何人も、かかる請願をしたためにいかなる差別待遇も受けない。
第一七条〔国及び公共団体の賠償責任〕何人も、公務員の不法行為により、損害を受けたときは、法律の定めるところにより、国又は公共団体に、その賠償を求めることができる。
第一八条〔奴隷的拘束及び苦役からの自由〕何人も、いかなる奴隷的拘束も受けない。又、犯罪に因る処罰の場合を除いては、その意に反する苦役に服させられない。
第一九条〔思想及び良心の自由〕思想及び良心の自由は、これを侵してはならない。
第二〇条〔信教の自由〕①　信教の自由は、何人に対してもこれを保障する。いかなる宗教団体も、国から特権を受け、又は政治上の権力を行使してはならない。
②　何人も、宗教上の行為、祝典、儀式又は行事に参加することを強制されない。
③　国及びその機関は、宗教教育その他いかなる宗教的活動もしてはならない。
第二一条〔集会・結社・表現の自由、検閲の禁止、通信の秘密〕①　集会、結社及び言論、出版その他一切の表現の自由は、これを保障する。
②　検閲は、これをしてはならない。通信の秘密は、これを侵してはならない。
第二二条〔居住・移転及び職業選択の自由、外国移住・国籍離脱の自由〕①　何人も、公共の福祉に反しない限り、居住、移転及び職業選択の自由を有する。
②　何人も、外国に移住し、又は国籍を離脱する自由を侵されない。
第二三条〔学問の自由〕学問の自由は、これを保障する。
第二四条〔家庭生活における個人の尊厳と両性の平等〕①　婚姻は、両性の合意のみに基いて成立し、夫婦が同等の権利を有することを基本として、相互の協力により、維持されなければならない。
②　配偶者の選択、財産権、相続、住居の選定、離婚並びに婚姻及び家族に関するその他の事項に関しては、法律は、個人の尊厳と両性の本質的平等に立脚して、制定されなければならない。
第二五条〔生存権、国の社会的使命〕①　すべて国民は、健康で文化的な最低限度の生活を営む権利を有する。
②　国は、すべての生活部面について、社会福祉、社会保障及び公衆衛生の向上及び増進に努めなければならない。
第二六条〔教育を受ける権利、教育を受けさせる義務、義務教育の無償〕①　すべて国民は、法律の定めるところにより、その能力に応じて、ひとしく教育を受ける権利を有する。
②　すべて国民は、法律の定めるところにより、その保護する子女に普通教育を受けさせる義務を負ふ。義務教育は、これを無償

とする。

第二七条〔勤労の権利及び義務、勤労条件の基準、児童酷使の禁止〕① すべて国民は、勤労の権利を有し、義務を負ふ。

② 賃金、就業時間、休息その他の勤労条件に関する基準は、法律でこれを定める。

③ 児童は、これを酷使してはならない。

第二八条〔勤労者の団結権・団体交渉権その他の団体行動権〕勤労者の団結する権利及び団体交渉その他の団体行動をする権利は、これを保障する。

第二九条〔財産権〕① 財産権は、これを侵してはならない。

② 財産権の内容は、公共の福祉に適合するやうに、法律でこれを定める。

③ 私有財産は、正当な補償の下に、これを公共のために用ひることができる。

第三〇条〔納税の義務〕国民は、法律の定めるところにより、納税の義務を負ふ。

第三一条〔法定手続の保障〕何人も、法律の定める手続によらなければ、その生命若しくは自由を奪はれ、又はその他の刑罰を科せられない。

第三二条〔裁判を受ける権利〕何人も、裁判所において裁判を受ける権利を奪はれない。

第三三条〔逮捕の要件〕何人も、現行犯として逮捕される場合を除いては、権限を有する司法官憲が発し、且つ理由となつてゐる犯罪を明示する令状によらなければ、逮捕されない。

第三四条〔抑留、拘禁の要件、不法拘禁に対する保障〕何人も、理由を直ちに告げられ、且つ、直ちに弁護人に依頼する権利を与へられなければ、抑留又は拘禁されない。又、何人も、正当な理由がなければ、拘禁されず、要求があれば、その理由は、直ちに本人及びその弁護人の出席する公開の法廷で示されなければならない。

第三五条〔住居侵入・捜索・押収に対する保障〕① 何人も、その住居、書類及び所持品について、侵入、捜索及び押収を受けることのない権利は、第三十三条の場合を除いては、正当な理由に基いて発せられ、且つ捜索する場所及び押収する物を明示する令状がなければ、侵されない。

② 捜索又は押収は、権限を有する司法官憲が発する各別の令状により、これを行ふ。

第三六条〔拷問及び残虐刑の禁止〕公務員による拷問及び残虐な刑罰は、絶対にこれを禁ずる。

第三七条〔刑事被告人の権利〕① すべて刑事事件においては、被告人は、公平な裁判所の迅速な公開裁判を受ける権利を有する。

② 刑事被告人は、すべての証人に対して審問する機会を充分に与へられ、又、公費で自己のために強制的手続により証人を求める権利を有する。

③ 刑事被告人は、いかなる場合にも、資格を有する弁護人を依頼することができる。被告人が自らこれを依頼することができないときは、国でこれを附する。

第三八条〔自己に不利益な供述の強要禁止、自白の証拠能力〕① 何人も、自己に不利益な供述を強要されない。

② 強制、拷問若しくは脅迫による自白又は不当に長く抑留若しくは拘禁された後の自白は、これを証拠とすることができない。

③ 何人も、自己に不利益な唯一の証拠が本人の自白である場合には、有罪とされ、又は刑罰を科せられない。

第三九条〔遡及処罰の禁止、一事不再理〕何人も、実行の時に適法であつた行為又は既に無罪とされた行為については、刑事上の責任を問はれない。又、同一の犯罪について、重ねて刑事上の責任を問はれない。

第四〇条〔刑事補償〕何人も、抑留又は拘禁された後、無罪の裁判を受けたときは、法律の定めるところにより、国にその補償を求めることができる。

第四章　国　会

第四一条〔国会の地位、立法権〕国会は、国権の最高機関であつて、国の唯一の立法機関である。
第四二条〔両院制〕国会は、衆議院及び参議院の両議院でこれを構成する。
第四三条〔両議院の組織〕① 両議院は、全国民を代表する選挙された議員でこれを組織する。
② 両議院の議員の定数は、法律でこれを定める。
第四四条〔議員及び選挙人の資格〕両議院の議員及びその選挙人の資格は、法律でこれを定める。但し、人種、信条、性別、社会的身分、門地、教育、財産又は収入によつて差別してはならない。
第四五条〔衆議院議員の任期〕衆議院議員の任期は、四年とする。但し、衆議院解散の場合には、その期間満了前に終了する。
第四六条〔参議院議員の任期〕参議院議員の任期は、六年とし、三年ごとに議員の半数を改選する。
第四七条〔選挙に関する事項の法定〕選挙区、投票の方法その他両議院の議員の選挙に関する事項は、法律でこれを定める。
第四八条〔両院議員兼職の禁止〕何人も、同時に両議院の議員たることはできない。
第四九条〔議員の歳費〕両議院の議員は、法律の定めるところにより、国庫から相当額の歳費を受ける。
第五〇条〔議員の不逮捕特権〕両議院の議員は、法律の定める場合を除いては、国会の会期中逮捕されず、会期前に逮捕された議員は、その議院の要求があれば、会期中これを釈放しなければならない。
第五一条〔議員の発言・表決の無責任〕両議院の議員は、議院で行つた演説、討論又は表決について、院外で責任を問はれない。
第五二条〔常会〕国会の常会は、毎年一回これを召集する。
第五三条〔臨時会〕内閣は、国会の臨時会の召集を決定することができる。いづれかの議院の総議員の四分の一以上の要求があれば、内閣は、その召集を決定しなければならない。
第五四条〔衆議院の解散、特別会、参議院の緊急集会〕① 衆議院が解散されたときは、解散の日から四十日以内に、衆議院議員の総選挙を行ひ、その選挙の日から三十日以内に、国会を召集しなければならない。
② 衆議院が解散されたときは、参議院は、同時に閉会となる。但し、内閣は、国に緊急の必要があるときは、参議院の緊急集会を求めることができる。
③ 前項但書の緊急集会において採られた措置は、臨時のものであつて、次の国会開会の後十日以内に、衆議院の同意がない場合には、その効力を失ふ。
第五五条〔議員の資格争訟〕両議院は、各〻その議員の資格に関する争訟を裁判する。但し、議員の議席を失はせるには、出席議員の三分の二以上の多数による議決を必要とする。
第五六条〔議事議決の定足数・表決〕① 両議院は、各〻その総議員の三分の一以上の出席がなければ、議事を開き議決することができない。
② 両議院の議事は、この憲法に特別の定のある場合を除いては、出席議員の過半数でこれを決し、可否同数のときは、議長の決するところによる。
第五七条〔会議の公開・会議の記録・表決の会議録への記載〕① 両議院の会議は、公開とする。但し、出席議員の三分の二以上の多数で議決したときは、秘密会を開くことができる。
② 両議院は、各〻その会議の記録を保存し、秘密会の記録の中で特に秘密を要すると認められるもの以外は、これを公表し、且つ一般に頒布しなければならない。
③ 出席議員の五分の一以上の要求があれば、各議員の表決は、これを会議録に記載しなければならない。
第五八条〔議長等の選任・議院の自律権〕① 両議院は、各〻その議長その他の役員を選任する。
② 両議院は、各〻その会議その他の手続及

び内部の規律に関する規則を定め、又、院内の秩序をみだした議員を懲罰することができる。但し、議員を除名するには、出席議員の三分の二以上の多数による議決を必要とする。

第五九条〔法律案の議決・衆議院の優越〕① 法律案は、この憲法に特別の定のある場合を除いては、両議院で可決したとき法律となる。

② 衆議院で可決し、参議院でこれと異なつた議決をした法律案は、衆議院で出席議員の三分の二以上の多数で再び可決したときは、法律となる。

③ 前項の規定は、法律の定めるところにより、衆議院が、両議院の協議会を開くことを求めることを妨げない。

④ 参議院が、衆議院の可決した法律案を受け取つた後、国会休会中の期間を除いて六十日以内に、議決しないときは、衆議院は、参議院がその法律案を否決したものとみなすことができる。

第六〇条〔衆議院の予算先議・予算議決に関する衆議院の優越〕① 予算は、さきに衆議院に提出しなければならない。

② 予算について、参議院で衆議院と異なつた議決をした場合に、法律の定めるところにより、両議院の協議会を開いても意見が一致しないとき、又は参議院が、衆議院の可決した予算を受け取つた後、国会休会中の期間を除いて三十日以内に、議決しないときは、衆議院の議決を国会の議決とする。

第六一条〔条約の国会承認・衆議院の優越〕条約の締結に必要な国会の承認については、前条第二項の規定を準用する。

第六二条〔議院の国政調査権〕両議院は、各〻国政に関する調査を行ひ、これに関して、証人の出頭及び証言並びに記録の提出を要求することができる。

第六三条〔国務大臣の議院出席の権利と義務〕内閣総理大臣その他の国務大臣は、両議院の一に議席を有すると有しないとにかかはらず、何時でも議案について発言するため議院に出席することができる。又、答弁又は説明のため出席を求められたときは、出席しなければならない。

第六四条〔弾劾裁判所〕① 国会は、罷免の訴追を受けた裁判官を裁判するため、両議院の議員で組織する弾劾裁判所を設ける。

② 弾劾に関する事項は、法律でこれを定める。

第五章　内　閣

第六五条〔行政権〕行政権は、内閣に属する。

第六六条〔内閣の組織・国会に対する連帯責任〕① 内閣は、法律の定めるところにより、その首長たる内閣総理大臣及びその他の国務大臣でこれを組織する。

② 内閣総理大臣その他の国務大臣は、文民でなければならない。

③ 内閣は、行政権の行使について、国会に対し連帯して責任を負ふ。

第六七条〔内閣総理大臣の指名・衆議院の優越〕① 内閣総理大臣は、国会議員の中から国会の議決で、これを指名する。この指名は、他のすべての案件に先だつて、これを行ふ。

② 衆議院と参議院とが異なつた指名の議決をした場合に、法律の定めるところにより、両議院の協議会を開いても意見が一致しないとき、又は衆議院が指名の議決をした後、国会休会中の期間を除いて十日以内に、参議院が、指名の議決をしないときは、衆議院の議決を国会の議決とする。

第六八条〔国務大臣の任命及び罷免〕① 内閣総理大臣は、国務大臣を任命する。但し、その過半数は、国会議員の中から選ばれなければならない。

② 内閣総理大臣は、任意に国務大臣を罷免することができる。

第六九条〔衆議院の内閣不信任〕内閣は、衆議院で不信任の決議案を可決し、又は信任の決議案を否決したときは、十日以内に衆議院が解散されない限り、総辞職をしなければならない。

第七〇条〔内閣総理大臣の欠缺・総選挙後の総辞職〕内閣総理大臣が欠けたとき、又は衆議院議員総選挙の後に初めて国会の召集があつたときは、内閣は、総辞職をしなければならない。

第七一条〔総辞職後の内閣の職務〕前二条の場合には、内閣は、あらたに内閣総理大臣が任命されるまで引き続きその職務を行ふ。

第七二条〔内閣総理大臣の職権〕内閣総理大臣は、内閣を代表して議案を国会に提出し、一般国務及び外交関係について国会に報告し、並びに行政各部を指揮監督する。

第七三条〔内閣の職権〕内閣は、他の一般行政事務の外、左の事務を行ふ。

一　法律を誠実に執行し、国務を総理すること。

二　外交関係を処理すること。

三　条約を締結すること。但し、事前に、時宜によつては事後に、国会の承認を経ることを必要とする。

四　法律の定める基準に従ひ、官吏に関する事務を掌理すること。

五　予算を作成して国会に提出すること。

六　この憲法及び法律の規定を実施するために、政令を制定すること。但し、政令には、特にその法律の委任がある場合を除いては、罰則を設けることができない。

七　大赦、特赦、減刑、刑の執行の免除及び復権を決定すること。

第七四条〔法律・政令の署名〕法律及び政令には、すべて主任の国務大臣が署名し、内閣総理大臣が連署することを必要とする。

第七五条〔国務大臣の訴追〕国務大臣は、その在任中、内閣総理大臣の同意がなければ、訴追されない。但し、これがため、訴追の権利は、害されない。

第六章　司　法

第七六条〔司法権、特別裁判所の禁止、裁判官の職務の独立〕①　すべて司法権は、最高裁判所及び法律の定めるところにより設置する下級裁判所に属する。

②　特別裁判所は、これを設置することができない。行政機関は、終審として裁判を行ふことができない。

③　すべて裁判官は、その良心に従ひ独立してその職権を行ひ、この憲法及び法律にのみ拘束される。

第七七条〔最高裁判所の規則制定権〕①　最高裁判所は、訴訟に関する手続、弁護士、裁判所の内部規律及び司法事務処理に関する事項について、規則を定める権限を有する。

②　検察官は、最高裁判所の定める規則に従はなければならない。

③　最高裁判所は、下級裁判所に関する規則を定める権限を、下級裁判所に委任することができる。

第七八条〔裁判官の身分の保障〕裁判官は、裁判により、心身の故障のために職務を執ることができないと決定された場合を除いては、公の弾劾によらなければ罷免されない。裁判官の懲戒処分は、行政機関がこれを行ふことはできない。

第七九条〔最高裁判所の裁判官・国民審査〕①　最高裁判所は、その長たる裁判官及び法律の定める員数のその他の裁判官でこれを構成し、その長たる裁判官以外の裁判官は、内閣でこれを任命する。

②　最高裁判所の裁判官の任命は、その任命後初めて行はれる衆議院議員総選挙の際国民の審査に付し、その後十年を経過した後初めて行はれる衆議院議員総選挙の際更に審査に付し、その後も同様とする。

③　前項の場合において、投票者の多数が裁判官の罷免を可とするときは、その裁判官は、罷免される。

④　審査に関する事項は、法律でこれを定める。

⑤　最高裁判所の裁判官は、法律の定める年齢に達した時に退官する。

⑥　最高裁判所の裁判官は、すべて定期に相

当額の報酬を受ける。この報酬は、在任中、これを減額することができない。

第八〇条〔下級裁判所の裁判官〕① 下級裁判所の裁判官は、最高裁判所の指名した者の名簿によつて、内閣でこれを任命する。その裁判官は、任期を十年とし、再任されることができる。但し、法律の定める年齢に達した時には退官する。

② 下級裁判所の裁判官は、すべて定期に相当額の報酬を受ける。この報酬は、在任中、これを減額することができない。

第八一条〔最高裁判所の法令等審査権〕最高裁判所は、一切の法律、命令、規則又は処分が憲法に適合するかしないかを決定する権限を有する終審裁判所である。

第八二条〔裁判の公開〕① 裁判の対審及び判決は、公開法廷でこれを行ふ。

② 裁判所が、裁判官の全員一致で、公の秩序又は善良の風俗を害する虞があると決した場合には、対審は、公開しないでこれを行ふことができる。但し、政治犯罪、出版に関する犯罪又はこの憲法第三章で保障する国民の権利が問題となつてゐる事件の対審は、常にこれを公開しなければならない。

第七章 財政

第八三条〔財政処理の基本原則〕国の財政を処理する権限は、国会の議決に基いて、これを行使しなければならない。

第八四条〔課税の要件〕あらたに租税を課し、又は現行の租税を変更するには、法律又は法律の定める条件によることを必要とする。

第八五条〔国費の支出及び債務負担〕国費を支出し、又は国が債務を負担するには、国会の議決に基くことを必要とする。

第八六条〔予算〕内閣は、毎会計年度の予算を作成し、国会に提出して、その審議を受け議決を経なければならない。

第八七条〔予備費〕① 予見し難い予算の不足に充てるため、国会の議決に基いて予備費を設け、内閣の責任でこれを支出することができる。

② すべて予備費の支出については、内閣は、事後に国会の承諾を得なければならない。

第八八条〔皇室財産、皇室の費用〕すべて皇室財産は、国に属する。すべて皇室の費用は、予算に計上して国会の議決を経なければならない。

第八九条〔公の財産の支出又は利用の制限〕公金その他の公の財産は、宗教上の組織若しくは団体の使用、便益若しくは維持のため、又は公の支配に属しない慈善、教育若しくは博愛の事業に対し、これを支出し、又はその利用に供してはならない。

第九〇条〔決算審査・会計検査院〕① 国の収入支出の決算は、すべて毎年会計検査院がこれを検査し、内閣は、次の年度に、その検査報告とともに、これを国会に提出しなければならない。

② 会計検査院の組織及び権限は、法律でこれを定める。

第九一条〔財政状況の報告〕内閣は、国会及び国民に対し、定期に、少くとも毎年一回、国の財政状況について報告しなければならない。

第八章 地方自治

第九二条〔地方自治の基本原則〕地方公共団体の組織及び運営に関する事項は、地方自治の本旨に基いて、法律でこれを定める。

第九三条〔地方公共団体の機関とその直接選挙〕①地方公共団体には、法律の定めるところにより、その議事機関として議会を設置する。

② 地方公共団体の長、その議会の議員及び法律の定めるその他の吏員は、その地方公共団体の住民が、直接これを選挙する。

第九四条〔地方公共団体の権能〕地方公共団体は、その財産を管理し、事務を処理し、及び行政を執行する権能を有し、法律の範囲内で条例を制定することができる。

第九五条〔一の地方公共団体のみに適用され

る特別法〕一の地方公共団体のみに適用される特別法は、法律の定めるところにより、その地方公共団体の住民の投票においてその過半数の同意を得なければ、国会は、これを制定することができない。

第九章　改　正

第九六条〔憲法改正の手続・憲法改正の公布〕① この憲法の改正は、各議院の総議員の三分の二以上の賛成で、国会が、これを発議し、国民に提案してその承認を経なければならない。この承認には、特別の国民投票又は国会の定める選挙の際行はれる投票において、その過半数の賛成を必要とする。

② 憲法改正について前項の承認を経たときは、天皇は、国民の名で、この憲法と一体を成すものとして、直ちにこれを公布する。

第十章　最高法規

第九七条〔基本的人権の本質〕この憲法が日本国民に保障する基本的人権は、人類の多年にわたる自由獲得の努力の成果であつて、これらの権利は、過去幾多の試錬に堪へ、現在及び将来の国民に対し、侵すことのできない永久の権利として信託されたものである。

第九八条〔憲法の最高法規性、条約・国際法規の遵守〕① この憲法は、国の最高法規であつて、その条規に反する法律、命令、詔勅及び国務に関するその他の行為の全部又は一部は、その効力を有しない。

② 日本国が締結した条約及び確立された国際法規は、これを誠実に遵守することを必要とする。

第九九条〔憲法尊重擁護の義務〕天皇又は摂政及び国務大臣、国会議員、裁判官その他の公務員は、この憲法を尊重し擁護する義務を負ふ。

第十一章　補　則

第一〇〇条〔憲法の施行期日・準備手続〕① この憲法は、公布の日から起算して六箇月を経過した日から、これを施行する。

② この憲法を施行するために必要な法律の制定、参議院議員の選挙及び国会召集の手続並びにこの憲法を施行するために必要な準備手続は、前項の期日よりも前に、これを行ふことができる。

第一〇一条〔経過規定〕この憲法施行の際、参議院がまだ成立してゐないときは、その成立するまでの間、衆議院は、国会としての権限を行ふ。

第一〇二条〔同前〕この憲法による第一期の参議院議員のうち、その半数の者の任期は、これを三年とする。その議員は、法律の定めるところにより、これを定める。

第一〇三条〔同前〕この憲法施行の際現に在職する国務大臣、衆議院議員及び裁判官並びにその他の公務員で、その地位に相応する地位がこの憲法で認められてゐる者は、法律で特別の定をした場合を除いては、この憲法施行のため、当然にはその地位を失ふことはない。但し、この憲法によつて、後任者が選挙又は任命されたときは、当然その地位を失ふ。

大日本帝国憲法

告文

皇朕レ謹ミ畏ミ
皇祖
皇宗ノ神霊ニ誥ケ白サク皇朕レ天壌無窮ノ宏謨ニ循ヒ惟神ノ宝祚ヲ承継シ旧図ヲ保持シテ敢テ失墜スルコト無シ顧ミルニ世局ノ進運ニ膺リ人文ノ発達ニ随ヒ宜ク
皇祖
皇宗ノ遺訓ヲ明徴ニシ典憲ヲ成立シ条章ヲ昭示シ内ハ以テ子孫ノ率由スル所ト為シ外ハ以テ臣民翼賛ノ道ヲ広メ永遠ニ遵行セシメ益〻国家ノ丕基ヲ鞏固ニシ八洲民生ノ慶福ヲ増進スヘシ茲ニ皇室典範及憲法ヲ制定ス惟フニ此レ皆
皇祖
皇宗ノ後裔ニ貽シタマヘル統治ノ洪範ヲ紹述スルニ外ナラス而シテ朕カ躬ニ逮テ時ト倶ニ挙行スルコトヲ得ルハ洵ニ
皇祖
皇宗及我カ
皇考ノ威霊ニ倚藉スルニ由ラサルハ無シ皇朕レ仰テ
皇祖
皇宗及
皇考ノ神祐ヲ禱リ併セテ朕カ現在及将来ニ臣民ニ率先シ此ノ憲章ヲ履行シテ愆ラサラムコトヲ誓フ庶幾クハ
神霊此レヲ鑒ミタマヘ

憲法発布勅語

朕国家ノ隆昌ト臣民ノ慶福トヲ以テ中心ノ欣栄トシ朕カ祖宗ニ承クルノ大権ニ依リ現在及将来ノ臣民ニ対シ此ノ不磨ノ大典ヲ宣布ス

惟フニ我カ祖我カ宗ハ我カ臣民祖先ノ協力輔翼ニ倚リ我カ帝国ヲ肇造シ以テ無窮ニ垂レタリ此レ我カ神聖ナル祖宗ノ威徳ト並ニ臣民ノ忠実勇武ニシテ国ヲ愛シ公ニ殉ヒ以テ此ノ光輝アル国史ノ成跡ヲ貽シタルナリ朕我カ臣民ハ即チ祖宗ノ忠良ナル臣民ノ子孫ナルヲ回想シ其ノ朕カ意ヲ奉体シ朕カ事ヲ奨順シ相与ニ和衷協同シ益〻我カ帝国ノ光栄ヲ中外ニ宣揚シ祖宗ノ遺業ヲ永久ニ鞏固ナラシムルノ希望ヲ同クシ此ノ負担ヲ分ツニ堪フルコトヲ疑ハサルナリ

朕祖宗ノ遺烈ヲ承ケ万世一系ノ帝位ヲ践ミ朕カ親愛スル所ノ臣民ハ即チ朕カ祖宗ノ恵撫慈養シタマヒシ所ノ臣民ナルヲ念ヒ其ノ康福ヲ増進シ其ノ懿徳良能ヲ発達セシメムコトヲ願ヒ又其ノ翼賛ニ依リ与ニ倶ニ国家ノ進運ヲ扶持セムコトヲ望ミ乃チ明治十四年十月十二日ノ詔命ヲ履践シ茲ニ大憲ヲ制定シ朕カ率由スル所ヲ示シ朕カ後嗣及臣民及臣民ノ子孫タル者ヲシテ永遠ニ循行スル所ヲ知ラシム

国家統治ノ大権ハ朕カ之ヲ祖宗ニ承ケテ之ヲ子孫ニ伝フル所ナリ朕及朕カ子孫ハ将来此ノ憲法ノ条章ニ循ヒ之ヲ行フコトヲ愆ラサルヘシ

朕ハ我カ臣民ノ権利及財産ノ安全ヲ貴重シ及之ヲ保護シ此ノ憲法及法律ノ範囲内ニ於テ其ノ享有ヲ完全ナラシムヘキコトヲ宣言ス

帝国議会ハ明治二十三年ヲ以テ之ヲ召集シ議会開会ノ時（明治二三・一一・二九）ヲ以テ此ノ憲法ヲシテ有効ナラシムルノ期トスヘシ

将来若此ノ憲法ノ或ル条章ヲ改定スルノ必要ナル時宜ヲ見ルニ至ラハ朕及朕カ継統ノ子孫ハ発議ノ権ヲ執リ之ヲ議会ニ付シ議会ハ此ノ憲法ニ定メタル要件ニ依リ之ヲ議決スルノ外朕カ子孫及臣民ハ敢テ之カ紛更ヲ試ミルコトヲ得サルヘシ

朕カ在廷ノ大臣ハ朕カ為ニ此ノ憲法ヲ施行スルノ責ニ任スヘク朕カ現在及将来ノ臣民ハ此ノ憲法ニ対シ永遠ニ従順ノ義務ヲ負フヘシ

御名御璽

明治二十二年二月十一日

内閣総理大臣　伯爵　黒田清隆
枢密院議長　伯爵　伊藤博文
外務大臣　伯爵　大隈重信
海軍大臣　伯爵　西郷従道
農商務大臣　伯爵　井上馨

司法大臣 伯爵 山田顕義
大蔵大臣兼内務大臣 伯爵 松方正義
陸軍大臣 伯爵 大山巌
文部大臣 子爵 森有礼
逓信大臣 子爵 榎本武揚

大日本帝国憲法

第一章 天皇

第一条 大日本帝国ハ万世一系ノ天皇之ヲ統治ス

第二条 皇位ハ皇室典範ノ定ムル所ニ依リ皇男子孫之ヲ継承ス

第三条 天皇ハ神聖ニシテ侵スヘカラス

第四条 天皇ハ国ノ元首ニシテ統治権ヲ総攬シ此ノ憲法ノ条規ニ依リ之ヲ行フ

第五条 天皇ハ帝国議会ノ協賛ヲ以テ立法権ヲ行フ

第六条 天皇ハ法律ヲ裁可シ其ノ公布及執行ヲ命ス

第七条 天皇ハ帝国議会ヲ召集シ其ノ開会閉会停会及衆議院ノ解散ヲ命ス

第八条 ①天皇ハ公共ノ安全ヲ保持シ又ハ其ノ災厄ヲ避クル為緊急ノ必要ニ由リ帝国議会閉会ノ場合ニ於テ法律ニ代ルヘキ勅令ヲ発ス

②此ノ勅令ハ次ノ会期ニ於テ帝国議会ニ提出スヘシ若議会ニ於テ承諾セサルトキハ政府ハ将来ニ向テ其ノ効力ヲ失フコトヲ公布スヘシ

第九条 天皇ハ法律ヲ執行スル為ニ又ハ公共ノ安寧秩序ヲ保持シ及臣民ノ幸福ヲ増進スル為ニ必要ナル命令ヲ発シ又ハ発セシム但シ命令ヲ以テ法律ヲ変更スルコトヲ得ス

第一〇条 天皇ハ行政各部ノ官制及文武官ノ俸給ヲ定メ及文武官ヲ任免ス但シ此ノ憲法又ハ他ノ法律ニ特例ヲ掲ケタルモノハ各〻其ノ条項ニ依ル

第一一条 天皇ハ陸海軍ヲ統帥ス

第一二条 天皇ハ陸海軍ノ編制及常備兵額ヲ定ム

第一三条 天皇ハ戦ヲ宣シ和ヲ講シ及諸般ノ条約ヲ締結ス

第一四条 ①天皇ハ戒厳ヲ宣告ス

②戒厳ノ要件及効力ハ法律ヲ以テ之ヲ定ム

第一五条 天皇ハ爵位勲章及其ノ他ノ栄典ヲ授与ス

第一六条 天皇ハ大赦特赦減刑及復権ヲ命ス

第一七条 ①摂政ヲ置クハ皇室典範ノ定ムル所ニ依ル

②摂政ハ天皇ノ名ニ於テ大権ヲ行フ

第二章 臣民権利義務

第一八条 日本臣民タルノ要件ハ法律ノ定ムル所ニ依ル

第一九条 日本臣民ハ法律命令ノ定ムル所ノ資格ニ応シ均ク文武官ニ任セラレ及其ノ他ノ公務ニ就クコトヲ得

第二〇条 日本臣民ハ法律ノ定ムル所ニ従ヒ兵役ノ義務ヲ有ス

第二一条 日本臣民ハ法律ノ定ムル所ニ従ヒ納税ノ義務ヲ有ス

第二二条 日本臣民ハ法律ノ範囲内ニ於テ居住及移転ノ自由ヲ有ス

第二三条 日本臣民ハ法律ニ依ルニ非スシテ逮捕監禁審問処罰ヲ受クルコトナシ

第二四条 日本臣民ハ法律ニ定メタル裁判官ノ裁判ヲ受クルノ権ヲ奪ハルヽコトナシ

第二五条 日本臣民ハ法律ニ定メタル場合ヲ除ク外其ノ許諾ナクシテ住所ニ侵入セラレ及捜索セラルヽコトナシ

第二六条 日本臣民ハ法律ニ定メタル場合ヲ除ク外信書ノ秘密ヲ侵サルヽコトナシ

第二七条 ①日本臣民ハ其ノ所有権ヲ侵サルヽコトナシ

②公益ノ為必要ナル処分ハ法律ノ定ムル所ニ依ル

第二八条 日本臣民ハ安寧秩序ヲ妨ケス及臣民タルノ義務ニ背カサル限ニ於テ信教ノ自由ヲ有ス

第二九条 日本臣民ハ法律ノ範囲内ニ於テ言

論著作印行集会及結社ノ自由ヲ有ス

第三〇条 日本臣民ハ相当ノ敬礼ヲ守リ別ニ定ムル所ノ規程ニ従ヒ請願ヲ為スコトヲ得

第三一条 本章ニ掲ケタル条規ハ戦時又ハ国家事変ノ場合ニ於テ天皇大権ノ施行ヲ妨クルコトナシ

第三二条 本章ニ掲ケタル条規ハ陸海軍ノ法令又ハ紀律ニ牴触セサルモノニ限リ軍人ニ準行ス

第三章 帝国議会

第三三条 帝国議会ハ貴族院衆議院ノ両院ヲ以テ成立ス

第三四条 貴族院ハ貴族院令ノ定ムル所ニ依リ皇族華族及勅任セラレタル議員ヲ以テ組織ス

第三五条 衆議院ハ選挙法ノ定ムル所ニ依リ公選セラレタル議員ヲ以テ組織ス

第三六条 何人モ同時ニ両議院ノ議員タルコトヲ得ス

第三七条 凡テ法律ハ帝国議会ノ協賛ヲ経ルヲ要ス

第三八条 両議院ハ政府ノ提出スル法律案ヲ議決シ及各〻法律案ヲ提出スルコトヲ得

第三九条 両議院ノ一ニ於テ否決シタル法律案ハ同会期中ニ於テ再ヒ提出スルコトヲ得ス

第四〇条 両議院ハ法律又ハ其ノ他ノ事件ニ付各〻其ノ意見ヲ政府ニ建議スルコトヲ得但シ其ノ採納ヲ得サルモノハ同会期中ニ於テ再ヒ建議スルコトヲ得ス

第四一条 帝国議会ハ毎年之ヲ召集ス

第四二条 帝国議会ハ三箇月ヲ以テ会期トス必要アル場合ニ於テハ勅命ヲ以テ之ヲ延長スルコトアルヘシ

第四三条 ①臨時緊急ノ必要アル場合ニ於テ常会ノ外臨時会ヲ召集スヘシ

②臨時会ノ会期ヲ定ムルハ勅命ニ依ル

第四四条 ①帝国議会ノ開会閉会会期ノ延長及停会ハ両院同時ニ之ヲ行フヘシ

②衆議院解散ヲ命セラレタルトキハ貴族院ハ同時ニ停会セラルヘシ

第四五条 衆議院解散ヲ命セラレタルトキハ勅命ヲ以テ新ニ議員ヲ選挙セシメ解散ノ日ヨリ五箇月以内ニ之ヲ召集スヘシ

第四六条 両議院ハ各〻其ノ総議員三分ノ一以上出席スルニ非サレハ議事ヲ開キ議決ヲ為スコトヲ得ス

第四七条 両議院ノ議事ハ過半数ヲ以テ決ス可否同数ナルトキハ議長ノ決スル所ニ依ル

第四八条 両議院ノ会議ハ公開ス但シ政府ノ要求又ハ其ノ院ノ決議ニ依リ秘密会ト為スコトヲ得

第四九条 両議院ハ各〻天皇ニ上奏スルコトヲ得

第五〇条 両議院ハ臣民ヨリ呈出スル請願書ヲ受クルコトヲ得

第五一条 両議院ハ此ノ憲法及議院法ニ掲クルモノ、外内部ノ整理ニ必要ナル諸規則ヲ定ムルコトヲ得

第五二条 両議院ノ議員ハ議院ニ於テ発言シタル意見及表決ニ付院外ニ於テ責ヲ負フコトナシ但シ議員自ラ其ノ言論ヲ演説刊行筆記又ハ其ノ他ノ方法ヲ以テ公布シタルトキハ一般ノ法律ニ依リ処分セラルヘシ

第五三条 両議院ノ議員ハ現行犯罪又ハ内乱外患ニ関ル罪ヲ除ク外会期中其ノ院ノ許諾ナクシテ逮捕セラル、コトナシ

第五四条 国務大臣及政府委員ハ何時タリトモ各議院ニ出席シ及発言スルコトヲ得

第四章 国務大臣及枢密顧問

第五五条 ①国務各大臣ハ天皇ヲ輔弼シ其ノ責ニ任ス

②凡テ法律勅令其ノ他国務ニ関ル詔勅ハ国務大臣ノ副署ヲ要ス

第五六条 枢密顧問ハ枢密院官制ノ定ムル所ニ依リ天皇ノ諮詢ニ応ヘ重要ノ国務ヲ審議ス

第五章 司法

第五七条 ①司法権ハ天皇ノ名ニ於テ法律ニ依リ裁判所之ヲ行フ

②裁判所ノ構成ハ法律ヲ以テ之ヲ定ム

第五八条 ①裁判官ハ法律ニ定メタル資格ヲ具フル者ヲ以テ之ニ任ス

②裁判官ハ刑法ノ宣告又ハ懲戒ノ処分ニ由ルノ外其ノ職ヲ免セラルヽコトナシ

③懲戒ノ条規ハ法律ヲ以テ之ヲ定ム

第五九条 裁判ノ対審判決ハ之ヲ公開ス但シ安寧秩序又ハ風俗ヲ害スルノ虞アルトキハ法律ニ依リ又ハ裁判所ノ決議ヲ以テ対審ノ公開ヲ停ムルコトヲ得

第六〇条 特別裁判所ノ管轄ニ属スヘキモノハ別ニ法律ヲ以テ之ヲ定ム

第六一条 行政官庁ノ違法処分ニ由リ権利ヲ傷害セラレタリトスルノ訴訟ニシテ別ニ法律ヲ以テ定メタル行政裁判所ノ裁判ニ属スヘキモノハ司法裁判所ニ於テ受理スルノ限ニ在ラス

第六章 会計

第六二条 ①新ニ租税ヲ課シ及税率ヲ変更スルハ法律ヲ以テ之ヲ定ムヘシ

②但シ報償ニ属スル行政上ノ手数料及其ノ他ノ収納金ハ前項ノ限ニ在ラス

③国債ヲ起シ及予算ニ定メタルモノヲ除ク外国庫ノ負担トナルヘキ契約ヲ為スハ帝国議会ノ協賛ヲ経ヘシ

第六三条 現行ノ租税ハ更ニ法律ヲ以テ之ヲ改メサル限ハ旧ニ依リ之ヲ徴収ス

第六四条 ①国家ノ歳出歳入ハ毎年予算ヲ以テ帝国議会ノ協賛ヲ経ヘシ

②予算ノ款項ニ超過シ又ハ予算ノ外ニ生シタル支出アルトキハ後日帝国議会ノ承諾ヲ求ムルヲ要ス

第六五条 予算ハ前ニ衆議院ニ提出スヘシ

第六六条 皇室経費ハ現在ノ定額ニ依リ毎年国庫ヨリ之ヲ支出シ将来増額ヲ要スル場合ヲ除ク外帝国議会ノ協賛ヲ要セス

第六七条 憲法上ノ大権ニ基ツケル既定ノ歳出及法律ノ結果ニ由リ又ハ法律上政府ノ義務ニ属スル歳出ハ政府ノ同意ナクシテ帝国議会之ヲ廃除シ又ハ削減スルコトヲ得ス

第六八条 特別ノ須要ニ因リ政府ハ予メ年限ヲ定メ継続費トシテ帝国議会ノ協賛ヲ求ムルコトヲ得

第六九条 避クヘカラサル予算ノ不足ヲ補フ為ニ又ハ予算ノ外ニ生シタル必要ノ費用ニ充ツル為ニ予備費ヲ設クヘシ

第七〇条 ①公共ノ安全ヲ保持スル為緊急ノ需用アル場合ニ於テ内外ノ情形ニ因リ政府ハ帝国議会ヲ召集スルコト能ハサルトキハ勅令ニ依リ財政上必要ノ処分ヲ為スコトヲ得

②前項ノ場合ニ於テハ次ノ会期ニ於テ帝国議会ニ提出シ其ノ承諾ヲ求ムルヲ要ス

第七一条 帝国議会ニ於テ予算ヲ議定セス又ハ予算成立ニ至ラサルトキハ政府ハ前年度ノ予算ヲ施行スヘシ

第七二条 ①国家ノ歳出歳入ノ決算ハ会計検査院之ヲ検査確定シ政府ハ其ノ検査報告ト倶ニ之ヲ帝国議会ニ提出スヘシ

②会計検査院ノ組織及職権ハ法律ヲ以テ之ヲ定ム

第七章 補則

第七三条 ①将来此ノ憲法ノ条項ヲ改正スルノ必要アルトキハ勅命ヲ以テ議案ヲ帝国議会ノ議ニ付スヘシ

②此ノ場合ニ於テ両議院ハ各〻其ノ総員三分ノ二以上出席スルニ非サレハ議事ヲ開クコトヲ得ス出席議員三分ノ二以上ノ多数ヲ得ルニ非サレハ改正ノ議決ヲ為スコトヲ得ス

第七四条 ①皇室典範ノ改正ハ帝国議会ノ議ヲ経ルヲ要セス

②皇室典範ヲ以テ此ノ憲法ノ条規ヲ変更スルコトヲ得ス

第七五条 憲法及皇室典範ハ摂政ヲ置クノ間之ヲ変更スルコトヲ得ス

第七六条 ①法律規則命令又ハ何等ノ名称ヲ用ヰタルニ拘ラス此ノ憲法ニ矛盾セサル現行ノ法令ハ総テ遵由ノ効力ヲ有ス

②歳出上政府ノ義務ニ係ル現在ノ契約又ハ命令ハ総テ第六十七条ノ例ニ依ル

や 行

ら 行

わ 行

は 行

ま 行

な　行

た　行

さ　行

事項索引

あ 行

か 行

■執筆者紹介（執筆順，＊は編著者，〔　〕内は執筆担当）

＊水島朝穂（みずしま・あさほ）　早稲田大学法学部教授
〔1章（一部），3章，4章，14章，18章〕

中坂恵美子（なかさか・えみこ）　広島大学総合科学部助教授
〔2章，5章，7章，9章〕

岡本篤尚（おかもと・あつひさ）　神戸学院大学法学部教授
〔6章〕

若尾典子（わかお・のりこ）　県立広島大学保健福祉学部教授
〔8章〕

田村和之（たむら・かずゆき）　龍谷大学法科大学院教授
〔1章（一部），10章〕

藤田　浩（ふじた・ひろし）　元広島経済大学経済学部教授
〔11章，12章，13章〕

只野雅人（ただの・まさひと）　一橋大学大学院法学研究科助教授
〔15章～17章〕

1990年5月3日　初　版第1刷発行
2003年5月30日　第4版第1刷発行
2005年7月10日　第4版第3刷発行

ヒロシマと憲法〔第4版〕

編著者　水島朝穂
発行者　岡村　勉

発行所　株式会社　法律文化社

〒603-8053 京都市北区上賀茂岩ケ垣内町71
TEL 075(791)7131　FAX 075(721)8400
http://www.hou-bun.co.jp/

印刷：共同印刷工業(株)／製本：藤沢製本所

装幀　石井きよ子

ISBN4-589-02672-4